HENRI ROUX

LA GUERRE
VUE DE NIMES

NIMES
A. GOMÈS, ÉDITEUR
—
1923

LA GUERRE VUE DE NIMES

PAR

Henri ROUX

A. GOMES
:: LIBRAIRE ::
11, Rue Régale
— NIMES —

DU MÊME AUTEUR

1. *La Déclaration des Droits de l'Homme et du Citoyen* (conférence couronnée par le Jury du concours organisé par le *Manuel Général* en 1901).

2. *Astruc* (de Sauve), médecin consultant de Louis XV.

3. Vieux Castels Cévenols : *Le Château de Marouls.*

4. *L'Eglise de Saint-Marcel-de-Fonsfouillouse et son inscription.*

5. *Le Sergent-Triaire.* — (Honoré d'une souscription du Conseil Général du Gard et autorisé pour les bibliothèques régimentaires).

6. *La Réforme de l'orthographe et notre patois*, 1904.

7. *Le Chevalier d'Assas.* — (Couronné par le Jury du " Concours Patrie " en 1906).

8. *Notice historique sur St-André-de-Valborgne et la région.* — (Couronné par l'Académie des Sciences et Lettres de Montpellier).

9. *Saint-André-de-Valborgne et ses environs au point de vue pittoresque.*

10. *André Castanet.*

11. *Statistique Agricole de la commune de Saint-André de-Valborgne.* — (Médaille de bronze à l'Exposition de 1900).

12. *Essai sur l'Histoire de l'Enseignement Primaire dans la vallée borgne.* — (Académie de Toulouse ; concours Gaussail, 1913 : médaille de Vermeil).

13. *Simples notes relatives à un instituteur et à une école d'autrefois.*

14. *La lutte contre la tuberculose par la Mutualité
et la Coopération.* — (Etude d'hygiène sociale.
honorée d'une souscription du Conseil Général
du Gard et du Conseil Municipal de Nimes).

15. Glanes Historiques : *Le Duc d'Orléans dans les
Cévennes en 1832.*

16. *La loi Guizot et son application dans un coin
du Languedoc.* (Etude honorée d'une souscription du Conseil Général du Gard et d'une médaille d'argent de l'Académie de Toulouse. —
Académie de Nimes, 1913 : partie du prix Jules
Salles).

AVANT-PROPOS

Les pages qu'on va lire ne sont pas une
histoire de la Guerre, mais bien une sorte de
Journal de la Guerre écrit sous l'impression
des évènements tels qu'ils ont été connus à
Nimes. Nous nous sommes efforcé de leur
attribuer l'importance qui leur a été donnée
par l'opinion publique dès leur divulgation.
D'autre part, nous avons essayé, en particulier dans la seconde partie de notre travail,
de rendre compte de certains faits et de certains états d'âme qu'il nous a paru utile de
noter dès qu'ils se sont produits. La relation
de ces faits et l'exposé de ces impressions
permettront au lecteur de se faire une idée
de ce qu'a été la vie dans notre ville durant
la période de la guerre. Les dernières pages
renferment des renseignements susceptibles
de mettre en lumière des points importants
de notre travail.

Nous n'avons jamais cessé, dans ces pages,
de rendre hommage à ceux qui sont allés
jusqu'à sacrifier leur vie pour le triomphe
de la cause commnne. Nous avons également
recommandé l'union entre Français comme
seule capable de procurer au Pays la tranquillité dont il a besoin pour se relever.

Nous souhaitons que malgré ses inévitables lacunes notre travail contribue quelque peu à faire aimer à la fois la petite Patrie, qui est notre Cité, et la grande Patrie, qui est la France,

Nous remercions Monsieur le Maire, Messieurs les Adjoints et Messieurs les Conseillers Municipaux de Nimes qui ont largement contribué par leur souscription à la publication de notre petit livre. Notre gratitude va également à Monsieur le Président et à Messieurs las Membres de la Chambre de Commerce et à toutes les personnes qui nous ont honoré de leur confiance en souscrivant.

Nimes, le 29 Décembre 1922.

Henri ROUX.

La Guerre vue de Nimes

PREMIÈRE PARTIE

LA SUITE DES FAITS

Ère de Prospérité.

Une grande prospérité régnait dans notre Midi. Les vins, principale récolte de la région, avaient atteint, à un moment donné, des prix très élevés. Ces hauts cours, il est vrai, ne se sont pas maintenus, mais les prix qui sont venus après permettent néanmoins aux propriétaires de « s'en tirer ». On vit donc et largement même malgré la cherté relative des vivres. Les maisons de banque se sont multipliées dans notre ville, preuve indéniable de la prospérité des affaires. Les habitants de la banlieue se rendent en foule à Nimes le lundi pour assister à la *Bourse des vins* qui se tient en plein boulevard, entre les Arènes et le Théâtre. La plupart arrivent dans des autos, véhicules modernes qui ont remplacé ici et là les voitures attelées. On peut s'en rendre compte par le grand nombre de machines alignées ce jour-là sur la Place Questel. Les voitures ordinaires se réfugient modestement dans les « affenages » que les « garages » n'ont pas encore complètement détrônés. En période électorale, on cause politique autant qu'affaires sur les terrasses des cafés les jours de Bourse.

La France vit en paix avec ses voisins, mais les Français, rangés dans des camps politiques rivaux, se déchirent à belles dents, ce qui fait croire aux étrangers que nous n'attendons qu'une occasion pour proclamer chez nous l'état d'anarchie. Nul ne s'inquiète ici de cette prophétie que le bon sens et le patriotisme de nos populations n'auraient pas de peine à réduire à néant. Quoi qu'il en soit, nos compatriotes jouissent sans arrière-pensées de la paix qui règne depuis plus de quarante ans et leur activité se dépense de toutes façons. Le jeudi, c'est le jour des mamans qui débarquent en ville dès le matin, font sortir leurs enfants, élèves des Lycées ou des diverses écoles ou pensions, visitent les magasins où elles effectuent de nombreuses emplettes et se répandent sur les promenades. Les commerçants bénissent ces jours là qui voient tripler leurs recettes.

LES COURSES DE TAUREAUX

Mais, pour se faire une idée exacte de l'intensité de la vie à Nimes, il faut voir notre ville un jour de course de taureaux avec mise à mort. Dès la veille, de nombreux étrangers

envahissent les hôtels dont les chambres ont
été retenues d'avance. Le lendemain — un
dimanche — les trains arrivent bondés, et,
vers les deux heures de l'après-midi on a
quelque peine à circuler sur les boulevards.
A une heure, les portes des Arènes s'ouvrent
et de nombreux spectateurs munis de billets
d'amphithéâtre s'y engouffrent afin de choi-
sir, si possible, une bonne place sur les gra-
dins de pierre du côté, très convoité, où l'ombre arrivera dans trois heures. Ils s'asseyent
en un pêle-mêle pittoresque attendant, sous un
soleil de plomb et avec une impatience mal
déguisée, que le spectacle commence. Entre
temps, le vaste cirque se garnit et les yeux
ne se lassent vraiment pas d'admirer la foule
bariolée qui en occupe tous les points, même
ceux paraissant difficilement accessibles, et qui
manifeste bruyamment sa joie de vivre.

La course se développe enfin précédée du
paseo traditionnel et les *afficionados* jouissent
sans contrainte du plaisir que leur procure leur
divertissement favori. Le sang des animaux
coule, quelquefois même celui des hommes,
mais le spectacle n'en continue pas moins. La
sortie s'effectue vers les six heures et des
torrents humains s'écoulent, pressés, vers les
boulevards et la gare. Les trottoirs, la chaussée sont envahis, de même que les terrasses
des cafés dont les tables atteignent les lignes
des trams. Des autos en grand nombre traversent en tous sens les boulevards rendant
la circulation dangereuse. Les Nimois qui

n'ont pas pénétré dans les Arènes, assis sous les arbres de l'Esplanade, regardent curieusement passer cette foule grisée par le soleil et le bruit. Depuis l'ouverture des hostilités, les Arènes ne se sont ouvertes que pour recevoir les Sénégalais qui y ont campé quelque temps avec leurs chevaux. A partir du 20 juin 1915 cependant, un cinéma y déroule ses films le soir. Le théâtre a également fermé ses portes, ne les rouvrant de loin en loin que pour quelques représentations données au bénéfice des blessés. Au début, la municipalité l'avait transformé en magasin de pommes de terre. Les cinémas seuls demeurent et le public, tant civil que militaire, en particulier les blessés, s'y rend parce qu'ils constituent maintenant à peu près l'unique distraction à Nimes.

La Pluie d'Or.

Les lois sociales de la troisième République ont fait tomber comme une pluie d'or sur la tête des malheureux, des déshérités, des vieillards et même sur certaines personnes qui se sont trouvées là on ne sait comment pour en recueillir quelques gouttes. Ces lois, pour le dire en passant, ont bien soulagé quelques infortunes, mais elles ont aussi trop habitué les Français à compter sur l'Etat-providence et non point sur le travail et la prévoyance.

La Paix Armée.

Le système de la paix armée pesait comme un cauchemar sur l'Europe depuis près de quarante ans. Les budgets s'enflaient démesurément et les impôts grossissaient toujours. Les pacifistes répudiaient toute idée de guerre, tandis que certains esprits forts la déclaraient a priori impossible à cause des progrès effrayants réalisés dans la fabrication des armes, des explosifs et des divers engins de destruction. La masse de nos concitoyens, quelque peu amollis, au moins en apparence, par un bien-être excessif, repoussaient loin d'eux cette idée, et, malgré les nuages qui obscurcissaient de temps à autre l'horizon du côté de l'est, se laissaient simplement aller à la joie de vivre. La quiétude était encore plus complète dans notre Midi que partout ailleurs, sans doute à cause de l'éloignement de la frontière, ce qui faisait dire aux gens mal informés du Nord venus en nos régions pour leurs affaires : « Vous n'êtes pas patriotes ici ! » Quelques bons Français cependant, en situation de connaître, ou tout au moins de soupçonner les sinistres projets de l'Allemagne, s'efforçaient, mais sans grand succès, de nous tirer de cette dangereuse torpeur. Leurs patriotiques efforts aboutirent, on le sait, au vote plutôt tardif et à une faible majorité, de la loi de trois ans.

La Guerre se prépare.

L'Allemagne désirait la guerre, mais elle eût voulu, comme en 1870, se la faire déclarer pour avoir le beau rôle. Son alliée l'Autriche, mécontente des résultats des deux récentes guerres balkaniques, prétextant la recherche de complicités dans l'assassinat de l'archiduc héritier et de sa femme, émit, vis-à-vis de la Serbie, petite nation slave, des prétentions qui ne pouvaient que rompre un équilibre obtenu à grand peine et conservé par miracle. Dans la seconde quinzaine de juillet le ton des journaux alarme l'opinion et l'on se dit avec angoisse que la guerre peut éclater d'un moment à l'autre. Le gouvernement prend certaines précautions qui avivent ces craintes. Dans notre ville, la population délaisse quelque peu le travail pour aller aux nouvelles et s'entretenir fièvreusement des évènements qui se préparent. Les éditions successives des journaux s'enlèvent.

L'Ordre de Mobilisation.

Le samedi 1er août, à 4 heures du soir, l'ordre de mobilisation est affiché : c'est la guerre à brève échéance. Cette décision est diversement accueillie. La masse pense que le concours de la Russie, véritable réservoir d'hommes, doit suffire à nous assurer la victoire. Les personnes mieux renseignées redoutent la puissance de la formidable armée allemande tenue sans cesse en haleine. Les femmes, elles, pressentant que les êtres qui leur sont chers peuvent leur être enlevés inopinément, essuient en cachette une larme. Mais, comme l'espérance est innée dans le cœur de l'homme, tout le monde considère comme possible une victoire qui serait la juste revanche de 1870 et l'on se berce de cet espoir.

L'Angleterre se joint à nous.

Quelques jours après, quand l'Angleterre se joignit à nous, bien peu nombreux furent ceux qui doutèrent du succès final. Pourquoi, à ce moment-là, le souvenir des succès de la Prusse durant la Guerre de Sept ans nous revient-il à l'esprit comme une hantise ? Espérons que Guillaume II n'aura pas hérité de la chance qui échut alors à son aïeul Frédéric II !

La neutralité belge est violée.

La violation de la neutralité du Grand duché de Luxembourg et de la Belgique indigne tout le monde mais n'étonne personne, tant la falsification de la dépêche d'Ems a jeté de discrédit sur ce peuple sans honnêteté. La protestation demeurée sans effet de la Grande-Duchesse et l'héroïque résistance opposée aux envahisseurs par la petite armée belge ayant à sa tête un admirable roi, celui pour qui comptent les « chiffons de papier », soulagent la conscience des honnêtes gens. Ce beau geste a, en outre, un résultat pratique, celui de retarder la marche des armées allemandes.

Premiers revers.

Notre entrée en Alsace fait naître des espérances que nos premiers revers sur la frontière allemande et en Belgique, suivis du recul général de nos troupes, vaguement annoncés par une presse censurée à l'excès, transforment en une sourde inquiétude. Le ministère, profondément remanié le 26 août, compte certains noms — Briand, Delcassé, Millerand — qui inspirent confiance, mais un petit fait, l'avis affiché à la gare annonçant que la circulation sur la ligne de St-Jean-du-Gard à Anduze est interdite pour permettre de recevoir sur la voie des locomotives appartenant à la Belgique et à notre Compagnie du Nord pour les soustraire à la rapacité des Allemands, prouve bien que nos armées accentuent leur mouvement de retraite (29 août). (1)

Arrivée des premiers blessés.

L'arrivée des premiers blessés, que l'on installe dans nos diverses formations sanitaires, impressionne fortement la population.

---

(1) Cette petite ligne est rendue à la circulation vers la fin septembre, après la victoire de la Marne.

Le Gouvernement va à Bordeaux.

La translation du Gouvernement et des grands corps de l'Etat à Bordeaux — 3 septembre — est accueillie avec stupeur. Nous voici donc ramenés aux mauvais jours de 1870 ! Revivrons-nous les heures tragiques de l'année terrible ? Il est évident que la capitale, dont la défense est confiée au général Galliéni, est sérieusement menacée. La proclamation du Gouvernement affecte une confiance que ceux qui réfléchissent n'osent partager ; une angoisse que l'on s'efforce de cacher étreint les cœurs. Comment alors s'étonner que la mort du pape Pie X — 20 août — et l'élection de son successeur, le cardinal della Chiesa, qui a pris le nom de Benoît XV — 3 septembre — aient passé pour ainsi dire inaperçues ! En d'autres temps, les Nimois, en majorité catholiques, eussent commenté ces événements avec intérêt.

Les ravages de l'invasion.

La destruction systématique des villes et des villages opérée par les Allemands en Belgique et dans le Nord et les atrocités commises par eux sur les personnes excitent ici une indignation générale ; les premières bombes lancées sur Paris par les « taubes » provoquent une vague inquiétude. L'on se demande jusqu'où ira l'audace de nos adversaires...

Inquiétudes.

Les départs de soldats pour le front se succèdent rapidement et de nouveaux appelés viennent immédiatement les remplacer. « Mais on va faire le désert dans le pays ! » entend-on dire de toutes parts. L'optimisme de commande des journaux, optimisme que mille petits faits observés de-ci, de-là, et certains propos tombés de la bouche des premiers blessés, démentent, ne parvient pas à rassurer les esprits qu'inquiètent les indéniables progrès des Allemands.

La Victoire de la Marne.

Ainsi s'écoulent le mois d'août et les premiers jours de septembre. Soudain, une bonne nouvelle nous arrive et fait tressaillir de joie nos cœurs : nos armées ont remporté un vrai succès, la bataille de la Marne a rejeté les Allemands loin de Paris et de nombreux prisonniers et un butin considérable sont tombés entre nos mains. Tout de suite et comme par enchantement le spectre hideux de la défaite menaçante s'évanouit et l'on se reprend à espérer.

La Guerre de tranchées.

Mais l'heure de la délivrance n'a pas encore sonné pour nos malheureux compatriotes des départements envahis ; les Allemands, insuf-

fisamment poursuivis, dit-on, pas nos troupes
qui auraient manqué de canons et de munitions, s'établissent sur une nouvelle ligne et
se terrent dans des tranchées dont l'assaut est
difficile et meurtrier. Nous sommes, bien malgré nous, obligés à les imiter, et une inter-
minable guerre de tranchées, si contraire à
nos goûts et à nos traditions militaires, va
désormais commencer. Nos troupes devront
refréner leur fougue naturelle et s'armer de
patience et de persévérance.

Le Gouvernement belge au Hâvre.

Certains faits à côté préoccupent également
l'opinion. L'installation du gouvernement belge
au Hâvre — 14 octobre — et la prise d'Anvers
sont comme le glas de l'agonie de la malheureuse Belgique... Serait-il vrai aussi que nous
manquons de canons et de munitions ?

La Turquie contre nous.

Les Turcs, qui nous doivent tant et dont
l'attitude dès le début de la guerre manquait
décidement de franchise, mettent le comble à
la mesure en recevant à Constantinople les
croiseurs allemands *Gœben* et *Breslau* qui venaient de bombarder Bône. Ces navires ayant
ensuite tourné leurs canons contre Odessa,
nous fûmes contraints de déclarer la guerre à
la Turquie — 3 novembre 1914 — Les menées
sourdes de la diplomatie allemande ne ten-

dent-elles pas à détacher de la France les Musulmans qui peuplent nos colonies, en particulier nos possessions africaines ?... La guerre sainte est même prêchée contre nous par ordre de l'empereur Guillaume... Décidément, l'avenir est trouble et l'inquiétude se lit sur bien des visages.

L'HIVER DE 1914-1915

Mais le temps inexorable poursuit toujours sa marche rapide et l'hiver, précédé par un automne pluvieux, arrive. Les tranchées, creusées pour la plupart dans des terrains imperméables, regorgent d'eau. Nos soldats, guettés nuit et jour par un ennemi fortement retranché et implacable, sont obligés d'être continuellement sur le qui-vive. Avec le froid, le séjour dans les tranchées devient pour eux doublement dangereux et un grand nombre d'hommes, ayant les pieds gelés, vont rejoindre les blessés ramenés en arrière.

Liquides enflammés
et gaz asphyxiants.

Les Allemands se rendent alors coupables d'une infamie de plus. Peu confiants en l'issue de combats loyaux, ils arrosent copieusement les tranchées des alliés avec des liquides enflammés dont le contact brûle atrocement nos infortunés soldats. A ce procédé barbare ils en joignent un autre, diabolique : la production, lors des attaques à l'arme blanche, de

gazs asphyxiants préparés par la science d'un
Ostwald qui, poussés . par un vent favorable,
procurent à nos hommes une mort précédée
d'horribles souffrances et permettent aux Allemands de s'avancer sans danger. Tant de
scélératesse écœure les populations et fait naître de terribles appréhensions dans l'esprit
de ceux qui ont quelqu'un des leurs sur le
front.

Etat d'esprit en Italie et en Grèce.

L'hiver s'écoule tristement dans des alarmes
continuelles et dans l'attente d'événements extérieurs susceptibles de modifier heureusement
la situation et d'en hâter la solution. L'Italie,
qui, par loyauté, n'a pas voulu suivre ses alliés
lors de leur inqualifiable agression et qui,
depuis, a beaucoup réfléchi sur la situation,
se décidera-t-elle enfin à entrer dans le conflit
à côté de la triple entente ? Et les puissances
balkaniques ? Et la Grèce ? Le premier ministre de cette dernière puissance, M. Vénizelos,
essaie en vain de décider le roi Constantin
à s'unir à nous et il donne sa démission. Mais
l'Italie, pour en revenir à elle, s'agite. Son
gouvernement, poussé par l'opinion que gui-
dent des hommes clairvoyants et patriotes tels
que le ministre Salandra, le poète Gabriel
d'Annunzio, la famille Garibaldi, qui a déjà
laissé deux de ses fils en Argonne, se montre
sourd aux propositions insidieuses de l'ambassadeur d'Allemagne, le prince de Bülow,

et, après une courte crise ministérielle qui se résout par le maintien au pouvoir des interventionnistes, elle déclare la guerre à l'Autriche le 23 mai 1915.

L'Italie avec l'Entente,

Notre sœur latine se rappelle à propos l'aide que nous lui avons donnée autrefois et son geste héroïque nous va au cœur. Le drapeau italien s'unit désormais à ceux des alliés et pour bien marquer l'importance de ce fait, un jour de congé est accordé, le 25 mai, à tous les établissements universitaires de France. La colonie italienne de Nimes, très nombreuse, organise le jeudi 27 mai une manifestation que le public accueille avec enthousiasme. Le dimanche 6 juin, dans la matinée, une société musicale italienne de Marseille débarque à Nimes, joue une aubade aux autorités et s'en retourne avec ses compatriotes réservistes qui rejoignent l'armée au-delà des Alpes. Mais l'on eût voulu voir l'Italie déclarer également la guerre à l'Allemagne...

L'Expédition des Dardanelles.

Entre temps, la France et l'Angleterre, de concert avec la Russie, décident de forcer les détroits et de s'emparer de Constantinople. Elles comptaient, au début, s'ouvrir le chemin par le moyen de leurs seuls navires de guerre, mais des actions malheureuses les ont convaincues qu'il fallait y associer d'importantes troupes de débarquement. On a donc organisé une expédition en règle qui se poursuit depuis février 1915, mais lentement et au prix de douloureux sacrifices. L'habileté des chefs et l'héroïsme des soldats et des marins auront certainement raison de l'opiniâtre résistance des Turco-Allemands ; la Russie pourra alors librement communiquer avec ses alliés et l'effet moral produit par la chute de Stamboul sera bien de nature à modifier du tout au tout la politique dans les Balkans.

Fâcheux état d'esprit.

L'hiver, ce lamentable hiver, a passé et un printemps superbe, bien que gâté ici et là par de trop fréquentes chutes d'eau, lui succède. Il n'y a pas grand chose de changé sur le front, de la mer du Nord à l'Alsace, et l'on n'ose pas faire de diagnostic sur l'avenir. « Nous sommes peut-être à la veille de l'offensive générale, disent les uns. — C'est bien long, cette guerre, murmurent les autres. — Et encore : Sommes-nous capables de vaincre nos diaboliques ennemis, qui, attaqués de tous côtés, parviennent à maintenir leurs armées sur notre territoire ? — Comment se fait-il que l'on ait mal engagé l'action des Dardanelles et laissé aux Turcs le loisir de se fortifier sur les deux rives des détroits ? — On nous avait dit que les Allemands en étaient réduits à se rationner et voici qu'ils mangent maintenant du pain blanc. — Notre argent est dépensé sans compter et le Ministre des Finances a dit publiquement à la tribune que vingt-deux milliards ont déjà été dévorés par la guerre. — Les journaux persistent à nous tromper et la vérité est certainement tout autre que leurs affirmations. — Quand donc fera-t-on la paix ? — Nous serons écrasés par les impôts futurs et ceux d'entre nous qui possédons des biens au soleil ou qui exerçons une profession au grand jour serons les seuls atteints par le fisc ?...» — Tels sont les propos que l'on échange dans les rues et sur les places. Ils indiquent clairement que les « civils » deviennent nerveux, même frondeurs. On est quelquefois à se demander *s'ils tiendront jusqu'au bout.* C'est un état d'esprit fâcheux qu'il faut se hâter d'enrayer si l'on ne veut pas qu'il se généralise et gagne l'armée. Les militaires eux-mêmes, en effet, n'échappent pas à la contagion comme en témoigne le fait suivant. Dans la première quinzaine de juin 1915, trois ou quatre cents hommes désignés pour partir la nuit suivante, comptaient sortir à l'heure habituelle pour rejoindre leurs femmes, réunies en grand nombre devant la caserne. Le commandant du dépôt voulut, on ne sait trop pourquoi, retenir les hommes. Ceux-ci, très excités par cette mesure, murmurèrent tout haut et se ruèrent en masse sur la porte qu'on fut bien obligé d'ouvrir. Le mécontentement se calma, heureusement, mais il eût pu avoir des suites déplorables.

Les Russes reculent,

Le retour de l'été n'amène le calme ni sur
les différents fronts de bataille ni dans les
esprits. Les Russes, assaillis par les armées de
Mackensen et quelque peu démoralisés par les
tirs incessants d'une formidable artillerie, abandonnent cette ligne des Carpathes, conquise
en plein hiver au prix d'efforts inouïs, et éva-
cuent même la Galicie laissant aux mains
des Allemands et Przémil et Lemberg. Ils
reculent pourtant en bon ordre, combattant
héroïquement et infligeant de lourdes pertes
à leurs adversaires. Les munitions et les
canons à longue portée manquent, dit-on, à
nos alliés qui, isolés dans leur immense pays,
malgré leurs ports de Vladivostock et Arkhan-
gel et leur Transsibérien, auraient plus que
jamais besoin, pour se ravitailler efficacement,
du libre passage dans les détroits... Les Allemands font, à leur habitude, grand bruit
autour de ces succès qui suffisent, en tout
cas, à suspendre les décisions de certains neutres. L'on se demande néanmoins, et non sans
angoisse, ce qui adviendrait de nous si les
Allemands, après avoir réussi à briser l'offensive russe, tentaient contre nous une attaque semblable.

L'Interview du Pape.

D'autre part, la fameuse interview du pape
Benoît XV, publiée par la *Liberté* et passion-
nément commentée par tous les journaux,

porte aux alliés un sérieux préjudice moral
en ce sens qu'elle fait planer des doutes sur
l'authenticité des actes de cruauté reprochés
à juste titre aux Boches.

Longanimité des Etats-Unis vis-à-vis de l'Allemagne.

Les Etats-Unis, de leur côté, font preuve,
vis-à-vis de l'Allemagne, d'une longanimité
qui, en l'espèce, devient outrageante pour les
Alliés.

L'Angleterre et l'opinion.

L'opinion, en France, mal éclairée au sujet
des inappréciables services que l'Angleterre
nous a rendus et continue à nous rendre,
trouve qu'elle n'envoie pas assez d'hommes
sur le continent.

La Politique des Partis.

La politique des partis, enfin, cette misérable politique, travaille en sourdine à troubler, à ébranler, à détruire même cette « union
sacrée » qui, consentie tacitement dès l'ouverture des hostilités, est bien la condition *sine
qua non* de la victoire finale. La chose est
tellement monstrueuse que l'on se demande
si les louches intrigues qui s'ourdissent dans
l'ombre ne sont pas l'œuvre d'hommes abjects
à la solde de l'Allemagne. Ces diverses causes
produisent des effets morbides qui se mani-

festent par un vague pessimisme qui envahit les âmes et les rend moins capables d'action.

Les premières permissions militaires.

Dès les premiers jours de juillet 1916, le Ministre de la Guerre accorde aux hommes du front, successivement et en tenant compte de leur situation militaire et familiale, des congés leur permettant de passer cinq ou six jours chez eux. Les Allemands auraient, paraît-il, agi de même. Cette mesure, destinée à mettre les combattants en rapport avec leurs familles est légitime, mais les suites pourraient en être quelquefois fâcheuses. Ainsi, les hommes à caractère faible peuvent faire état de propos coupables ou décourageants tenus devant eux, ou encore se laisser influencer par de perfides conseils et perdre ainsi la notion de leurs devoirs patriotiques. L'expérience a cependant prouvé que ces craintes n'étaient pas fondées ; les hommes du front ou de l'arrière sont venus avec plaisir, et, à de rares exceptions près, ont repris courageusement, leur congé écoulé, le chemin des tranchées. La plupart ont même affirmé leur foi absolue en la certitude du succès, réconfortant ainsi nos esprits.

L'été de 1915.

L'été, un été quelque peu humide au début, très sec jusqu'à la fin septembre, a passé sans que la situation ait changé sur notre front. Les communiqués peuvent se résumer par ces mots : « Actions réciproques d'artillerie...» Le recul des Russes, évidemment motivé par la pénurie de munitions, s'est accentué et le port de Riga, sérieusement menacé, n'a été sauvé que grâce à une victoire navale de nos alliés dans la Baltique. Cette situation préoccupe l'opinion qui regrette toujours que l'action engagée aux Dardanelles n'ait encore abouti, malgré le sacrifice de milliers de vies humaines, qu'à la conquête de quelques landes brûlées par le soleil d'Orient. La guerre dure pourtant depuis quatorze mois et nos ennemis ne paraissent pas encore être à bout de souffle. Notre ville se ressent de l'incertitude où l'on est de ce qui arrivera ; aussi présente-t-elle un aspect morne qui frappe nos visiteurs. On rencontre sur les boulevards et dans les rues des soldats, en majorité des jeunes, mais moins qu'il y a quelques mois. Les blessés promènent comme d'habitude et l'on en compte malheureusement un grand nombre amputés d'un bras ou d'une jambe ou privés d'un œil... Les couleurs voyantes des costumes féminins ont été remplacées par des tons plus sévères, le noir et le gris dominant.

L'Aide Féminine.

Le nombre de femmes employées dans les
diverses administrations, les banques, les maisons de commerce..., a considérablement augmenté. Ce sont elles, en effet, qui, concurrem-
ment avec les hommes d'un certain âge et
les adolescents, remplacent ceux que l'armée
a réclamés. On se fait, cependant, à la longue,
à cette situation anormale qui dure depuis l'ouverture des hostilités, et le dimanche les Nimois
restants s'en vont « au mazet » comme autrefois. Ceux, parmi eux, qui en avaient les moyens
ont fait cette année, comme d'habitude, leur
saison à la montagne ou à la mer.

Succès en Artois et en Champagne.

Le mois de septembre nous réservait pourtant une heureuse surprise. De même que l'an
dernier la victoire de la Marne nous redon-
nait espoir, les succès remportés à un an
d'intervalle en Artois et en Champagne par nos
admirables troupes raniment notre confiance.
Tout le monde se réjouit des résultats obte-
nus et l'on espère que le prestige que la
France en retirera exercera une heureuse influence sur les décisions que les nations balkaniques semblent retarder à plaisir.

Mauvaises nouvelles d'Orient.

Mais l'horizon ne tarde pas à s'obscurcir
de nouveau. Bien que les Russes, mieux appro-

visionnés en munitions, et excités par la présence
du tsar, qui a pris lui-même le commandement
suprême de ses troupes, aient sauvé leur armée
de l'encerclement et repris en quelque sorte
l'offensive presque partout, de nouvelles difficultés surgissent en Orient.

DÉMISSION DE M. VÉNIZELOS

M. Vénizelos, partisan résolu de l'Entente,
en désaccord avec le roi Constantin, beau-frère
du Kaiser, abandonne la présidence du Conseil,
et la Grèce, sur le concours de qui nous
croyions d'autant mieux pouvoir compter qu'elle
venait de mobiliser son armée, se fige dans
une neutralité déshonorante pour elle.

LA BULGARIE CONTRE L'ENTENTE

L'Allemagne, désireuse de pénétrer la première à Constantinople et de nous en interdire
l'accès, gagne par de fallacieuses promesses
le roi Ferdinand de Bulgarie et nos ennemis
se ruent ensemble sur la malheureuse Serbie
pour s'ouvrir un passage. La guerre revient,
pour ainsi dire, à son point de départ. La
Grèce, liée avec la Serbie par un traité datant
de 1913, refuse, par des considérations dignes
d'un casuiste bizantin, d'en exécuter les clauses.

INTERVENTION EN SERBIE

La France et l'Angleterre, fidèles à leurs
traditions, ne pouvaient pas laisser écraser la
Serbie ; il ne leur était pas non plus possible d'abandonner à nos ennemis la route de

Constantinople ; aussi ont-elles envoyé des troupes, qui, par Salonique, iront renforcer l'héroïque armée serbe. La Russie et l'Italie, également intéressées, suivront sans doute cet exemple et tout permet d'espérer que cette intervention, bien que tardive, contribuera puissamment à faire triompher la bonne cause sur ce nouveau champ de bataille. La Grèce, avertie par notre diplomatie que les soldats alliés traverseraient la Macédoine pour se rendre en Serbie, a émis une platonique protestation destinée sans doute à amadouer l'Allemagne. Malgré cela, elle a l'air de nous laisser carte blanche et notre débarquement s'effectue normalement. Quant à la Roumanie, peuplée d'agriculteurs profondément attachés à leurs terres, elle se tient dans l'expectative et l'arme au pied, quitte à se prononcer, si elle y voit son intérêt, en faveur du groupement qui lui paraîtra devoir sortir victorieux de la lutte...

Chute du Ministère Viviani.

Vers le milieu d'octobre 1915, M. Delcassé, ministre des Affaires étrangères, donne sa démission. Son départ, attribué, à tort ou à raison, à l'échec de notre diplomatie dans les Balkans, affaiblit le ministère Viviani, dont il constituait l'une des principales forces, et préoccupe partout l'opinion. Depuis lors, un vague malaise semble ralentir l'action gouvernementale ; aussi n'est-on pas étonné d'apprendre, quinze jours plus tard, que le ministère tout entier est démissionnaire.

LE MINISTÈRE BRIAND

Les journaux annoncent presque en même temps la constitution d'un ministère Briand : la crise a donc été courte ainsi qu'il convenait en un pareil moment. Le nouveau Président du Conseil est doué d'une vaste intelligence et d'un caractère résolu ; la plupart de ses collaborateurs ont fait leurs preuves. Le nouveau cabinet inspirera donc confiance et l'on espère qu'il mènera à bien l'œuvre commencée, savoir la libération des territoires envahis et la signature d'une paix consacrant la victoire du Droit et de la Justice. L'admirable discours de M. Briand, éloquent commentaire de la déclaration ministérielle qu'il venait de lire et où il fait un chaleureux appel à l'union de tous les bons Français en face de l'ennemi, sera-t-il compris ? Nous l'espérons, mais l'impatience de certaines personnes jointe à un parti pris incoercible de dénigrement cause néanmoins quelques inquiétudes.

Des remaniements ministériels s'accomplissent également chez nos alliés russes et anglais. Cette similitude d'événements marque bien la volonté d'en finir une fois pour toutes avec les Allemands.

Inquiétudes.

L'on se demande pourtant, et non sans inquiétude, si les puissances de la quadruple Entente sont, prises isolément, absolument fixées sur la nature du but à atteindre et les moyens d'y parvenir. On en arrive parfois à douter de l'entière bonne volonté de certains gouvernements. Ferait-on passer, ici ou là, l'intérêt particulier d'une nation avant l'intérêt de toutes réunies ? (1) Les neutres, et en particulier la Grèce et la Roumanie, paraissent s'être laissées subjuguer par l'unité de vues et la cohésion des efforts des empires du centre ; c'est ce qui explique l'équivoque de leur attitude. Il en résulte pour nous, lointains spectateurs du drame, un malaise qui se traduit, pourquoi ne pas le dire, par un peu de découragement. Aussi le grand public est-il persuadé que les bruits qui circulent ces jours-ci — milieu de novembre — obligation pour tous les réformés de passer devant un nouveau conseil de révision, appel de nouvelles classes sous les drapeaux... et cela *parce qu'il faut toujours plus d'hommes*, ne sont pas dénués de fondement.

LE PREMIER EMPRUNT DE GUERRE

Si cela était, le grand emprunt national, voté à l'unanimité par la Chambre et le Sénat, le 16 novembre 1915, et que d'aucuns qualifient

----

(1) Un journal suisse, *La Tribune de Genève,* n'a-t-il pas écrit qu'à un moment donné la Russie, ou plutôt un parti puissant, voulait signer la paix avec l'Allemagne, mais que le Tsar, fidèle à sa parole, s'y était énergiquement opposé ? C'est alors que le généralissime, partisan de cette paix prématurée, aurait été disgracié et remplacé par son souverain (11 Décembre 1915)

déjà *d'emprunt de la victoire*, — n'est-ce pas prématuré ? — viendrait à une bien mauvaise heure (25 novembre). Mais sachons attendre, l'horizon s'éclaircira peut-être.

Les malheurs de la Serbie.

Sans perdre de vue les péripéties de la lutte implacable qui se poursuit sur notre front, tout le monde prend un vif intérêt aux événements qui se déroulent en Orient. La malheureuse Serbie, attaquée de trois côtés à la fois et livrée à ses seules forces puisque les troupes anglo-françaises ne sont point arrivées à temps pour secourir ses héroïques défenseurs, a subi le sort de la Belgique. Vers la fin novembre, les Allemands, les Austro-Hongrois et les Bulgares occupent le pays pendant que les Grecs, parjures à leur parole, mobilisent tout en essayant de gagner du temps en causant avec les diplomates des nations alliées. Le nouveau chef du gouvernement, M. Skouloudis, présidera sans doute aux prochaines élections auxquelles le parti libéral, ayant à sa tête M. Vénizelos, ne prendra, par dignité, aucune part. Les amis de l'Allemagne auront le champ libre ! L'on se demande, en France, si les troupes anglo-françaises qui débarquent à Salonique, y sont bien en sûreté.

Faits réconfortants.

Certains faits inspirent pourtant confiance ; ainsi l'Italie a adhéré au pacte de Londres, signé le 4 septembre 1914, ce qui porte à cinq — France, Russie, Angleterre, Japon Italie — le nombre des puissances signataires de cet acte important, (1) et son Ministre des Affaires étrangères a déclaré que l'armée italienne coopérerait à l'affaire serbe. Notre ministre Denis Cochin, le philhellène bien connu, a fait en Grèce une sorte de voyage triomphal, tandis que lord Kitchener a effectué, en soldat, à peu près le même itinéraire. Les ministres de l'Entente multiplient leurs entrevues et des Conseils de guerre auxquels assistaient les délégués des cinq puissances alliées se sont tenus ces derniers temps à Paris.

Le général Joffre généralissime.

Le général Joffre a été nommé généralissime de toutes les armées de la République et on lui a adjoint le général de Castelnau en qualité de major-général.

Nouveaux efforts des Alliés.

Le Parlement a voté à l'unanimité l'incorporation de la classe 1917 pour le 5 janvier. Les alliés paraissent mieux coordonner leurs efforts et cela fait espérer que l'on entravera sérieusement la marche du Kaiser vers cet Orient qui paraît le fasciner. Il faut, évidemment, empêcher à tout prix les empires du

(1) Les Alliés s'engagent par ce pacte à ne pas conclure de paix séparée avec l'Allemagne.

centre de *ruiner le canal de Suez*, de s'emparer de l'Egypte et de s'établir en maîtres en Asie.

Echec de l'Expédition de Serbie.

Devant l'impossibilité de secourir efficacement l'armée serbe, les alliés ont prudemment battu en retraite vers leur base, Salonique. Cette difficile opération, conduite avec une grande maîtrise par les généraux Sarrail et Bailloud, a été effectuée du 22 novembre au 13 décembre 1915 et couronnée d'un plein succès. Les troupes anglaises, bien qu'ayant eu plus à souffrir que les nôtres, ont pourtant réussi à rejoindre les Français. Les troupes allemandes ont disparu tout d'un coup, dirigées sans nul doute vers quelque objectif nouveau, peut-être le front russe. Quant aux Bulgares, ils respectent encore la frontière grecque qu'ils ne franchiront que sur un ordre venu de Berlin. Les Italiens, dont toutes les actions portent l'empreinte de longues réflexions préalables, ont débarqué en Albanie quelques milliers d'hommes qui aideront les débris de l'armée serbe, qui s'y sont retirés de même qu'une grande partie de la population civile, à se reconstituer, et ravitailleront les uns et les autres. Quoi qu'il en soit, on respire plus à l'aise depuis que l'on sait que nos soldats ont pu échapper aux serres des vautours et qu'ils mettent sérieusement à profit le répit inespéré que leur laissent les ennemis pour transformer Salonique en un formidable camp retranché.

Les résultats du 1er emprunt.

Notre grand emprunt national, émis du 25 novembre au 15 décembre 1915, a produit une quinzaine de milliards ; c'est dire qu'il a constitué un beau succès. Par contre, le crédit de nos ennemis faiblit dans le monde entier, et le mark (1) baisse rapidement sur les principales places d'Europe et d'Amérique, tandis que notre nouveau 5 %, admis à la cote le 5 janvier, faisait tout de suite 0 fr. 90 de prime pour les titres libérés et 0 fr. 50 pour les titres non libérés.

Nouvelle offensive russe.

Les Russes, mieux approvisionnés en armes et en munitions, grâce surtout aux Japonais qui leur en ont fourni, reprennent, particulièrement en Bukovine, une offensive vigoureuse que les Austro-Allemands ne peuvent réussir à enrayer. Les Autrichiens se sont jetés sur le Monténégro et ils s'efforcent d'encercler la vaillante petite armée qui le défend, mais les Allemands et leurs acolytes hésitent à attaquer l'armée franco-anglaise de Salonique. Ces peuples rapaces ne seraient-ils pas d'accord entre eux pour le partage éventuel

---

(1) En Suisse, dépréciation du mark : 20,90 % et du franc 10,50 %
En Hollande   »   »   29.25   »   17,70
Etats-Unis   »   »   20,25   »   12,75

dès territoires conquis ou à conquérir ? La maladie du Kaiser, dont tous les journaux, sauf ceux d'Allemagne, parlent, serait-elle, le cas échéant, de nature à nuire à l'unité de direction qui constitue la principale supériorité des coalisés ?

NOUS NOUS FORTIFIONS A SALONIQUE

Quoi qu'il en soit, l'armée de Salonique continue à fortifier ses positions et ses chefs n'ont pas hésité, à la suite de l'incursion de « Taubes » qui ont laissé tomber sur la ville quelques bombes meurtrières, à faire arrêter les consuls ennemis qui s'y trouvaient encore on ne sait trop pourquoi, ainsi que toutes les personnes suspectes, et à les embarquer sur un croiseur. Cette utile opération de police s'est renouvelée à Mytilène et même en d'autres localités.

Les élections grecques.

Les élections grecques ont eu lieu, et, malgré la pression gouvernementale, l'absence de la plupart des électeurs, retenus à l'armée, et l'abstention en masse du parti de M. Venizelos, elles ont donné raison aux libéraux sans que cependant l'orientation politique soit changée. Un Congrès, réunissant les délégués de tous les Hellènes résidant hors de leur pays et qui constituent une élite, a tenu ses assises à Paris en janvier 1916. Les résolutions votées approuvent la politique véritablement nationale de M. Venizelos et demandent nettement que la Grèce entre dans le conflit à côté des puissances de l'Entente.

Echec de l'Expédition des Dardanelles.

Il est pourtant une ombre à ce tableau de la situation à la fin de 1915 et au commencement de 1916, c'est l'évacuation de la presqu'île de Gallipoli par les alliés. Commencées il y a quatorze mois, les opérations contre les détroits n'avaient pas donné, malgré de lourds et douloureux sacrifices, les résultats attendus. Le succès de nos ennemis en Serbie rendait désormais dangereuse la continuation de cette entreprise. Aussi les Anglais avaient-ils, dès le 20 décembre, évacué la baie de Suvla. Les troupes françaises et anglaises qui occupaient encore certains points de la presqu'île ont été embarquées le 8 janvier sans avoir aucune perte à déplorer tant l'opération fut bien conduite. Nous n'irons donc pas à Constantinople par cette voie, mais nos espoirs se tournent d'un autre côté et le résultat final n'en sera que légèrement retardé !

Occupation du Monténégro.

Après la Serbie, le Monténégro ! Les Autrichiens se sont rués sur ce petit pays et s'en sont emparés. Vers le 20 décembre 1915 on apprend, non sans quelque étonnement, que le gouvernement monténégrin, las de lutter seul contre des forces écrasantes, aurait traité avec l'Autriche«Hongrie. On se hâte d'allumer des lampions à Vienne et à Berlin... Mais cette allégresse de commande a été courte : le vieux roi Nicolas, ne pouvant accepter les conditions humiliantes imposées à son peuple, a rompu brusquement les négociations et s'est rendu, par l'Italie, avec sa famille et certains personnages officiels, à Lyon dont il a été l'hôte jusqu'au 8 mars 1916. A cette date, en effet, la cour monténégrine a gagné Bordeaux — Mérigna — où elle séjournera désormais.

Occupation de Corfou et reconstitution de l'armée serbe

Le général Sarrail, secondé par les autorités navales anglaises et italiennes, a, dans les premiers jours de janvier 1916, occupé l'île de Corfou où Guillaume II possède le fameux palais de l'Achilleion, et transporté là les restes de la vaillante armée serbe pour l'y reconstituer. Un mois plus tard, grâce à l'activité déployée, c'était un fait accompli et le tsar Nicolas pouvait télégraphier à M. Poincaré, à la date du 15 février, que « l'armée serbe se trouvait à l'abri de tout danger » et qu'il en félicitait chaleureusement la France.

Voyage de M. Briand en Italie.

Du 9 au 14 février 1916, M. Briand, Président du Conseil, accompagné de MM. Léon Bourgeois, Albert Thomas et de Margerie, s'est rendu à Rome où le peuple italien lui a fait un accueil enthousiaste. Les ministres des deux nations ont eu, à Rome, des conversations très importantes qui se sont continuées en présence du roi Victor Emmanuel sur le front des armées. Il résultera de ces conversations que l'Italie, qui avait déjà adhéré au Pacte de Londres — 7 décembre — manifestera de façon encore plus étroite sa solidarité avec les alliés.

Déclaration des Alliés à la Belgique.

Le 14 février 1916, les Ministres de France, de Grande-Bretagne et de Russie accrédités auprès du roi des Belges, se sont rendus au Hâvre et ont solennellement déclaré au baron Beyens, ministre des Affaires étrangères, que les puissances alliées garantes de la neutralité de la Belgique, garantissent la restauration pleine et entière de son indépendance politique et économique et lui assurent qu'elle serait appelée à participer aux éventuelles négociations de paix. Les gouvernements italien et japonais ont, de leur côté, déclaré qu'ils approuvaient cette démarche dont l'importance politique n'échappera à personne.

Vote du service militaire obligatoire en Angleterre.

Les nations alliées montrent tous les jours par leurs actes qu'elles veulent aller jusqu'au bout. Ainsi le cabinet anglais, après une campagne vigoureuse menée par la parole et par la presse et des débats mouvementés à la Chambre des Communes et à la Chambre des lords, a réussi à faire voter, sauf quelques restrictions, le service militaire obligatoire.

Action parlementaire anglo-française

Les parlementaires anglais et français, désireux d'apporter, eux aussi, leur pierre à l'édifice, ont constitué une Commission interparlementaire destinée à rendre plus féconde la collaboration des deux nations. Au cours de la première séance plénière de la Commission qui s'est tenue à Paris le 23 février 1916, lord Bryce et M. Clémenceau, présidents, ont prononcé des discours éloquents et M. G. Leygues a pu dire que les deux nations peuvent être désormais comparées à « deux métaux chauffés à blanc et fondus dans le même creuset ». Nous en acceptons volontiers l'augure. Les membres de cette Commission s'augmenteront sans doute bientôt de parlementaires russes et italiens. Leur programme sera parallèle à celui des rencontres ministérielles et les travaux communs poursuivis pendant la guerre, se continueront sans nul doute après la paix pour le plus grand bien des puissances alliées.

Comité d'études franco-britannique.

Il existe, en outre, en France, un Comité d'études franco-britannique qui se propose d'étudier scientifiquement les problèmes d'ordre économique, intellectuel et moral que soulève

la coopération désormais invariable de la
Grande-Bretagne et de la France, et de préparer ainsi les grandes solutions qu'il appar-
tiendra à d'autres groupements, tels que le
Comité dont nous venons de parler, de faire
entrer dans la pratique. La première séance
s'est tenue à Paris le 26 février 1916.

Rentrée de la Douma russe.

La Douma a repris ses séances le 23 février
et le tsar, dérogeant à tous les usages, s'est
rendu, dès le premier jour, au palais de Tauride pour bien marquer aux députés l'intérêt
qu'il porte à leurs travaux. Les représentants,
reconnaissants de cette marque de déférence,
l'ont chaleureusement acclamé. Cette démarche spontanée montre bien que l'union intime
des cœurs paraît exister en Russie comme dans
les autres pays de l'Entente.

Succès de l'armée russe au Caucase.

L'armée du Caucase, commandée par le
grand-duc Nicolas, marche de succès en succès. La ville forte d'Erzeroum, qui est comme
la clef de l'Arménie, a été prise le 16 février,
malgré la neige, après cinq jours de siège.
Mouch, Aklat, Bitlis..., ont subi peu après le
même sort. Les Turcs peuvent donc renoncer à l'expédition d'Egypte, tandis que les
armées russe et anglaise ont maintenant l'espoir de se donner la main en Mésopotamie.

Rôle des Etats=Unis.

Les Etats-Unis, qui nous doivent en partie leur affranchissement, s'en souviennent encore, mais, abusés par de trompeuses apparences et habilement circonvenus par les agents, partout répandus, de nos ennemis, ils considéraient, au moment où la guerre a éclaté, la France comme un pays jadis glorieux, mais déchu de sa splendeur et sur le point de disparaître en tant que grande nation. Cette opinion peu flatteuse à notre égard ne les a pourtant point empêchés de nous vendre fort cher, de même qu'à nos alliés, des armes, des munitions, diverses denrées et des objets de toute sorte, et de drainer ainsi notre or au grand profit de leurs industriels et de leurs commerçants. La façon héroïque dont nous avons fait face aux Allemands a cependant prouvé au monde que la France, dont on avait déjà sonné le glas, n'était pas résignée à mourir et que ses citoyens, tant vilipendés, possèdent encore quelques-unes des mâles vertus qui avaient rendu leurs ascendants dignes de figurer au premier rang. Il paraît qu'aux Etats-Unis en particulier les yeux se sont ouverts et que notre pays monte tous les jours un peu plus dans l'estime des citoyens de la grande république. Néanmoins, on a observé à Washington, au cours du conflit actuel, une neutralité qui a paru parfois plutôt bienveillante à l'égard de l'Allemagne.

Depuis une dizaine de mois de nombreuses

notes diplomatiques ont été échangées entre le président Wilson et le cabinet de Berlin à propos de la guerre sous-marine inaugurée et pratiquée par les Allemands au mépris du droit des gens (torpillage de la *Lusitania,* de l'*Ancona,* etc.) Durant cette période, ces derniers, qui comptent douze millions des leurs aux Etats-Unis, y ont organisé une impudente propagande par la parole, par la presse et par les faits, propagande dont le but avéré était d'empêcher la grande république américaine de vendre des armes, des munitions et des denrées aux alliés. Ces menées coupables n'ont pas suffisamment ému les dirigeants de cette nation, restée également muette en présence des abus de la force dont s'étaient rendus coupables sur terre et sur mer les Teutons. La décision prise par l'Allemagne de couler sans avertissement préalable les navires de commerce armés pour se défendre contre leurs sous-marins et le redoublement de sévérité officiellement annoncé pour le 1er mars ont cependant quelque peu réveillé cette impassibilité trop longuement voulue. Le cabinet de Washington s'est subitement ressaisi et deux de ses membres, parmi lesquels M. Garrison, en désaccord avec M. Wilson sur la question militaire, ont même démissionné. Ce dernier, juriste distingué, ne peut pas, malgré son amour pour la paix, admettre une thèse qui infirmerait des accords internationaux antérieurs. Il se refuse donc à demander le désarmement des bateaux de commerce munis de canons pour défendre simplement la vie de leurs passagers et il se gardera bien, ainsi que le voudraient les Allemands, de défendre aux Américains de s'embarquer sur ces navires. Il a même porté la question devant le Congrès qui lui a donné raison par 66 voix contre 14 (1). La Chambre des représentants, de Washington a, peu de jours après, émis un vote semblable (2). Un journal, le *New-York Hérald*, a pu écrire à la suite du premier de ces votes que l'Allemagne doit être convaincue que la capitale des Etats-Unis est Washington et non Berlin et que ce n'est pas Guillaume II, mais M. Wilson, qui gouverne aux Etats-Unis.

Le Brésil et les Républiques latines de l'Amérique du Sud manifestent la même opinion. Mais les Allemands se passeront d'une approbation qui eût constitué pour eux un précédent de nature à légitimer en quelque sorte leurs procédés, bien que barbares, et ils continueront à frapper sans pitié les malheureux innocents qu'ils rencontreront sur leur chemin.

La Suisse vient en aide à nos blessés et à nos malades.

Notre voisine la Suisse, neutre, cela va sans dire, a, selon de vieilles traditions, accueilli

(1) Séance du Sénat, à New-York, du 4 mars 1916.

(2) La motion Mac Lemous, analogue à celle du sénateur Gore, a été rejetée par 276 voix contre 143.

de façon touchante nos grands blessés traversant son territoire et hospitalisé nos soldats
malades revenant d'Allemagne. Comme elle
tire de chez nous une grande partie des matières destinées à son alimentation, et que l'on
a prétendu, à tort ou à raison, de ce côté-ci
des Alpes, que des wagons de denrées pre-
naient le chemin de l'Allemagne, le Conseil
Fédéral a, pour empêcher toute fraude et
éviter tout soupçon, institué une Société dite
Société suisse de surveillance économique, destinée
à régler les conditions d'envoi des produits
français en Suisse. Cette mesure, loyalement
appliquée de part et d'autre, semble pourtant
apporter de sérieuses entraves aux transactions commerciales des deux pays. En tout cas,
l'expérience décidera.

L'affaire des colonels suisses.

L'affaire dite des colonels suisses allemands
a fait grand bruit chez les belligérants. Les
colonels d'état-major Ègli et de Wattenwyl,
convaincus d'avoir communiqué aux attachés
militaires des empires centraux les indications
recueillies par l'état-major suisse sur les opérations des armées françaises et italiennes,
ont été acquittés par le grand-juge de Zurich.
L'émotion provoquée en Suisse par cet acquittement, même atténué par les considérants du
verdict et l'application d'une peine discipli-
naire par l'autorité militaire, est loin d'être
calmée (février-mars 1916). Les libéraux de

tous les partis déplorent ce scandale qui peut, à bon droit, être considéré comme une violation de la neutralité. Le *Journal de Genève* du 5 mars 1916 porte même une adresse envoyée aux protestants de France par cent-six personnalités de tout le protestantisme helvétique témoignant du vif désir de voir nos armes victorieuses. Ce document paraît bien être une véritable protestation et contre le verdict précité et contre cette sorte de militarisme à l'allemande qui s'est peu à peu infiltré en Suisse et que certains observateurs de ce pays ont déjà dénoncé.

Rôle du Portugal.

Le Portugal, allié de l'Angleterre, a, dès le début de la guerre, témoigné en diverses occasions de son hostilité vis-à-vis de l'Allemagne. Accentuant son attitude, il a, ces jours derniers, en vertu d'un droit fort ancien désigné sous le nom de *droit d'angarie*, réquisitionné les navires allemands, au nombre de soixante-dix, internés dans les ports de la métropole et des colonies. Cette mesure a été notifiée officiellement à Berlin et la réponse ne s'est pas fait attendre: le 10 mars, en effet, l'Allemagne a déclaré la guerre au Portugal.

Impôt général sur le revenu.

L'impôt général sur le revenu, la plus grande révolution fiscale depuis 1789, établi par la loi de finances du 15 juillet 1914, sera, en vertu

d'une nouvelle loi votée le 29 septembre 1915,
appliqué à partir du 1er janvier 1916. Il eût
certainement mieux valu attendre, pour bou-
leverser notre système actuel d'impôts, qui
avait pourtant fait ses preuves, des jours moins
troubles... La majorité de nos législateurs, désireux, en dépit de l'union sacrée, de plaire à
ceux qui, malgré les malheurs des temps, n'ont
rien appris, ni rien oublié, n'ont pas hésité
à franchir ce pas redoutable : l'avenir nous
dira s'ils ont eu raison. Néanmoins, la loi
est votée: nous ne pouvons que souhaiter qu'elle
soit loyalement appliquée par tous.

Conférence Vandervelde.

Le 9 février 1916, le leader du parti socialiste
belge, Ministre d'Etat, accompagné de Mme Vandervelde et de M. Steeg, député, ancien ministre, a fait au Théâtre une éloquente conférence
au cours de laquelle il a affirmé sa foi en
la victoire finale des alliés. Mme Vandervelde
et M. Steeg ont parlé dans le même sens. Le
public *nîmois*, accouru en foule, a chaleureusement applaudi les conférenciers ainsi que
les artistes qui ont chanté la *Brabançonne* et
la *Marseillaise*. On a même adressé à l'héroïque roi Albert de Belgique un télégramme de
félicitations. Il nous a été donné de voir sur
la scène, assis dans les fauteuils du premier
rang, l'évêque, le Président de la cultuelle protestante et le rabbin : cela montre bien que
dans notre ville les vieilles dissensions reli-

gieuses ont cédé devant l'intérêt supérieur de la Patrie.

Raids de Zeppelins et exploits de sous-marins.

L'Allemagne, cédant toujours à ses instincts de destruction, a envoyé sur Paris, le 29 janvier 1916, un nouveau Zeppelin qui a fait encore de nombreuses victimes. L'un de ces navires aériens, qui se disposait sans doute à renouveler cet exploit, a été abattu le 22 février par un de nos auto-canons aux environs de Brabant-le-Roi. Le même jour, sept avions allemands ont été descendus par nos aviateurs. Mauvaise journée pour la flotte aérienne de nos ennemis ! Malheureusement, nous n'avons pas été aussi heureux sur mer. Le 26 février, le croiseur auxiliaire *Provence II*, affecté à des transports de troupes sur Salonique, a été coulé en pleine Méditerranée par un sous-marin, probablement d'un nouveau type, que personne même n'a aperçu. Nous avons à déplorer de ce fait la perte de plus de 900 victimes et à enregistrer de nouveaux actes d'héroïsme.

Verdun.

Les Allemands, souffrant du resserrement du blocus et désireux d'éblouir par quelque victoire le peuple à la veille d'un quatrième emprunt de guerre et d'augmenter la popularité quelque peu compromise du Kronprinz, ont tenté un grand coup sur le front occidental.

Après une préparation longue et minutieuse, ils ont déversé sur nos troupes du secteur de Verdun un ouragan de fer et de feu et les ont ensuite attaquées en masse le 21 février 1916. Nos soldats ont admirablement supporté ce choc formidable qui s'est reproduit à plusieurs reprises et à des intervalles divers. Nous avons cédé, il est vrai, quelques positions avancées, mais notre véritable ligne de défense a été maintenue. Nous avons éprouvé ici les anxiétés et les angoisses du début de la guerre et la lecture des communiqués n'allait pas sans émotion. Le but de nos ennemis était, évidemment, de prendre Verdun, d'encercler les armées qui défendent ce secteur et de marcher ensuite sur Paris ; c'était, à vingt mois de distance, la reprise de leur plan primitif. Par bonheur, la bravoure de nos soldats et la science de leurs chefs, en particulier le général Pétain, ont opposé une résistance victorieuse aux hordes teutonnes qui ont subi au cours des divers assauts des pertes effroyables. Ce n'est pas la destruction du fort de Douaumont, ni la prise du fort de Vaux — 7 juin — héroïquement défendu pendant sept jours par le commandant Reynal à la tête d'un bataillon contre vingt mille ennemis, et 600 pièces de canon, ni nos pertes sévères en hommes qui paralyseront notre défense. Le monde entier a les yeux fixés sur la bataille de géants qui se livre aux alentours de Verdun et le prestige germanique paraît avoir subi là une atteinte irréparable.

Conférence de Paris.

Les événements tragiques qui se déroulent sur cette partie du front n'ont pas empêché les délégués des nations alliées de se réunir en conférence à Paris les 27 et 28 mars 1916. Il a été pris là, au grand dépit des Allemands, des résolutions qui ne pourront, une fois mises à exécution, que donner une impulsion nouvelle aux opérations militaires et navales. Puisse-t-il en sortir l'unité d'action si désirée et si nécessaire !

Sur les autres fronts.

Sur le front russe, nos alliés n'ont pas attendu le retour des beaux jours pour esquisser une offensive qui paraît gêner fort les Allemands, et sur les montagnes des Alpes, encore couvertes de neige, nos amis les Italiens obligent, par des pointes hardies, les Autrichiens à renforcer leurs armées pour les contenir. A Salonique, le général Sarrail complète ses préparatifs. L'armée serbe, à peu près reconstituée à Corfou, ne tardera pas à rejoindre la base d'opérations.

Visiteurs de marque à Paris.

Le prince régent de Serbie, Alexandre, fils de notre fidèle ami, le roi Pierre, a visité Rome, Paris et Londres (mars 1916). Il a reçu partout l'accueil enthousiaste que lui ont valu son héroïque attitude à la tête de son armée au cours d'une retraite que l'histoire ne manquera pas de célébrer et la constance de ses sentiments d'amitié vis-à-vis des alliés. Le généralissime Cardona s'est également rendu, quelques jours auparavant, à Paris, sur le front français et à Londres. Enfin, les ministres italiens Salandra et Sonnino, venus à Paris pour rendre à M. Briand la visite qu'il leur a récemment faite et assister à la conférence, ont été chaleureusement acclamés par la population de la capitale. Ces faits, preuve évidente de la volonté bien arrêtée des alliés de mieux coordonner leurs efforts pour obtenir plus tôt la victoire, ont mis les Allemands dans une telle rage que depuis quelques jours leurs sous-marins torpillent indifféremment les navires des belligérants et ceux des neutres.

Les Etats-Unis et l'Allemagne.

Le gouvernement des Etats-Unis, dont quelques nationaux ont encore été les victimes de la piraterie allemande, paraît avoir épuisé sa patience. Le jeudi 20 avril, le président Wilson envoie à Berlin une note comminatoire — la dernière sans doute ? — sorte d'ultimatum manaçant l'Allemagne d'une rupture diplomatique immédiate si elle persiste à torpiller les navires marchands américains. Il a fait à ce sujet, et à la même date, une communication au Congrès qui a été saluée par d'unanimes appplaudissements. Dans sa réponse, datée du 4 mai, le Sous-Secrétaire d'Etat aux Affaires étrangères promet vaguement d'ordonner aux commandants de sous-marins de se conformer désormais aux règles du droit des gens, mais il fait dépendre cette concession d'une condition formelle : les Etats-Unis obtiendront de l'Angleterre le retrait des mesures prises contre le commerce des neutres avec l'Allemagne, c'est-à-dire la renonciation aux avantages de la maîtrise de la mer. Trois jours après — 9 mai — le président Wilson répond : « Je prends acte de votre engagement de changer votre politique sous-marine. Je néglige et je repousse votre tentative pour subordonner le respect de la vie des neutres par les sous-marins à une modification de la politique anglaise. » Les journaux du 15 mai nous apprennent que la chancellerie de Berlin, sous le prétexte spécieux d'éviter une nouvelle extension de la guerre, souscrit sans observations aux prétentions des Etats-Unis. C'est qu'au fond l'Allemagne veut ménager la grande République nord-américaine. Quoi qu'il en soit, le président Wilson, dans un discours récent qui est comme la préface à la lutte présidentielle qui va s'ouvrir, considérant que « la guerre est arrivée à une impasse », ajoute, à l'adresse des alliés cette phrase d'une cruelle ironie : « Quand vous ne pouvez vaincre, il vous faut prendre conseil. » A ce dilettantisme par trop électoral, nous préférons cette affirmation de M. Roosevelt, son illustre, prédécesseur, qui « pas trop fier pour se battre, lui », proclame hardiment que « si la paix et la

justice étaient aux prises, les peuples méprise-
raient l'homme qui ne se rangerait pas du
côte de la justice. » Espérons que la majorité des citoyens de la République sœur jugera
que c'est justement pour la justice que nous
avons tiré l'épée du fourreau.

Armée du Caucase ; Les Russes en France.

L'armée russe du Caucase, continuant sa
marche victorieuse, est entrée à Trébizonde
le 18 avril et l'annonce de ce succès a coïn-
cidé avec un nouvel échec partiel des troupes allemandes aux Eparges. A cette même
date — 20 avril — nous apprenons avec satisfaction que des troupes russes, commandées
par le général Lockwinsky, débarquent par
petits paquets à Marseille, où elles reçoivent
des autorités et de la population un accueil
enthousiaste. Dirigés sur le camp de Mailly,
les soldats russes ne tarderont pas à rejoindre sur le front leurs frères d'armes français et anglais. On apprécie à sa valeur, dans
notre Midi, ce noble geste du tsar. Au moment
où nous écrivons — 21 avril — l'espoir semble renaître en notre pays, tandis que les journaux nous apportent les échos du mécontentement des femmes du peuple allemandes qui,
lasses de la guerre, demandent avec insistance
du pain et la paix.

Conférence parlementaire
internationale du Commerce.

Le 27 avril s'est ouverte à Paris, au Palais du Luxembourg, en présence du Président de la République, la séance inaugurale de la Conférence parlementaire internationale du Commerce, dont l'objet essentiel, précisé par le Président, M. Chaumet, est d'affirmer et de rendre effective la solidarité économique des nations alliées pendant et après la guerre. La première, dont le but n'était pas absolument pareil, s'était réunie à Bruxelles le 18 juin 1914. Les divers délégués, MM. Sir John Raneles, au nom des Anglais, Hennebicque au nom des Belges, Luzzati au nom des Italiens, Macicira au nom des Portugais et Treykovith au nom des Serbes, y ont successivement pris la parole. Les travaux de la conférence ont été clos le lendemain.

Echec Anglais à Kut=el=Amara.

Une dépêche de Londres en date du 29 avril annonce la chute de Kut-el-Amara, en Mésopotamie, assiégée depuis 143 jours et que le général Townshend a dû livrer aux troupes germano-turques, sous la pression de la faim, avec les 3.000 Anglais et les 6.000 Hindous qui constituaient la garnison. Les troupes britanniques qui occupaient cette ville depuis leur victoire de Ctésiphon livrée en décembre, y avaient été elles-mêmes cernées par des forces très supérieures en nombre et le général Gorring, chargé de secourir ses compatriotes, avait été arrêté dans sa marche par toutes sortes d'obstacles. Cette reddition n'aura d'autres conséquences militaires que de libérer les effectifs turcs immobilisés devant la ville et de leur permettre d'opérer contre l'armée anglo-indienne, ou même éventuellement contre les Russes, mais elle donne au Kaiser l'occasion de faire allumer quelques lampions à Berlin.

L'Emeute de Dublin.

En mai, des émeutes, fomentées par l'Allemagne, éclatent à Dublin et dans quelques localités d'Irlande. L'agitateur sir Roger Casement, traître à son pays, a été saisi et emprisonné, de même que les principaux meneurs, par les autorités anglaises qui ont eu rapidement raison de la sédition. Un statut nouveau, approprié aux besoins et aux aspirations des Irlandais, leur sera sans doute prochainement donné — M. Asquith s'est rendu dans ce but sur les lieux — et il ne restera plus rien de ce mouvement qui eût pu causer, si on ne l'avait arrêté à temps, de graves ennuis à nos alliés.

La conscription en Grande-Bretagne.

Un fait significatif vient de se produire en Grande-Bretagne : la conscription. Qualifiée de « rêverie » à l'époque où lord Roberts la réclamait timidement, elle a été votée pour ainsi dire d'acclamation par les Chambres anglaises en mai 1915. Cette mesure appliquée avec les tempéraments réclamés par les mœurs de nos voisins, montre bien leur résolution inébranlable de mener la lutte jusqu'au bout.

Tricentenaire de Shakespeare et de Cervantès.

Malgré les préoccupations et les soucis de l'heure présente, les Anglais, les Espagnols et les Français n'ont pas oublié que le 23 avril 1916 mourait à Stratford-sur-Avon William Shakespeare, l'Eschyle anglais, un des « cinq ou six grands génies dominateurs », selon l'expression de Chateaubriand, qui ont « suffi aux besoins et à l'aliment de la pensée », et qu'à la même date, à Madrid, s'éteignait Miguel de Cervantès Saavedra, auteur de don Quichotte, qui doit à sa tragédie de Numance, le surnom d'Eschyle castillan. Le tricentenaire de ces illustres écrivains, dont la renommée n'est pas assise sur le sang et le meurtre, a été dignement fêté par les intellectuels des trois nations. Cela fait voir que les événements tragiques qui se déroulent sur les divers fronts de bataille n'ont pas altéré la sérénité de ceux des belligérants qui combattent pour le droit et la justice.

Le Tunnel du Rove.

Dans le même ordre d'idées, il est un fait qu'il faut bien se garder de passer sous silence.

Le Rhône, ce « taureau furieux descendu des
Alpes et qui court à la mer », cesse subitement d'être navigable à partir d'Arles. Pour
remédier à un état de choses fort préjudi-
ciable à notre commerce, l'Etat français fait
creuser, depuis 1906, un tunnel qui, partant
d'Arles, aboutira à Marseille, et que l'on espère
pouvoir livrer à la navigation en 1919, date
fixée pour l'Exposition coloniale de Marseille.
Or, le 7 mai 1916, deux de nos ministres ont
solennellement inauguré le tunnel du Rove,
percé sous l'arête rocheuse de la Nerthe, long
de 7.200 mètres, large de 22 et haut de 15,50
qui s'ouvre dans la rade de l'Estaque. Nous
souhaitons que cette œuvre de paix, que la
brutale agression teutonne n'a pu interrom-
pre et dont la réalisation se poursuit au bruit
du canon de Verdun, soit comme l'aurore de
temps meilleurs.

Continuation de la bataille de Verdun

Le kronprinz continue à lancer ses batail-
lons contre nous dans la région de Verdun,
transformée en véritable enfer. Les Allemands
essaient même de déborder nos ailes, mais,
à part quelques fléchissements — voir plus
haut, pages 50 et 51 — nos admirables troupes
se maintiennent sur leurs positions principales.
Il semblerait qu'une diversion tentée, par
exemple, par les Anglais, libèrerait ce point
du front, véritable tombeau de notre armée,
où l'on se bat avec acharnement depuis plus

de trois mois. En tout cas, l'opinion commence à s'énerver et à demander que l'on tente quelque chose...

Bataille du Trentin.

Cette violente offensive contre nous a précédé de quelques jours seulement une vigoureuse poussée des Autrichiens contre les Italiens dans le Trentin. Les troupes du général Cadorna, obligées de reculer devant un déluge d'obus lancés à profusion par les gros canons ennemis, se sont pourtant ressaisies et à l'heure actuelle — 7 juin — elles commencent, non seulement à contenir, mais à contre-attaquer victorieusement les assaillants qui espéraient bien envahir les plaines vénitiennes et lombardes.

En Orient.

A Salonique, les Bulgares ont pris possession du fort de Rupel, position très forte au nord de la Macédoine. Par ordre supérieur, l'armée grecque a reculé, laissant « l'ennemi héréditaire » maître de points stratégiques importants. Ce fait montre bien que le roi Constantin XII et ses ministres sont les dociles valets du kaiser. En réponse à cet acte inamical, en contradiction absolue avec cette neutralité bienveillante à laquelle notre diplomatie a eu le tort de croire, le général Sarrail a proclamé, le 2 juin, l'état de siège à Salonique. Le gouvernement grec — il fallait s'y attendre — a protesté, mais les alliés, soucieux d'assurer la sécurité de leur armée, que l'avance bulgare compromet, et désireux de maintenir l'unité de la Grèce, qui est leur œuvre dans le passé, n'ont pas hésité à prendre une série de mesures de précaution, dont la principale consiste en une sorte de blocus des côtes de la péninsule.

Une dépêche du prince Alexandre de Serbie en date du 30 mai, annonce la fin du transport des troupes serbes — 100.000 hommes et 20.000 chevaux — de Corfou à Salonique. Cette belle opération, assurée par notre marine de la mi-avril à fin mai sur une distance de 630 milles — 1.166 kilomètres — s'est accomplie sans accident, malgré la présence de nombreux sous-marins ennemis en Méditerranée. Nous avons tout lieu de nous en féliciter. Le canon commence à gronder sur ce nouveau théâtre des opérations et des événements importants sont sans doute à la veille de s'y produire.

Combat naval du Jutland.

L'Allemagne, gênée à n'en pas douter par le blocus, a essayé de le rompre. Sa flotte de haute mer a rencontré au large des côtes du Jutland, le 31 mai 1916, dans l'après-midi, une division légère anglaise commandée par l'amiral Beatty, qui, malgré l'infériorité du nombre, n'a pas hésité à lui barrer la route. Au cours du combat, qui s'est prolongé bien avant dans la nuit, les deux flottes ont subi de lourdes pertes, mais, à l'arrivée du gros des forces anglaises de l'amiral Jellicoe, mandées en toute hâte, ce qui restait de la flotte allemande a regagné vivement ses ports d'attache sans avoir, par conséquent, rempli sa mission, quelle qu'elle fût. On peut donc considérer cet engagement, beaucoup plus sérieux que ceux de Coronel, des îles Falkland et du Dogger-Bank, comme une victoire anglaise, bien que les Allemands, fidèles à leurs vieilles habitudes de mensonge, se soient hâtés de faire savoir au monde entier qu'ils étaient les vainqueurs.

Mort de Lord Kitchner.

Le 6 juin, un événement très malheureux s'est produit dans la mer du Nord, non loin des îles Orcades : le croiseur anglais *Hampshire* a été coulé, entraînant avec lui au fond de la mer, lord Kitchener, Ministre de la Guerre, qui se rendait en Russie. Quelques hommes à peine ont réussi à gagner la terre. Les alliés regretteront tous cet intrépide soldat qui fut un organisateur de premier ordre et à qui l'Angleterre doit de posséder une armée de terre vaillante, nombreuse et bien équipée. L'espionnage allemand, qui s'exerce encore un peu partout, ne serait-il pour rien dans la genèse de cette catastrophe ?

Colloque de Kienthal.

Les gens qui réfléchissent pensent que le moment de faire la paix n'est pas encore

arrivé; aussi juge-t-on sévèrement l'acte de ces
trois députés socialistes français, MM. Alexandre Blanc, Brizon et Raffin-Dugens, qui se
sont rendus dans les premiers jours de mai
à Kienthal — canton de Berne — pour s'y
rencontrer avec quelques-uns des socialistes
du kaiser et rééditer la parlotte de Zimmer-
wald. Mais ce colloque ne pouvait avoir aucune
portée politique et aucune résolution n'y a, en
effet, été votée.

La Chambre et le Sénat
en Comité secret.

Quelques députés, désireux de trouver le
Gouvernement et le haut commandement en
faute à propos des événements de Verdun, ont
obtenu de leurs collègues que la Chambre
se réunira en Comité secret pour en discuter.
Le 23 juin, après une semaine passée en séances à huis clos, un ordre du jour a, par 444
voix contre 80, accordé pleine et entière confiance aux hommes qui dirigent nos affaires.
Un vote semblable émis par le Sénat le
9 juillet, à la suite d'une procédure analogue, a
réuni seulement 6 opposants sur 257 votants.
Les chasseurs de portefeuilles ont fait, cette
fois encore, buisson creux.

Avance de l'heure.

Sous prétexte de réaliser des économies sur
l'éclairage, nos législateurs ont décidé que les
horloges publiques et celles des chemins de

fer seraient, à partir de la nuit du 14 au 15
juin et pour une période se terminant le 30
septembre, avancées d'une heure. Cette usur-
pation d'un rôle qui n'appartient qu'au soleil
ne nous paraît pas susceptible de produire
des résultats très appréciables, bien que l'Angleterre et l'Italie — cette dernière à partir
du 3 juin — aient déjà pris semblable initiative.

Offensive russe.

Nos alliés russes, bien armés cette fois et
merveilleusement outillés, grâce surtout au
concours que leur a apporté le Japon, reprennent, au commencement de juin 1915, du
Pripet aux confins de la Roumanie, sur un
front de plus de 400 kilomètres, une offensive
vigoureuse qui leur a permis de faire des
milliers de prisonniers, de conquérir des territoires perdus l'an dernier, tels que la Bukovine, et de menacer les plaines de la Hongrie.
Un grand nombre de villes et en particulier
Czernovitz, qui, depuis l'ouverture des hostilités a changé quatre fois de mains, ont été
occupées par eux. Les Autrichiens, vivement
poussés par les armées des généraux Brous-
siloff et Letchinski, rappellent en toute hâte
certaines troupes combattant dans le Trentin,
ce qui permet au général Cadorna de poursuivre sa vigoureuse contre-offensive.

Changement de Ministères en Italie et en Grèce.

Le cabinet Salandra, qui ne satisfaisait pas tous les partis, est mis en minorité à la Chambre italienne le 11 juin. Huit jours après, un nouveau cabinet avec, comme président, M. Boselli, prend la direction des affaires. Le fait que M. Sonnino conserve le portefeuille des Affaires étrangères montre bien que l'orientation générale de la politique de l'Italie n'a pas varié.

Les alliés, mécontents de la politique tortueuse du gouvernement grec, lui ont adressé, dans la dernière quinzaine de juin, une note comminatoire demandant : 1o la démobilisation effective et générale de l'armée ; 2o le remplacement du ministère Skouloudis par un cabinet présentant toutes garanties touchant l'observation d'une neutralité bienveillante à l'égard de l'Entente conformément aux engagements mêmes du gouvernement grec ; 3o la dissolution de la Chambre et des élections générales ; 4o le remplacement des fonctionnaires de la police qui ont trop souvent obéi à des inspirations étrangères. L'Italie a joint sa protestation à celles de la Russie, de l'Angleterre et de la France, protectrices de la Grèce. Le roi Constantin, malgré son admiration pour l'Allemagne et son empereur, a jugé prudent de céder et il a, dès le 23 juin, constitué un ministère de transition, présidé par

M. Zaïmis, qui exécutera les demandes de l'Entente. Cette mesure, bien que prise un peu tardivement, *appuyée par une sérieuse démonstration navale devant le Pirée*, affranchira l'armée d'Orient de toute crainte pour ses derrières et lui permettra d'accomplir sa mission avec une sécurité plus grande. Il faut, néanmoins, continuer à se méfier des menées souterraines des nombreux germanophiles grecs. Quoi qu'il en soit, le *Destin semble vouloir punir* le roi Constantin de s'être délibérément tenu à l'écart du conflit qui ensanglante l'Europe : Tatoï, le bois sacré, l'oasis enchantée où ce roi s'était retiré pour jouir, dans le splendide palais d'été édifié par son père, d'une paix qui ne règne nulle part ailleurs, a été, en quelques jours, la proie des flammes. Encerclée d'un rideau de feu, tant l'incendie a été soudain, la famille royale ne s'est sauvée qu'à grand peine, et bien des malheureux, surpris par l'arrivée soudaine des flammes, ont péri de la plus affreuse des morts. Ce souverain, le plus obstiné des neutres, confondu sur la *route d'Athènes* avec la *foule des paysans fuyant* leurs demeures embrasées et talonnés par le galop des flammes, a eu sans doute une claire vision des heures sombres vécues par ses alliés, les Serbes, au cours de leur lamentable mais glorieuse exode. Les anciens Grecs, ceux des temps héroïques, verraient là un signe manifeste de la colère des dieux : le *moderne héritier* de toutes ces grandeurs passées aura-t-il été incité

par cette catastrophe à n'écouter désormais
que la seule voix de sa conscience ? On n'ose
guère l'espérer.

Conférence économique des Alliés.

Le 14 juin 1916 s'est réunie à Paris, sous
la présidence de M. Briand, Président du
Conseil, la première conférence économique
des alliés dont le but consiste à résoudre
les divers problèmes financiers, commerciaux
et industriels intéressant les pays de l'Entente,
ainsi que d'unifier tous leurs efforts dans
l'adoption de mesures propres à faciliter leur
expansion commerciale après la guerre. Toutes les résolutions proposées ont été discu-
tées et adoptées ensuite à l'unanimité par les
représentants de la Grande-Bretagne, de la
Russie, de la Belgique, de l'Italie, du Portugal, du Japon et de la France.

Un " dictateur " des vivres
en Allemagne.

La question économique et en particulier celle
du ravitaillement de la population civile préoccupe à juste titre, depuis le resserrement du
blocus naval, le gouvernement allemand. Dès
le mois de mai, on a laissé M. Delbrück, secrétaire d'Etat à l'Intérieur, prendre sa retraite,
et on l'a remplacé par un véritable « dictateur » des vivres, von Batocki, qui a reçu
pleins pouvoirs en matière d'alimentation.

Scission dans l'Islam.

Vers le milieu de juin le grand chérif de la Mecque, mécontent de ce que le sultan de Constantinople se soit inféodé à l'empereur d'Allemagne, a levé contre lui l'étendard de la révolte et les Arabes sont, à cette heure, à peu près maîtres de la Palestine. Les Allemands voulaient établir un empire panislamique par le moyen des Jeunes Turcs et du sultan de Stamboul, leur homme-lige, mais ce rêve s'écroule par suite du mauvais vouloir des Arabes, véritables disciples du Prophète. Il y aura désormais les Musulmans turcs d'un côté et tous les autres Musulmans de l'autre. La diplomatie franco-anglaise n'est sans doute pas étrangère à cet événement dont nous ne pouvons que nous réjouir tout en le suivant de près.

Etat de nos Finances.

Dans sa séance du 17 mars 1916, date correspondant au 591e jour de guerre, la Chambre a voté à l'unanimité moins une voix le projet de loi portant ouverture des crédits provisoires applicables au second trimestre de 1916 — 7 milliards 645.366 frs — A cette occasion, le Ministre des Finances a fait connaître que chaque journée coûtait à la France 93 millions, y compris les avances aux alliés. Ce chiffre atteindrait seulement 87 millions, abstraction faite de ces avances. L'Angleterre dépense 110 millions par jour, mais elle est plus riche que nous : son revenu, évalué en temps ordinaire à 60 milliards, se monte actuellement à 75 milliards. Elle doit cette prospérité aux nombreuses exportations que lui permet la maîtrise des mers.

Les avances nettes de la Banque de France à l'Etat, même avec les 200 millions de l'avance permanente et les 865 millions avancés aux gouvernements étrangers, ne dépassait pas, le 16 mars, 7 milliards 332 millions et demi. M. Ribot a ajouté que la loi du 15 juillet 1914 a été une « loi de transaction » et qu'elle en porte trop les traces. Il se refuse à proposer de nouvelles taxes venant s'ajouter aux impositions existantes, qu'il juge suffisantes pour le moment. Il faut, a-t-il ajouté, maintenir dans le pays la confiance qui nous vaudra la victoire.

L'offensive anglo-française d'Occident.

Depuis quatre longs mois les Français résistent devant Verdun à la formidable ruée allemande. La relève de nos troupes d'Artois par les nouvelles formations anglaises a permis à nos généraux de renforcer notre armée sur ce point et de mieux tenir en échec les masses lancées contre elle par le Kronprinz. Mais cela ne pouvait point suffire aux alliés, et vers juillet 1916, sur les deux rives de la Somme, Anglais et Français ont, après un

copieux bombardement, attaqué à la fois les
Allemands. Ces derniers s'attendaient bien à
une offensive menée par les Anglais, mais ils
ne pensaient pas que les Français pussent, en
pleine affaire de Verdun, prendre l'initiative
d'une attaque. Hâtons-nous de dire que l'offensive, tant désirée des deux côtés du détroit, a
débuté par des succès qui, à part les inci-
dents inséparables d'une action aussi étendue,
se continuent. Pour la première fois depuis
la Marne, exception faite pour les feux d'ar-
tifice d'Arras et de Champagne, les Allemands
sont en train de subir un échec sérieux et il
est permis d'espérer que, malgré la force de
leurs retranchements et la puissance de leur
artillerie, nous parviendrons à les rejeter hors
des territoires envahis, « nous les aurons... »

La fête du 14 Juillet 1916.

La fête du 14 juillet, ramenée cette année
« à la sévérité d'une cérémonie militaire », a
présenté le caractère d'une « solennité grave
et symbolique ». Les troupes françaises et
alliées, venues du front entre deux combats,
ont effectué leur défilé, non point à Long-
champ, mais au cœur même de Paris. Les
Belges, les Anglais, les Canadiens, les Russes,
les Alpins des Vosges, les chasseurs de l'Argonne et de Verdun, les fusiliers marins de
l'Yser, les coloniaux et nos auxiliaires, nos
fantassins et nos artilleurs qui passaient crâ-
nement, l'œil brillant d'espérance, ont été

l'objet de chaudes manifestations de sympathie et couverts de fleurs par les habitants de la capitale qui, on peut l'affirmer, représentaient, ce jour-là, toute la France. Le Président de la République, après avoir procédé à la remise ordinaire des décorations, a distribué aux familles des soldats morts à l'ennemi les diplômes institués par la loi du 27 avril 1916, rendant ainsi un pieux hommage à ceux qui ont donné leur pensée dernière « à la victoire pressentie et préparée ». Nous n'entendons point par victoire, a-t-il ajouté, « une paix qui ne serait pour le militarisme prussien qu'un stratagème destiné à masquer les préparatifs d'une nouvelle agression » ; il n'y a qu'une paix possible pour nous : celle qui nous rendra intégralement les provinces perdues, qui réparera les droits violés et assurera pour l'avenir des garanties à l'indépendance des peuples... »

Les manifestations de chaude sympathie que nos fidèles alliés et même certains neutres nous ont prodiguées à cette occasion montrent bien que la France jouit de l'estime universelle. Ces témoignages nous vont au cœur et constituent une sorte de compensation aux douloureux sacrifices accomplis par notre armée pour la cause du droit et de la civilisation.

Ce que devra être la Paix.

La paix future devra être — selon les propres expressions de M. Briand — « le rétablissement du droit de chaque pays de cultiver sa propre civilisation ». Pour qu'elle présente ce caractère, il faut que le Congrès futur, s'inspirant des paroles prononcées par Michelet dès 1870, à savoir que « le machinisme allait transformer la guerre, mais que la guerre mécanique, à son tour, trouverait une rivale dans la chimie militaire », prenne de sérieuses précautions contre la science mise au service de la destruction et de la mort. Une force internationale devra être instituée pour veiller à ce qu'aucun peuple ne puisse, au moyen de quelque invention diabolique dont il aurait le secret, subjuguer ses ennemis après les avoir préalablement décimés. Le Congrès du XXe siècle assurera ainsi le triomphe de la tâche entreprise au XIIe siècle par l'Eglise et reprise sept siècles plus tard par les Congrès de Genève et de la Haye. Qu'en pensent les hommes d'Etat et les publicistes allemands qui parlent tant de paix depuis quelques mois ?

Les enlèvements
du Nord de la France.

Au cours de la semaine sainte — 16 au 23 avril 1916 — les Allemands, imitant l'infâme tactique par laquelle les vainqueurs des premiers temps de l'histoire emmenaient en captivité les peuples vaincus et les astreignaient aux travaux les plus durs, ont arraché à leurs familles, à Lille et dans la région du Nord, plusieurs milliers de nos compatriotes, en majorité des jeunes gens et des jeunes filles de 16 à 20 ans, qui, d'abord parqués dans des sortes de camps rappelant les marchés d'esclaves, ont été ensuite envoyés dans des régions où on les a soumis aux travaux agricoles forcés. M. Delesalle, maire de Lille, l'évêque Charrost, le gouvernement français ont protesté avec indignation contre ces infâmes procédés. Ce nouveau crime du « peuple élu » mérite un châtiment que l'avenir ne peut manquer de lui apporter.

Deux nouvelles déclarations de guerre ; l'anarchie en Grèce.

Les événements extérieurs continuent à nous être favorables : le 26 août 1916, l'Italie, désireuse d'établir en droit une situation existant en fait depuis la dénonciation de la Triplice, a déclaré la guerre à l'Allemagne. Le lendemain, la Roumanie, cette autre sœur latine, dont on escomptait depuis plusieurs mois l'entrée dans la lutte, a déclaré à son tour la guerre à l'Autriche. L'Allemagne, la Bulgarie et la Turquie, il fallait s'y attendre, ont immédiatement relevé le gant. Que va faire la Grèce ? Le roi Constantin, inféodé à son impérial beau-frère, a remplacé le ministère

Zaïmis, démissionnaire, par un nouveau cabinet dont le président, M. Calogeropoulos, ne cache pas son admiration pour l'Allemagne. La livraison de nombreux forts et de la ville de Cavalla aux Bulgares, un attentat contre la légation de France, une partialité non équivoque vis-à-vis des puissances centrales ont obligé les gouvernements alliés à ne point reconnaître un cabinet aussi manifestement germanophile. Le roi, louvoyant toujours, a chargé M. Lambros, professeur à l'Université d'Athènes et son ancien maître, de constituer un cabinet, avec M. Zalacosta aux Affaires étrangères, qui ne comprend guère que des universitaires à sa dévotion. En présence de ces faits, certains Grecs, rougissant de la lâcheté de leurs dirigeants, se sont franchement insurgés contre un état de choses qu'ils jugent déshonorant pour leur pays. MM. Venizelos, l'amiral Coundouriotis et le général Danglis se sont mis à la tête d'un mouvement national destiné à décider la Grèce à marcher aux côtés de l'Entente et à chasser de la Macédoine les Germano-Bulgares. Vers la fin septembre, le Gouvernement provisoire constitué par les triumvirs a lancé de la Canée un manifeste au peuple grec par lequel ils l'adjurent de se joindre à eux pour sauver l'existence et l'honneur du pays. A la mi-octobre un ministère régulier, qui siègera à Salonique, a été constitué. C'est dans cette ville que les volontaires grecs appartenant à l'armée et à la marine se rendent en grand nombre, la plupart conduits par leurs chefs, pour combattre à côté des alliés. Les Hellènes du dehors avaient déjà, au commencement d'octobre, adressé aux puissances de l'Entente un long mémoire insistant pour obtenir d'elle la reconnaissance du gouvernement provisoire constitué par M. Venizelos. D'autre part, les alliés, lassés par les menées sourdes du roi Constantin et de ses nouveaux ministres, ont jugé utile de prendre enfin des précautions sérieuses, telles que le désarmement de la flotte, la dissolution des ligues de réservistes, la mainmise sur la police, etc. L'amiral Dartige du Fournet, commandant en chef des flottes alliées, a mis le gouvernement grec en demeure de lui fournir des garanties qu'il s'est, du reste, hâté de s'assurer lui-même (14 octobre). De la sorte, l'armée du général Sarrail, désormais certaine de n'être point inquiétée sur ses derrières, pourra prendre une offensive que tout le monde désire. Il n'est pas moins vrai que l'anarchie règne dans cette malheureuse Grèce dont le gouvernement officiel a foulé aux pieds les glorieuses traditions de son histoire. Mais cela n'empêchera point les événements de suivre dans la péninsule balkanique leur cours inexorable : la jonction s'opérera entre les alliés d'Occident et d'Orient, les détroits s'ouvriront et l'encerclement complet de l'Allemagne en sera la conséquence.

Verdun décorée.

Le mercredi 13 septembre 1916, dans les casemates, le Président de la République, entouré des Ministres de l'Intérieur et de la Guerre, a solennellement remis à la ville de Verdun les décorations qui viennent de lui être décernées par les chefs d'Etat des puissances alliées. L'attaque contre la vieille citadelle résumait les espérances que l'Allemagne avait placées dans un effort dont l'origine remonte au début même de 1915. Les sanglants combats livrés autour de Verdun depuis le 21 février ont sauvé la France du même péril dont l'avaient préservée les batailles de la Marne et de l'Yser. « Si les Français tiennent à Verdun, nous vaincrons », avait dit le général Cadorna : les armées qui ont arrêté là le gigantesque effort des empires du centre ont donc bien mérité de la France et de ses alliés.

L'Offensive de la Somme
et nos succès autour de Verdun.

Les armées anglaise et française ont, dès le 1er juillet, attaqué les Allemands dans la région de la Somme et les ont obligés à reculer. Si à Verdun, en Argonne, en Champagne et en Artois des fluctuations se sont produites, il n'en a pas été de même ici, au moins jusqu'à aujourd'hui (9 novembre 1916). Grâce à la supériorité, à la violence de notre tir et à l'entrain de notre infanterie, l'ennemi, refoulé, n'a pu réagir avec succès. En trois mois nous avons, en effet, conquis une zone de terrain de près de 200 kilomètres carrés, fait environ 35.000 prisonniers valides et 5.000 blessés et ramassé sur les divers champs de bataille au moins 150 canons. L'offensive combinée des deux armées paraît avoir brisé la volonté de l'ennemi devant Verdun et nous a permis de lui reprendre en quelques jours la presque totalité des territoires conquis sur nous au prix du sacrifice de 500.000 vies humaines. Une intense préparation d'artillerie suivie d'attaques vivement menées nous ont rendus maîtres de Douaumont, de Daneloup et d'autres lieux que les sanglants combats qui s'y sont livrés depuis le 21 février ont rendus célèbres. Enfin, le 3 novembre, les Allemands ont évacué furtivement le fort de Vaux, « pierre angulaire » de la citadelle de Verdun, selon leur propre expression, et dont ils avaient, il y a quelque temps, annoncé à grand fracas l'occupation. L'initiative des opérations semble échapper, sur ce point, au commandement allemand et les combats qui s'y livrent encore produisent une usure morale de nos ennemis qui ne contribuera pas peu à amener la rupture définitive.

Pessimisme.

Néanmoins, depuis quelque temps un vent de pessimisme souffle sur nos populations méridionales. L'arrêt subit de l'offensive de la Somme, la quasi immobilité de l'armée du général Sarrail, la trahison du roi Constantin *(voir plus loin)*, la marche victorieuse des Germano-Bulgares en Roumanie et leur entrée à Bucarest, les bruits de remaniements ministériels chez les alliés, les dix séances de la Chambre française en Comité secret, la lenteur avec laquelle se meuvent les armées russes, la reprise de la guerre sous-marine et l'audace croissante des commandants des submersibles allemands, la mobilisation civile en Allemagne consécutive à la dictature du maréchal von Hindenburg, le manque de cohésion dans les mesures prises ici et là par les alliés, enfin la cherté croissante de la vie en France justifient en quelque sorte les craintes qui se manifestent dans la population. D'aucuns en arrivent à se demander si nous réussirons à chasser les Allemands hors de notre territoire et si les alliés seront assez forts pour imposer aux puissances centrales cette paix « glorieuse » qui constitue le thème ordinaire des discours de nos hommes politiques. En ville, l'argent ne fait cependant pas défaut, bien que la monnaie métallique se cache. Les allocations aux femmes et aux enfants des mobilisés procurent aux familles, bien que privées de la présence de leur chef, une véritable aisance. Pourtant, l'état de guerre commence à se faire sentir ici. Le sucre devient rare et une foule de gens se pressent devant les épiceries que l'on sait pourvues de cette denrée pour s'en voir distribuer, en présence d'un agent de police, 200 ou 250 grammes,

quelquefois une livre. Le pétrole, l'essence, le
charbon sont livrés par petites quantités dans
les rares magasins qui en possèdent encore ou
qui arrivent à s'en procurer. L'économie est
recommandée à tout le monde : les diverses
administrations ferment leurs bureaux une
heure plus tôt que d'habitude, la plupart des
magasins éteignent les becs de gaz ou les lam-
pes électriques à 6 heures, — ceci pour se
conformer, aux instructions ministérielles —
et l'éclairage des rues et des boulevards est
réduit au strict minimum. La nouveauté de
ces mesures étonne nos méridionaux qui, vivant
loin du théâtre des opérations, ne se faisaient
pas une idée suffisamment exacte de la guerre
et des privations qu'elle entraîne. Aussi les
langues vont-elles leur train et l'imagination
se donnant libre carrière, les hypothèses les
plus abracadabrantes sont-elles émises : ainsi,
à leur retour de Bucarest les Germano-Bulgares, aidés par les soldats de Constantin, jette-
ront à la mer l'armée de Salonique, qui, si
elle essaie de se rembarquer, sera sûrement
coulée par les sous-marins ennemis..., le découragement gagne les grands chefs et les soldats
du front s'organisent à l'effet de refuser un
jour, tous ensemble, de se battre..., on a démas-
qué en Russie des ministres qui trahissaient
leur pays au profit de l'Allemagne..., si la
guerre se prolonge, nous serons réduits à la
famine et après les impôts nous écraseront...
Tels sont les propos que l'on entend en ville.
Il est évident que nous traversons une crise

et il est à désirer que quelque événement heureux se produise et redonne confiance aux esprits timorés (1).

Les revers de la Roumanie.

L'offensive roumaine n'a pas été heureuse. Après une période remplie par des combats plutôt favorables aux Allemands, les généraux Falkenhayn et Mackensen, exécutant chacun de son côté et avec une grande vigueur, le plan tracé par le maréchal von Hindenburg, ont refoulé les armées roumaines, faiblement soutenues par les Russes, et occupé Bucarest (décembre 1916). L'Allemagne a crié partout sa victoire et annoncé que ses armées iraient jusqu'à Odessa... Nul ne sait ce que l'avenir réserve aux belligérants, mais un résultat, désormais acquis à nos ennemis, c'est la capture d'approvisionnements considérables en blé et en pétrole qui leur permettront de continuer encore la guerre. La prise de Monastir par les troupes alliées n'est qu'une faible compensation à ces revers.

Les vêpres athéniennes.

Le 1er décembre 1916 les troupes du roi de Grèce ont tiré sur les soldats français. Des morts et des blessés ont été couchés sur le terrain. Les peuples de l'Entente déploreront ce malheureux événement dont l'entière res-

(1) Ecrit le 7 Novembre 1916.

ponsabilité remonte à Constantin et à son
entourage germanophile.

Ce prince, qui occupe le trône du roi Georges Ier grâce à l'appui de la France, de la
Russie et de l'Angleterre, a odieusement trahi
ses bienfaiteurs. Il s'agissait de faire remettre
aux alliés, en compensation du matériel de
guerre livré par les officiers grecs aux Bulgares et aux Allemands, la plus grande partie du matériel d'artillerie et des stocks existant en Grèce, ceci moyennant indemnité. Le
souverain s'était même engagé par écrit à
exécuter cet engagement qui pourtant n'a pas
été tenu. A la suite de cet attentat, la plupart des consuls grecs ont envoyé leur démission à leur souverain et les personnalités les
plus marquantes des colonies grecques à l'étranger ont énergiquement protesté contre cet
acte que réprouve toute conscience honnête.
Ce coup de poignard dans le dos, survenant
à un moment critique, pourrait avoir pour
conséquence de contrarier nos opérations à
Salonique. Heureusement, la Grèce de Vénizelos qui, elle, n'a pas répudié sa dette de
reconnaissance, nous reste. Le blocus des côtes
grecques a été immédiatement effectué par
les navires des puissances alliées (à partir du
8 décembre 1916). L'ultimatum signifié en même
temps à Athènes, où les vénizélistes n'ont pas
cessé d'être emprisonnés ou massacrés, a été,
tout comme les autres, accepté par les ministres grecs, mais pouvons-nous croire à leur
parole ? Il est permis d'en douter, surtout après

l'ordre du jour adressé au nom de ce roi au service de l'Allemagne par le ministre de la guerre aux troupes de la garnison d'Athènes et aux bandes de réservistes qui ont massacré nos marins et versé le sang de centaines de patriotes grecs dont le crime consistait à vouloir sauver l'honneur de leur pays. Espérons que les gouvernements de l'Entente ne se laisseront pas davantage berner par les fallacieuses promesses de gens qui prennent leur mot d'ordre à Berlin.

Le 31 décembre, les ministres des trois puissances protectrices — France, Grande-Bretagne et Russie — ont remis au gouvernement grec une nouvelle Note ayant trait aux garanties indispensables pour assurer la sécurité de l'armée de Salonique et aux réparations reconnues nécessaires à la suite des attentats des 1er et 2 décembre. Cette Note constitue la meilleure réponse à la singulière demande du roi Constantin concernant la levée du blocus. L'Italie a donné son approbation à cette démarche. Quoi qu'il en soit, les grandes puissances, tout en ne touchant pas aux prérogatives du roi Constantin, ont accrédité des représentants auprès de M. Vénizelos, à Salonique, et accepté les siens. C'est reconnaître implicitement le gouvernement national qui, seul, apporte son loyal concours à l'Entente.

LES GRANDS FAITS ACTUELS

La monotonie des événements alanguit les esprits : c'est la principale cause de l'énerve-ment général. Mais cet état a l'air de vouloir faire place à une situation nouvelle où l'action dominera. Les faits se succèdent, ces temps-ci, avec rapidité montrant bien par leurs caractères propres que nous arrivons à un véritable tournant de l'histoire de la guerre. Nous les exposons brièvement ci-dessous.

I. — Les crises ministérielles.

1º EN RUSSIE

Dans les derniers jours de novembre 1916, le télégraphe nous annonçait le départ de M. Sturmer, président du Conseil des ministres russe, qui avait succédé en février à M. Gorenykine, et son remplacement par M. Trépof, qui dirigeait depuis une année, avec activité et compétence, le département des chemins de fer. Ce dernier n'est pas demeuré longtemps au pouvoir : les journaux du 11 janvier 1917 nous apprennent, en effet, qu'il a été remplacé par le prince Galitzine, sénateur, membre du Conseil de l'Empire, Cela ne nous étonne pas, attendu qu'il existe en Russie un parti germanophile puissant dont les sourdes menées entravent sans cesse les

opérations militaires et leur préparation. Le
meurtre mystérieux de Raspoutine, survenu en
décembre 1916, est une conséquence des intrigues qui se nouent depuis quelques mois dans
les hautes sphères russes dans le but d'aider l'Allemagne. Ces événements, peu ou mal
connus encore, expliquent dans une certaine
mesure les crises politiques qui sévissent chez
nos alliés et annihilent leurs succès militaires.

2⁰ EN ANGLETERRE

Le cabinet anglais présidé par M. Asquith a
fait place, le 11 décembre, à un nouveau
ministère formé par M. Lloyd Georges. Ce
dernier n'avait jamais cessé depuis 1914, de
concert avec son collègue M. Edward Carson,
de témoigner son mécontentement en présence de la faiblesse et des hésitations des
autres ministres dans la conduite de la guerre.
Le roi, comprenant ces raisons, a laissé s'accomplir une réforme jugée par tous nécessaire.
M. Lloyd Georges s'est surtout préoccupé de
réunir des capacités. Le gouvernement anglais
se composera désormais du cabinet de guerre
et du Conseil des Ministres. Le premier, le
War cabinet, comptera cinq membres seulement
et s'occupera de la conduite de la guerre ; les
autres ministres seront simplement des chefs
de service chargés d'assurer les décisions prises par les cinq qui concentrent le pouvoir
entre leurs mains. Cette nouvelle organisation, qui permettra sans doute de mener à

bien « la tâche primordiale du gouvernement
qui est la vigoureuse poursuite de la guerre
jusqu'à une conclusion victorieuse », (1) a
reçu l'approbation de la presse et de l'opinion.
On augure bien, en France, d'un ministère
ainsi composé.

3° REMANIEMENTS EN FRANCE

Le 7 décembre, après dix séances tenues en
Comité secret, la Chambre a adopté, par 344
voix contre 160 et 29 abstentions, un ordre du
jour de confiance au gouvernement, mention-
nant en outre la réorganisation du commandement et la concentration, sous une direction
restreinte, de la conduite générale de la guerre
et l'organisation économique du pays.

Conformément à ces indications, M. Briand
a réduit à dix le nombre des ministres, qui
était antérieurement de dix-sept. Cinq ministres composeront désormais le Comité de
Guerre : président du Conseil, ministres de la
guerre, de la marine, des finances, des arme-
ments et fabrications de guerre. En vue de
« concentrer l'organisation économique du
pays », le Président du Conseil a groupé sous
la même direction plusieurs des anciens ministères et fait même appel à certaines compé-
tences prises en dehors du Parlement. Les
autres Etats belligérants ont tous, plus ou
moins, remanié leurs cabinets.

____

(1) Lettre de M. Llyod Georges aux membres de la Chambre
des Communes.

Pour ce qui a trait à la réorganisation du haut commandement, le général Joffre quitte le grand quartier général pour siéger à Paris en qualité de conseiller technique militaire du gouvernement dans le Comité de guerre et présider le Conseil supérieur des Alliés. Le général Nivelle le remplace à la tête des armées du nord et du nord-est et le général Gouraud prend au Maroc la place du général Liautey, nommé ministre de la guerre. Quelques jours après — 27 décembre — le général Joffre est promu maréchal de France en vertu du décret du 3 décembre 1915, rétablissant le maréchalat. Les deux généralissimes, Nivelle et Sarrail, sont placés sous la direction du Ministre de la guerre et le général Guillaumat est mis à la tête de l'armée de Verdun. La nouvelle organisation du Ministère, imitée des Anglais, et les changements opérés parmi les grands chefs de nos armées, permettront sans doute de mener plus rondement la guerre et d'obtenir enfin des résultats définitifs.

II. — Les propositions de paix allemandes.

Au cours de la séance du Reichstag du 12 décembre, le chancelier de Bethmann-Holweg a déclaré que, d'accord avec ses alliés, l'Allemagne offrait la paix aux puissances de l'Entente par l'entremise des représentants des Etats neutres à Berlin. La Note allemande,

émaillée de mots nobles dont l'emploi jure
avec l'hypocrisie générale du morceau, cache
certainement un piège. Aucun gouvernement
neutre, en effet, n'a jugé possible, en remet-
tant la soi-disant proposition allemande, qui
ne renferme aucune offre substancielle, de
l'appuyer du moindre commentaire. Ce document, qui a fait couler beaucoup d'en-
cre, n'a évidemment trompé personne et les
ministres de l'Entente, MM. Pokroosky en
Russie, Henderson et Lloyd Georges en Angleterre, Sonnino en Italie, Briand en France,
ont percé à jour le but perfide de la démarche des empires du centre. Le premier ministre anglais est allé jusqu'à dire qu' « au
moment où l'Allemagne se proclame victorieuse, entrer sur son invitation dans une
conférence sans savoir les propositions qu'elle
fera, ce serait passer notre tête dans un nœud
coulant dont l'Allemagne tiendrait l'extrémité
libre. »

III. — La Note Wilson.

Le Gouvernement de l'Union a adressé, le
20 décembre 1916, aux puissances belligéran-
tes, une Note par laquelle il demande aux
adversaires de faire connaître leurs buts de
guerre et leurs conditions de paix, une semblable énonciation devant permettre d'examiner s'il est possible de mettre fin à la lutte.
La démarche du président Wilson, dont les
véritables mobiles n'ont peut-être pas encore

été pénétrés, a soulevé partout une grosse émotion et provoqué dans les Bourses américaines, notamment à celle de New-Yorck, des perturbations considérables. La presse du monde entier lui a été plutôt défavorable.

Le Conseil fédéral suisse, de son côté, s'est associé, par une Note datée du 22 décembre, à l'initiative des Etats-Unis. Pays de haute conscience, la Suisse a soulagé d'une façon touchante les misères de nos grands blessés qui l'ont traversée et de nos soldats malades qui y ont séjourné. Mais nos sympathiques voisins, et tous les neutres avec eux, (1) sont dès maintenant fixés sur le résultat de leurs démarches. Ils ont entendu les discours des premiers ministres de l'Entente ; ils ont vu la Chambre française voter à l'unanimité, moins trois voix, les crédits de guerre ; le Sénat unanime proclamer le principe énoncé jadis par la Convention : « Pas de paix avec l'ennemi qui occupe le territoire. » Ils ont enfin appris le beau succès remporté au nord de Verdun par les glorieuses troupes des généraux Mangin et Passaga, dirigés eux-mêmes par le général Nivelle, succès qui nous a valu, outre de glorieux trophées, plus de 11.000 prisonniers. Ils auront certainement compris notre refus d'accepter dès maintenant leurs bons offices.

____

(1) Les Etats scandinaves ont également approuvé la note Wilson (22 décembre).

La réponse des Alliés.

a). — AUX PUISSANCES CENTRALES

Le 30 décembre 1916, M. Briand, Président
du Conseil et Ministre des Affaires Etrangères,
a remis à M. Sharp, ambassadeur des Etats-Unis
à Paris, au nom de tous les gouvernements
alliés (Belgique, France, Grande-Bretagne, Italie
Japon, Montenegro, Portugal, Roumanie, Russie
et Serbie) la réponse concertée entre eux aux
ouvertures des puissances ennemies. Elle dé-
bute par une déclaration de solidarité, affirme
ensuite que les propositions des puissances centrales sont une manœuvre de guerre et non
un acte de paix et précise les buts de guerre
des alliés : réparation des droits et des libertés
violées, reconnaissance du principe des nationalités et de la libre existence des petits Etats,
consacre enfin un dernier paragraphe à la Belgique dont la situation contractuelle unique jus-
tifiait bien une mention spéciale. Ce document
constitue une réplique excellente à la manœuvre
oblique de l'Allemagne et à la loyale initiative
des neutres.

b). — AU PRÉSIDENT WILSON

Le 10 janvier 1917, M. Briand, qu'assistait le
baron Beyens, ministre des Affaires étrangères de Belgique, a remis au même ambassadeur la réponse des gouvernements alliés à la
Note du Président Wilson, ainsi qu'une Note
dans laquelle le gouvernement belge exprime

sa gratitude pour les sympathies que le peuple
américain n'a cessé de témoigner au peuple
belge depuis le début de la guerre. Cette réponse, empreinte de courtoisie cordiale, proteste néanmoins contre l'assimilation que la
Note américaine semblait établir entre les deux
groupes de belligérants et leurs buts de guerre
respectifs. Elle énonce ces buts qui sont comme
le développement de la formule de M. Lloyd
Georges : restitution, réparation, garanties... A
ces conditions seulement la paix sera possible.

c). — A LA SUISSE ET AUX ÉTATS SCANDINAVES

La Suisse et les Etats scandinaves s'étant
associés à la démarche des Etats-Unis, M. Briand
a remis aux ministres de ces quatre pays, le
18 janvier, la réponse à leurs communications
des 22 et 29 décembre 1916. Cette réponse se
borne à rappeler l'attitude prise par les alliés
dans leur Note au Président Wilson. L'Espagne,
avec juste raison, n'a pas cru devoir suivre
cet exemple et elle s'en est même expliquée par
une Note pleine de dignité adressée à M. Wilson.

d). — DÉPÊCHE BALFOUR

Comme complément à ces démarches, M. Balfour vient d'adresser à l'ambassadeur d'Angleterre à Washington une dépêche destinée au
gouvernement des Etats-Unis par laquelle il
commente la réponse des alliés et insiste sur
certains points tels que le sort futur de la
Turquie, les garanties pour l'avenir et les conditions d'une paix durable.

Après le refus des Alliés.

L'Allemagne, âme de la coalition, n'abandonne pourtant pas la partie mais s'accroche désespément, au contraire, à ses idées de paix. Ainsi, à la date du 27 décembre 1916, une Note du Kaiser propose une réunion immédiate des délégués des Etats belligérants dans un endroit neutre pour parler de paix, sans toutefois en préciser les conditions. Le lendemain, les journaux publient la réponse allemande à la Note suisse du 23 décembre. Elle est identique, quant au fond, à la précédente. Il est de toute évidence que les empereurs Guillaume et Charles n'ont pas été étonnés par la fin de non recevoir oppposée à leurs propositions hypocrites, mais ils s'en servent pour agir sur leurs armées et sur leurs peuples. « Outrés des crimes de leurs ennemis », disent leurs proclamations des 6 et 7 janvier 1917, ils annoncent qu'avec l'aide de Dieu ils les forceront à accepter par le fer de l'épée la paix qui leur a été offerte. Ces proclamations ont été suivies de deux nouvelles Notes de l'Allemagne et de l'Autriche-Hongrie aux neutres — 13 janvier — Les deux empereurs préfèrent « ne pas recommencer la discussion sur les origines de la guerre », mais ils soutiennent que ce sont les puissances de l'Entente qui les ont obligés à « prendre les armes pour la défense de leur liberté et de leur existence. » C'est un plaidoyer *pro domo sua* et rien de plus.

Pour mieux égarer l'opinion, l'officieuse *Gazette de l'Allemagne du Nord* publie le texte d'une lettre autographe de Guillaume II au chancelier de Bethmann Holweg, datée du 31 octobre 1916, c'est-à-dire antérieure à l'initiative allemande, par laquelle il l'invite à préparer un projet de paix... Ce curieux document n'est-il pas une réédition de la dépêche d'Ems ? L'homme qui l'a signé est le même qui a fait le coup de Tanger en 1905 suivi du traquenard d'Algésiras. Le désir de paraître qui anime le souverain teuton explique la publication de ce document qui pourrait aussi avoir été produit pour prouver au monde que c'est bien le Kaiser et non point son brillant second Charles IV qui a eu le premier l'idée de parler de paix. (1)

Nouveaux crimes allemands.

Depuis le début des hostilités, les Allemands et leurs alliés ont fait la guerre en Vandales et ils persistent dans leur manière. Ainsi, ils ont établi à leur profit la conscription en Pologne et déporté en Allemagne les populations civiles de la Belgique et des départements français envahis. Les malheureux exilés ont dû se livrer là, sous le fouet, à des travaux souvent au-

---

(1) M. Spahn, chef du parti catholique allemand, a déclaré publiquement que la dite lettre fut mise sous les yeux des représentants des partis parlementaires par M. de Bethmann Holweg, le 12 décembre, au Reichstag.

dessus de leurs forces. Non contents de cela, arguant d'un état de chômage qu'eux-mêmes avaient provoqué, les Allemands ont contraint les ouvriers belges à travailler pour eux, soit en Allemagne, soit dans la zone des armées. Ces victimes de la barbarie teutonne ont adressé aux ouvriers du monde entier et en particulier aux ouvriers français un appel (1) touchant qui constitue le plus terrible réquisitoire contre leurs bourreaux. Les contributions et amendes de guerre sont également devenues excessives dans les pays envahis. Ces exécutions et ces spoliations ont néanmoins quelque peu ému les neutres : le Vatican, les Etats-Unis, la Hollande, la Suisse... ont élevé de timides pro-testations qui sont — il ne faut point s'en étonner — demeurées sans effet.

L'Allemagne et ses alliés prétendent assurer par la paix le respect des petites nationalités à l'égard des grandes... La conscience uni-verselle a déjà répondu : « Et la Serbie ? Et la Belgique ? Et le Luxembourg ? Et la Sy-rie ? » A cette énumération on peut aussi ajouter l'Arménie, qui, grâce aux procédés recommandés par l'Allemagne, ne renfermera bientôt plus un seul habitant. (2).

____

(1) L'une de nos conférences hebdomadaires à l'Ecole des Mutilés de Nimes, celle du 18 décembre 1916, a eu pour-sujet le texte même de cet appel.

(2) Voir le rapport du docteur Martin Niepage.

La mort de l'Empereur
François-Joseph d'Autriche.

Le doyen des souverains de l'Europe, l'un des principaux artisans de la guerre actuelle, vient de s'éteindre — 21 novembre — au milieu de l'indifférence générale. Soixante-huit ans d'histoire commencée dans la guerre intérieure, finie dans la guerre étrangère, voilà son œuvre. Sauvé par la Russie en 1848, traître à la Russie aussitôt après, asservi à l'Allemagne en 1879, acteur ou témoin de terribles tragédies domestiques, tel est le bilan de cette existence. Son successeur est l'archiduc Charles François Joseph, né en 1887 et marié à la princesse Zita de Parme. Il prend le nom de Charles VIII.

Le nouveau royaume d'Arabie
ou du Hedjaz.

Nous avons dit plus haut — v. p. 68 — qu'une notable partie du peuple arabe travaillait à secouer le joug du Sultan de Constantinople. Or, tout dernièrement, les habitants du nouveau royaume d'Arabie, qui comprend la Syrie, la Mésopotamie et la presqu'île arabique, ont proclamé Roi Sa Majesté Maoulana Al Hussein ibn Ali, émir et chérif de La Mecque. Cet évènement ne peut qu'être favorablement accueilli par les puissances de l'Entente. Du reste, la France et l'Angleterre ont officiellement reconnu le nouveau souverain.

Un rescrit du Tsar.

Pour corriger la fâcheuse impression produite par les récents changements ministériels, le tsar a adressé au Prince Galitzine, Président du Conseil, un *rescrit* dont le principe est : « Pas de paix avant la victoire définitive ! » Le souverain insiste ensuite sur la question des approvisionnements et du ravitaillement tant aux armées qu'à l'arrière ; il donne enfin l'ordre que les divers pouvoirs, Zemstvos compris, collaborent activement à la réalisation du but que les alliés se proposent d'atteindre. Le général Belaïef a été nommé ministre de la guerre.

Le Message du président Wilson sur la question de la paix.

Le lundi 22 janvier, le Président Wilson a communiqué en personne au Sénat américain un message sur la question de la paix et le rôle des Etats-Unis dans les circonstances actuelles. En termes d'une rare élévation, il expose dans ce document les moyens propres à garantir à l'avenir la paix et la justice dans le monde. Les principes qu'il énonce : « Les gouvernements reçoivent tous leurs pouvoirs du consentement des peuples gouvernés,... la paix doit être suivie de quelque union de puissances bien définie qui rendra virtuellement impossible que pareille catastrophe nous accable de nouveau..., une force doit être créée garantissant la permanence de l'accord, une force tellement supérieure à celle de toute nation actuellement engagée ou à celle de toute alliance jusqu'ici formée ou projetée que pas une nation, pas une combinaison probable de nations ne puisse l'affronter ou lui résister. » recevront l'approbation de tous les amis de la paix, mais non point en l'occurrence celle des puissances de l'Entente, malgré leur vif désir de voir se terminer le plus tôt possible le sanglant conflit actuel. Comment s'accommoder, en effet, à moins d'appartenir au groupe socialiste siégeant au Parlement français, de « cette paix sans victoire » que semble préconiser le président et de laquelle les puissances centrales ne veulent même pas entendre parler ?... La prétention de n'établir aucune différence entre les nations qui ont déclanché la guerre en 1914 et celles qui ont dû la subir est également inadmissible. Les commentaires de la presse de tous les pays, belligérants et neutres, montrent bien que ce document n'amènera pas les résultats, au moins immédiats, qu'en attend son auteur. Souhaitons simplement que le mot de paix, si souvent prononcé depuis quelque temps, fasse naître dans la pensée des dirigeants des pays en guerre l'idée de mettre bientôt fin à des hostilités qui n'ont déjà que trop duré.

Les Etats-Unis et le Maroc.

L'opinion des Américains authentiques est cependant, à n'en pas douter, pour nous, témoin l'acte par lequel le gouvernement des Etats-Unis a reconnu le protectorat français au Maroc. Par une lettre en date du 15 janvier 1917, il déclare « qu'il a été porté à agir ainsi, en dépit du conflit actuel en Europe, afin de répondre au désir du gouvernement et du peuple français, pour qui le gouvernement et le peuple des Etats-Unis nourrissent une traditionnelle et sincère amitié. » Cet acte de courtoisie est, en raison des circonstances et du commentaire qui l'accompagne, une marque particulière d'amitié pour la France que nous enregistrons avec plaisir.

La réponse allemande au message du président Wilson au Sénat.

Le 31 janvier 1917 le gouvernement allemand a fait remettre au gouvernement des Etats-Unis la Note, signée par M. Zimmermann, Secrétaire d'Etat aux Affaires étrangères, contenant la réponse de l'Allemagne au message adressé le 22 janvier par le Président Wilson au Sénat américain. L'Allemagne, loin de faire connaître ses conditions de paix, annonce de nouvelles mesures de guerre. « Afin de rendre plus vite le bienfait de la paix à l'humanité éprouvée », les pirates allemands détruisent désormais corps et biens, à partir du 1er février, tous les navires, belligérants ou neutres, qu'ils pourront atteindre. Ils consentent cependant à épargner les bateaux neutres transportant des passagers qui navigueront à jours fixes, d'après un itinéraire strictement déterminé, avec des signes apparents de leur soumission aux règles édictées par l'amirauté allemande et sous la garantie de leurs gouvernements. Les Tartufes de la Wilhemstrasse accumulent dans ce document l'hypocrisie et le mensonge, ce qui ne les empêche pas d'inviter le Président Wilson « à apprécier le nouvel état de choses de la haute tribune de l'impartialité » et à aider pour sa part « l'Allemagne à empêcher de nouveaux maux et des sacrifices de vies humaines évitables... » L'Allemagne, souffrant du rationnement et menacée de la faim, croit pouvoir compter sur ses sous-marins de modèles anciens et nouveaux pour couper à son tour les communications de ses adversaires et les amener ainsi à composition. Elle ne fera, en somme, que persister dans sa première manière, mais son plan échouera fatalement devant la loyauté des neutres et la fermeté des alliés.

Un mémoire annexe, où sont précisées les mesures tendant à l'organisation du blocus par les sous-marins des côtes de la Grande-Bretagne, de la France et de l'Italie, accompagne la Note. (1) Le chancelier a prononcé, au cours

(1) Le port de Cette, qui est le point de départ du ravitaillement de la Suisse, pays neutre, échappe au blocus.

de la séance de la grande commission du
Reichstag, un discours où il s'efforce d'expliquer
et de justifier la mesure prise. Le gouvernement.
austro-hongrois a également remis à la Suisse
une Note analogue à celle de l'Allemagne.

Le geste des Etats-Unis.

Le 3 février 1917, le président Wilson s'est
présenté devant le Congrès, à Washington, et
y a prononcé un important discours. Après
avoir rappelé les principales phases de la guerre
sous-marine, en particulier la Note adressée
par lui, le 8 avril dernier, après le coulage du
Sussex, au gouvernement impérial, la réponse
allemande à ces déclarations, la réplique américaine. demeurée sans réponse, du 8 mai, enfin
la déclaration du 31 janvier 1917 par laquelle
le gouvernement allemand, foulant aux pieds
ses promesses, annonçait qu'il coulerait, après
le 2 février, tous navires rencontrés dans les
zones qu'il indiquait arbitrairement, le Président
annonce au Congrès qu'il a rompu les relations
diplomatiques avec l'Allemagne. M. Wilson
ajoute qu'il « considère comme entendu que
tous les gouvernements neutres adopteront la
même ligne de conduite. »

Cette lecture a soulevé dans l'Assemblée un
grand enthousiasme et excité dans le monde
entier une légitime émotion. Les conséquences
de cette décision, qui a heureusement mis un
terme à l'odieux chantage allemand, peuvent
être considérables. Il est en tout cas probable

que la plupart des neutres, enhardis par
l'exemple de la grande république américaine,
élèveront, suivant son désir, des protestations
auprès des puissances centrales. On attend avec
curiosité la réponse de Berlin, mais il est d'ores
et déjà acquis que, belliqueuse ou modérée,
elle n'empêchera pas l'Allemagne, qui est l'âme
de la coalition formée contre les puissances
de l'Entente, d'en sortir diminuée. En attendant, les Etats-Unis prennent fiévreusement
leurs précautions en vue d'une guerre possible
et le Sénat a ratifié par 78 voix contre 5 la
décision prise par le président Wilson.

L'opinion des neutres.

La plupart des gouvernements ont manifesté
leur opinion au sujet de la Note allemande
et du discours de M. Wilson. Ainsi l'Espagne
a protesté avec la plus grande fermeté contre
les prétentions de l'Allemagne ; la Suisse, en-
close dans les pays belligérants, a affirmé une
fois de plus le désir de se maintenir dans la
plus stricte neutralité ; les nations scandinaves
ne pouvaient guère parler autrement — elles
ont cependant, vers le milieu de février, adressé
à l'Allemagne une Note où il est dit que
« la mesure allemande du blocus est la plus
grave atteinte portée jusqu'à présent aux droits
des neutres. » — En Amérique, le Brésil demande « l'abandon de toutes les règles établies
du droit international et des principes contenus
dans des traités signés par le Brésil et par

l'Allemagne elle-même » ; l'Argentine regrette « les mesures extrêmes auxquelles le gouvernement allemand s'est cru obligé de recourir et déclare qu'elle assujettira, comme toujours, sa conduite aux principes et aux règles fondamentaux du droit international » ; le Pérou et l'Uruguay se sont prononcés dans le même sens ; la Bolivie proteste contre « l'extension de l'offensive des sous-marins allemands contre les navires commerciaux des pays neutres et la prohibition de tout trafic dans certaines eaux » et espère « que le gouvernement allemand voudra modifier ses décisions en ce qu'elles affectent les droits sacrés de l'humanité ». En Asie, la Chine, pays le plus peuplé du monde, proteste également, ajoutant que « si le gouvernement allemand ne fait pas attention à ces protestations, elle sera forcée de rompre les relations diplomatiques avec le gouvernement allemand. »

Ces citations suffisent à montrer que la conduite de l'Allemagne a été condamnée à peu près partout et que l'attitude du président Wilson a obtenu l'approbation générale.

Manœuvres allemandes.

Pour s'assurer des alliés en Amérique, au cas où M. Wilson irait jusqu'à se joindre à l'Entente, M. Zimmermann, ministre des Affaires étrangères, envoyait le 19 janvier, par l'intermédiaire du comte Bernstorff, ambassadeur à Washington, des instructions à M. d'Eckharat, consul de l'Allemagne à Mexico, consistant à proposer au général Carranza, chef du gouvernement plus ou moins établi du Mexique, une alliance avec l'Allemagne au cas où les Etats-Unis entreraient en guerre contre les empires centraux. On devait même proposer au Japon d'entrer dans l'affaire... Cette machination fut, malgré les précautions prises, connue du président Wilson qui n'hésita pas à la rendre publique.

Grâce encore aux intrigues de l'Allemagne, le Sénat américain a dû se séparer, le 4 mars 1917, à midi, c'est-à-dire à l'heure précise où expiraient les pouvoirs du Congrès, sans voter le projet sur la neutralité armée. L'obstruction fut l'œuvre de douze sénateurs pacifistes qui ont probablement agi à l'instigation de l'Allemagne. Mais cela n'a servi à rien puisque la Constitution américaine donne au président des pouvoirs pour lesquels il n'est nullement nécessaire d'obtenir l'approbation du Congrès qui, du reste, a été convoqué pour le 2 avril. Hors séance, 83 sénateurs — sur 86 — ont signé et publié un manifeste où ils se déclarent partisans du projet sur la neutralité armée. M. Wilson a fait au Capitole, le 4 mars, à l'occasion de l'inauguration de sa nouvelle présidence, une déclaration où, après avoir constaté cette situation anormale, il fait ressortir la nécessité d'une réforme urgente des règlements législatifs. Après avoir, en outre, consulté les principaux juristes de son pays, le Président, qui a soin d'appuyer tous ses actes sur des

principes moraux, juridiques et économiques,
a autorisé l'armement des navires marchands.
— (mars 1917). —

La réponse de l'Autriche-Hongrie.

L'Autriche-Hongrie vient de répondre à la
Note de M. Wilson relative à la guerre sous-
marine sans restrictions. Tout en approuvant
la résolution prise par l'Allemagne, elle paraît
établir une distinction entre les navires des
belligérants et ceux des neutres. Elle essaie
ainsi d'éviter une rupture.

Menus faits.

Les Allemands continuent leur repli sur le
front occidental et les Anglais en profitent habilement pour avancer. On se perd en conjec-
tures sur les motifs qui poussent les ennemis
à reculer, mais on ne s'en réjouit pas moins,
Sur les autres fronts on se tâte avant d'entreprendre des attaques plus larges. En Mésopotamie, cependant, les troupes du général Sir
Stanley Maude ont occupé Bagdad le 11 mars ;
c'est une revanche éclatante de l'échec de Kut-
el-Amara.

Notre gouvernement continue à prendre des
mesures de taxation (charbon, beurre, fromage, etc.,) qui, modifiées en plus ou en moins
au point de vue des prix, entravent plus qu'elles
n'activent les transactions. Il en va de même des
réquisitions : les doctrines des partisans de

l'étatisme, chères aux Allemands, triomphent.
Les socialistes français préparent un Congrès
des socialistes interalliés; les majoritaires, partisans de la défense nationale, ont peine à s'entendre avec les minoritaires, qui préconisent
le pacifisme à outrance. Le comte Zeppelin
est mort le 8 mars, au sanatorium de Charlot-
tenburg, à l'âge de 79 ans. Ses dirigeables
n'ont pas amené les décisions qu'il en attendait,
mais, par contre, les bombes lancées par ceux
qui les montaient ont causé la mort d'un trop
grand nombre d'innocents.

Le 7 mars, au Palais Bourbon, interpellations,
continuées les lendemain et surlendemain, sur
la question du blé ; l'opposition s'étant abstenue,
l'ordre du jour de confiance a été voté par
296 voix contre 1. Il ressort de ce vote que
le ministère Briand, si souvent pris à partie
depuis quelque temps, n'a plus la confiance
de la grosse majorité de la Chambre. L'appro-
visionnement en blé a été l'objet principal du
débat. La récolte de 1914 n'en a donné que
77 millions de quintaux, celle de 1915, 61 millions et celle de 1916, 58 millions. Cela fait
un total de 196 millions de quintaux auxquels
il faut ajouter 63 millions de quintaux importés
depuis août 1914. La consommation ressort à
une moyenne de 85 à 86 millions de quintaux
de blé. Le rendement de la récolte prochaine
baissera encore et ne produira guère, même
en mettant les choses au mieux, que 48 à 50
millions de quintaux.

Nous devrons acheter 30 à 35 millions de

quintaux de blé qu'il faudra, bien entendu, payer en beaux deniers comptants. Or, la Banque de France, qui possédait, le 8 mars 1917, un peu plus de 3.200 millions d'or, en a déjà exporté, depuis le début des hostilités, près de trois milliards ! Le public a versé à ses caisses environ deux milliards en or : il faudrait à tout prix trouver un moyen pour ne point diminuer la réserve actuelle.

La crise ministérielle.

Le 14 mars 1917, à la suite d'une interpellation sur l'aéronautique, le général Liautey, ministre de la guerre depuis le 12 décembre, monta à la tribune et prononça une phrase que la majorité des députés jugea offensante pour la dignité de la Chambre et qui amena sa démision immédiate. M. Briand n'ayant pu lui trouver un successeur, le ministère tout entier démissionna le 17 mars. Un nouveau ministère de 14 membres — le précédent n'en comptait que 9 — ayant à sa tête M. Ribot, ministre des Finances dans le précédent cabinet, s'est présenté devant les Chambres qui ont favorablement accueilli sa Déclaration — ordre du jour de confiance voté par 440 députés — le 24 mars. Des intrigues politiques ont certainement amené la chute du ministère Briand que de nombreux ennemis de son chef harcelaient depuis son arrivée aux affaires. Souhaitons que celui qui le remplace ne soit pas exposé aux mêmes embûches.

La Révolution russe.

Une révolution, amenée par des fautes depuis longtemps accumulées, a subitement éclaté en Russie. Les troubles commencèrent le 9 mars à l'occasion de l'ajournement à un mois de la Douma, qui devait se réunir le lendemain, et ils ne firent que s'accentuer. Cette assemblée, qui ne s'était point séparée, nomma un Comité exécutif composé de trois de ses membres ; MM. Rodzianko, président ; Childdwsky et Milioukof. Le tsar Nicolas II, mis en présence de la situation, abdiqua en faveur de son frère, le grand duc Michel Alexandrowitch, dans la nuit du 16 mars. Mais ce dernier, par un manifeste adressé le 17 mars au peuple russe, déclara ne vouloir être investi du pouvoir suprême que par une Assemblée constituante élue sur la base du suffrage universel. Un gouvernement provisoire, présidé par le prince Lvof, président de l'Union des Zemstvos et très populaire en Russie, s'est réuni. Ses membres les plus en vue sont : pour les Affaires étrangères M. Milioukoff, bien connu par sa courageuse campagne contre les ministres traîtres à la Patrie Protopopoff et Sturmer ; pour les Finances M. Tereschenko, un des plus grands industriels de la Russie ; pour la Justice, M. Kerenski, leader du parti ouvrier ; pour la Défense nationale, M. Goutchkoff, président de la troisième Douma et du Comité industriel et militaire assurant la fourniture des munitions aux armées, grand négociant qui s'est consacré aux œuvres humanitaires ; pour l'Agri-

culture, M. Chingarew, du parti des Cadets à
la Douma, président de la Commission de la
Guerre et de la Marine. Ce gouvernement paraît
vouloir mener la guerre vigoureusement, jusqu'à
la victoire. Il s'agit que le Comité des révolu-
tionnaires-ouvriers, qui exerce une grande influence à Pétrograd, ne pousse à des excès
qui ne pourraient que nuire à l'établissement
d'un gouvernement sage et à la bonne conduite
des opérations militaires. Quoi qu'il en soit, les
évènements qui se déroulent en Russie et que
d'aucuns comparent à ceux qui ont eu notre
pays pour théâtre de 1789 à 1795, constituent
de véritables pages d'histoire. A ce titre, ils
méritent toute notre attention, mais, pour les
juger avec impartialité, il ne faut point oublier
que la question agraire joue en Russie un rôle
coinsidérable et que la masse de la population
ignore tout ce qui a été fait ou se fait dans les
autres pays.

Le repli allemand.

Les Allemands continuent, pour des raisons
de haute stratégie — du moins à ce qu'ils
disent — à se replier sur le front qui va
d'Arras à Soissons. Les Anglais et nous avons
successivement occupé Bapaume, Royé, Lassi-
gny. Nesle, Chaulnes, Péronne. Noyon, Crouy,
Ham, Chauny et un grand nombre de villages.
Malheureusement, nos ennemis pillent et dé-
vastent systématiquement les régions qu'ils
abandonnent (fin mars 1917).

Aux Etats-Unis.

Le président Wilson, qui a convoqué le
Congrès pour le 2 avril, s'est décidé à organiser une campagne offensive en vue de la
destruction des sous-marins allemands. Il est
également parvenu à conjurer la grève des employés de chemin de fer.

La Chine rompt avec l'Allemagne.

Le 14 mars 1917, le ministre de Chine à
Berlin a notifié au gouvernement allemand la
rupture des relations diplomatiques entre son
gouvernement et l'Allemagne. Cet acte peut
amener dans l'avenir de graves conséquences
économiques dont nos ennemis auront fort à
souffrir.

Mesure prohibitive.

L'*Officiel* du 24 mars 1917 publie un décret
dont le but est de prohiber l'entrée des marchandises d'origine ou de provenance étrangères
en France et en Algérie, puis d'instituer un
Comité des dérogations aux prohibitions. De
vives protestations se sont élevées contre ce
décret dont le but est, évidemment, d'améliorer
les changes. D'aucuns estiment que le gouvernement lèse de légitimes intérêts pour arriver à un
bien mince résultat. En effet, le chiffre de nos
importations en 1916 s'élève à plus de 15 milliards de francs, tandis qu'il n'a guère été
que de 11 milliards en 1915. Si l'on compare
ces 15 milliards d'importations aux 5.115 mil-

lions d'exportations faites la même année, la différence atteint près de 10 milliards — exactement 9.885.000.000 francs — Or, les gros chiffres formant le total des importations représentent les produits nécessaires, indispensables même à l'alimentation générale ou aux besoins pressants de la guerre. Les produits que l'on va essayer de prohiber comme n'étant pas indispensables — et dont l'importation a diminué dans de fortes proportions depuis 1914 — n'offrent que des chiffres bien minimes dans cette accumulation de milliards.

L'intervention des Etats-Unis.

Le président Wilson a lu le 2 avril 1917, au Congrès. un message dans lequel, après avoir rappelé son discours du 3 février et exposé la façon inhumaine dont les Allemands pratiquent, en particulier depuis le 1er février 1917, la guerre sous-marine, il conclut en demandant que le Congrès accepte pour les Etat-Unis la position de belligérant qui lui est virtuellement imposée par les agissements de l'Allemagne. Ce message, document historique d'une originalité incontestable et d'une haute portée morale, fait appel à l'idéal de liberté et de justice des citoyens des Etats-Unis pour dicter le devoir que doit suivre un grand peuple dont le développement merveilleux et le progrès continu ont pour bases psychologiques et morales l'amour de la liberté et le sentiment de la justice. Le lendemain, le Sénat approuva ce message par 82 voix contre 6, et le 6 avril la

Chambre des représentants, par 373 voix contre 50 et 8 abstentions, vota la résolution Flood, favorable aux conclusions du président Wilson. Désormais les Etats-Unis mettent à la disposition de l'Entente, à défaut d'une alliance politique proprement dite, leur appui moral tout entier et leurs immenses ressources économiques, financières, militaires et navales. C'est un véritable coup de massue qui s'abat sur la coalition germanique et la garantie d'une victoire certaine pour les alliés.

Ces faits, connus aussitôt en Europe, y ont produit une profonde impression. En France, l'accueil fait au message du président Wilson a été enthousiaste. Depuis bientôt trois ans, en effet, notre pays combat, non seulement pour affranchir son territoire violé, mais encore pour empêcher les prétoriens de l'Europe d'asservir le monde. L'Angleterre, patrie du droit politique, et l'Italie, patrie du droit civil, s'étaient rangées à ses côtés ; aujourd'hui la grande république américaine, emportée par un irrésistible mouvement d'idéalisme, entre dans la lutte à son tour. La mission accomplie autrefois par nos La Fayette et nos Rochambeau, n'a pas été oubliée et les Etats-Unis, reconnaissants, nous apportent leur aide morale et matérielle pour combattre les Barbares. Toutes ces choses et d'autres encore ont été dites avec à-propos et éloquence par MM. Poincaré dans son télégramme au président Wilson ; Ribot, Président du Conseil, Deschanel et Dubost présidents de la Chambre et du Sénat, à la tribune du Parlement. L'affichage de ces discours et du message Wilson sur les murs de toutes les communes de France a été décidé et les maîtres, depuis le modeste instituteur de village jusqu'au savant professeur de Faculté, ont reçu la mission de les commenter à leurs élèves le jour de la rentrée des congés de Pâques — 9 avril — L'acte accompli par les Etats-Unis assure aux alliés la paix équitable et glorieuse qu'ils souhaitent : à ce titre nous avons le droit de nous en réjouir sans arrière-pensée.

Nouvelles offensives.

Les troupes anglaises d'abord, françaises ensuite, se sont efforcées de profiter du recul allemand dans la région de la Somme et elles ont pris elles-mêmes une offensive victorieuse. Nos alliés et nous avons fait environ 30.000 prisonniers et nous nous sommes emparés de nombreux canons et d'un matériel considérable, Un grand nombre de localités sont tombées entre nos mains, mais en quel état ? Les Allemands, avant de se retirer, ont d'abord pillé systématiquement les maisons, puis ils y ont mis le feu ou les ont fait sauter. Les routes ont été profondément labourées afin de · les rendre impraticables, les ponts coupés, les arbres fruitiers rasés à un mètre du sol. Tout le pays réoccupé offre l'image de la dévastation, de la destruction, et des villes telles que Reims, Verdun, Arras, St-Quentin, Noyon. Soissons,

Péronne, Furnes, Bapaume, Ypres,… ou leurs ruines, demeurent comme les innocentes victimes du plus odieux bombardement. Malheureusement, notre offensive en Champagne nous a coûté, surtout le 16 avril, de grosses pertes — on parle de 90.000 hommes tués, blessés ou disparus — et notre progression générale a été par là même retardée. Bien que les communiqués n'en aient pas soufflé mot, ces fâcheux évènements n'en ont pas moins été connus, ou tout au moins soupçonnés, et il en est résulté une sorte de découragement qui a gagné tout le monde.

Dans le haut commandement.

Le haut commandement a été profondément remanié. Peu après la constitution du ministère Ribot — 20 mars 1917 — le généralissime Joffre a été élevé à la dignité de Maréchal de France et mis à la disposition du gouvernement et le général Nivelle l'a remplacé. Le 29 avril, le général Pétain, qui s'était distingué à Verdun, fut fait chef d'état-major général de l'armée. A la suite de notre malheureuse offensive du 16 avril, le Conseil des Ministres l'a nommé généralissime — 15 mai — à la place du général Nivelle, qui n'a occupé ce poste que quelques jours, et le général Foch devient chef d'état-major. Ces mesures, évidemment justifiées, ne laissent pas que de préoccuper le public.

Evènements de Russie.

D'autre part, les évènements de Russie ne sont
pas faits pour inspirer confiance. Les bonnes
intentions du gouvernement provisoire sont
constamment contrecarrées par les exigences
du Comité des ouvriers et soldats présidé par
le député géorgien Nicolas Tcheidzé, chef du
parti ouvrier et de l'opposition au gouvernement
provisoire, qui ne veut rien moins qu'une paix
immédiate sans annexions ni indemnités. On
parle beaucoup d'un Congrès soi-disant socialiste qui se réunirait à Stackholm et où les fidèles du Kaiser s'efforceraient de jeter le trouble
parmi les alliés. Déjà, en Russie, le socialiste
Lénine joue un rôle équivoque et les agents de
l'Allemagne répandus dans le pays, sèment
partout l'anarchie. Ce groupe a pour chefs :
Lénine, Zinovief et Kamenef, venus en Russie
par voie allemande le 13-16 avril 1917. Les
hommes qui le composent se disent socialistes-
révolutionnaires ou marxistes et ils ont failli
transformer la révolution russe en anarchie.
Renchérissant constamment sur les opinions
les plus extrêmes du Soviet (conseil des députés
ouvriers et soldats), leur cri de ralliement paraît
être : « A bas la guerre ! A bas l'armée !
A bas les banques ! A bas le gouvernement ! »
Le groupe publie depuis le 5-18 mars un
journal, la *Pravda*, rédigé surtout par Mouranof,
Kolontaï et Kamenef, qui préconise le grand
« chambard », c'est-à-dire le bouleversement
de tout et le chavirement complet du vieux
monde. Il est temps que le gouvernement

provisoire, dans les conseils duquel le bon sens paraît régner, réduise, même par la force, ces énergumènes. Il paraît entrer résolument dans cette voie puisque les émeutes qui ont éclaté à Pétrograd dans la dernière dizaine de juillet, ont été vigoureusement reprimées. Plusieurs généraux, ayant perdu tout ascendant sur leurs troupes, ont offert leur démission. L'armée, en effet, sourdement travaillée par les émissaires du Kaiser, marche vers la désorganisation ; elle est pour le moment incapable de reprendre l'offensive, ce qui permet aux puissances centrales de retirer maintes divisions du front oriental et de nous les opposer. Des députés socialistes français, anglais et belges et notre ministre M. Albert Thomas lui-même, se sont rendus en Russie pour essayer de combattre le dangereux état d'esprit qui y règne. Cependant, vers le 19 mai, un nouveau ministère — le second depuis la Révolution — dans lequel sont entrées plusieurs notabilités du Comité de Tauride et qui a toujours à sa tête le prince Lvof, s'est constitué et a lancé une proclamation à l'armée. Le langage des ministres fait bien augurer de leurs intentions et M. Ribot, dans sa déclaration du 23 mai à la Chambre, n'a pas craint d'affirmer que nous pouvions avoir pleine confiance en nos alliés.

La guerre sous-marine.

La guerre sous-marine se poursuit sans trêve ni merci et fait aux alliés plus de mal qu'ils n'en avouent. Les Anglais, dont la flotte

commerciale est la plus nombreuse, perdent
tous les jours, en moyenne, sept ou huit
navires, ce qui a fait dire à M. Lloyd G., dans
un de ses discours, que le mot d'ordre dans
le pays devrait être : « Des vaisseaux, encore
des vaisseaux, toujours des vaisseaux ! » afin
de remplacer ceux qui sont coulés. Cette campagne de piraterie, dont il serait puéril de
nier l'importance, oblige les puissances de
l'Entente à prendre toutes sortes de mesures
restrictives à l'intérieur pour assurer le ravitaillement des armées et des populations. Aussi
les alliés, dont les gouvernements paraissent
avoir enfin compris le sens profond de cette
guerre à nulle autre pareille, multiplient-ils leurs
contacts les uns avec les autres pour concer-
ter leurs efforts. En même temps que le « Parlement interallié » se réunissait à Paris — 4 au
7 mai 1917 — une conférence s'y tenait qui est
la suite naturelle de celle qui a eu lieu récemment à St-Jean-de-Maurienne entre MM. Ribot, Lloyd Georges, Boselli et Sonnino. Dans son
discours du 6 mai au banquet du « Parlement interallié ». M. Ribot a annoncé une
prochaine unité d'action sur tous les fronts
et affirmé que « nos rivalités d'autrefois ne sont
plus aujourd'hui que des émulations pour la
victoire commune... » Souhaitons que ces paroles se traduisent bientôt par des faits.

Les neutres.

L'attitude des neutres mérite d'être notée.
Ceux d'Europe n'ont pas suivi les conseils du

président Wilson et ils conforment leur conduite à ce qu'ils croient être leurs intérêts immédiats. En Espagne, le 19 avril, à la suite de menaces de grève générale et de nombreux torpillages — vaisseaux San-Fulgencia, Tom, Cabo Blanco, coulés — le cabinet Romanonès, favorable à l'Entente, a fait place au cabinet présidé par M. Garcia di Prieto, marquis d'Albucemas, président du Sénat et chef de la droite libérale, qui, sous le voile d'une neutralité absolue, penche en réalité pour la cause des empires centraux. Lui sera-t-il possible de persévérer longtemps dans cette attitude ? Le récent torpillage du *Patricio* et l'indignation que beaucoup d'Espagnols en ont ressentie, permet d'en douter... En Grèce, la situation est inchangée. M. Lambros a fait place à M. Zaïmis, mais le roi Constantin, sacré tabou, à ce qu'il semble, par les alliés, continue quand même ses menées ténébreuses contre eux et immobilise en quelque sorte l'armée de Salonique... Les Etats scandinaves, dont les navires ne sont plus respectés par les sous-marins allemands, demeurent dans une timide expectative. Sauf la Suède, qui détestait la Russie et qui n'aime guère l'Angleterre, ces Etats désirent, au fond, le triomphe des pays de l'Entente. Quant à la Suisse, partagée entre des sentiments divers et comme perdue au milieu des belligérants, elle s'efforce de garder une neutralité qui lui permette de se ravitailler... D'aucuns espéraient la fin de la guerre pour le prochain automne, mais, en présence de la situation générale des belligérants en Europe, il n'y faut sans doute point songer.

Notre mission aux Etats-Unis.

Le réconfort nous vient des Etat-Unis où notre mission (1), arrivée le 25 avril, reçoit partout un accueil enthousiaste. La mission anglaise a également débarqué à Washington où la mission italienne l'a suivie de près. L'action concertée des diverses missions rendra plus efficace la coopération des Etats-Unis et de l'Entente. Un haut commissaire, M. André Tardieu, député, étendra son autorité sur toutes les commissions qui fonctionnent déjà sur le territoire de la grande République où il vient d'arriver (milieu de mai). En attendant, les Etats-Unis se préparent méthodiquement à la guerre ; ils ont déjà voté la conscription et consenti des prêts importants aux alliés. Mais leur intervention ne se bornera pas là et la lutte contre les puissances centrales va, grâce à eux, se développer avec une ampleur inconnue jusqu'ici et amener enfin la décision tant souhaitée.

La situation économique au 33ᵉ mois de guerre.

La recrudescence de la guerre sous-marine et la pénurie de main-d'œuvre imposent aux

(1) La mission est composée de MM. Viviani, garde des Sceaux ; le maréch 1 Joffre ; le marquis de Chambrun, descendant de La Fayette ; l'amiral Chocheprat ; Simon et Hovelacque — MM. Balfour et lord Canliffe, gouverneur de la banque d'Angleterre, représentent la Grande-Bretagne.

belligérants, aux neutres même, des privations que l'on ne peut atténuer ou empêcher que par des mesures de sévère économie. Notre gouvernement a confié à un ministère nouvellement créé, le ministère du ravitaillement, le soin de prendre toutes les mesures nécessaires à cet effet. Comme les précédents manquent en cette matière et que les divers cas qui se sont présentés n'ont pu être, en général, étudiés que d'une façon très sommaire, il en est résulté quelque confusion dans l'élaboration et l'exécution des mesures édictées en haut lieu. Ainsi, loin de laisser les prix de certaines denrées, par exemple, s'établir naturellement grâce au libre jeu de l'offre et de la demande, on a eu peut-être trop souvent recours à la taxation officielle, ce qui a faussé bien des ressorts et entravé une foule de bonnes volontés. Mais, n'at-on pas dit que le consommateur est toujours l'homme oublié ? Quoi qu'il en soit, négligeant à dessein les diverses mesures, souvent contradictoires, prises pour le pays tout entier, nous nous bornerons à noter, pour notre ville, les changements apportés à la marche générale de la vie économique par les différents décrets ministériels. (1).

( ) M. Viviani, garde des Sceaux, ministre de l'instruction publique, a, le mars 1917, adressé aux recteurs une circulaire relative à la coopération des maitres et des élèves à l'accroissement de la production agricole. En exécution de cette circulaire, des mesures ont été prises à Nimes pour que les élèves des Lycées, Ecoles primaires publiques et privées, plantent des pommes de terre au vaste champ mis à leur disposition par la Société d'Agriculture. Les institutrices ont été invitées à élever des lapins.

1º PAIN

C'est certainement la denrée la plus généralement et la plus anciennement taxée. Le blé
se faisant rare, des mélanges de farines ont été
prescrits et depuis le 25 avril nous mangeons
à Nimes, au prix uniforme de 0 fr 475 et ensuite
à 0 fr. 50 — seconde quinzaine de mai — le
pain de guerre, qui ressemble beaucoup au
pain de seigle et peut-être un peu à ce pain
dit K.K., des Allemands au sujet duquel nous
faisions jadis des gorges chaudes.

2º SUCRE

Le sucre cristallisé est vendu 1 fr. 50 le kilo et
le sucre en morceaux réguliers 1 fr. 60. Au moment de l'établissement des cartes on renonça,
contrairement aux instructions données, à y
inscrire le nom de l'épicier choisi par le client,
de manière que chacun a pu se présenter, muni
de sa carte, à n'importe quel magasin. Cette
façon d'opérer a complètement bouleversé les
habitudes de la clientèle. D'autre part, les arrivages de sucre n'étant pas réguliers — surtout
en mai 1917 — certaines personnes, les imprévoyantes, manquent de cette denrée, tandis que
d'autres, les prévoyantes, en possèdent une réserve chez elles. (1)

____

(1) En exécution de l'arrêté préfectoral du 9 mars 1917, réglementant la vente du sucre en vertu des décisions du gouvernement, il a été demandé à Nimes, immédiatement, par 66.959
consommateurs 20.106 carnets — ces chiffres se sont élevés peu
après à la suite de nouvelles demandes — ce qui nécessite mensuellement, à raison de 0 kg. 750 par personne et par mois, une

3° ESSENCE, PÉTROLE, CHARBON, GAZ

L'essence et le pétrole sont presque introuvables, ce qui gène énormément les possesseurs d'automobiles, et les prix de ces matières augmentent tous les jours. Il en va de même du charbon de terre et du charbon de bois. Le gaz est parcimonieusement distribué à la population. Depuis environ un mois — ceci est écrit le 23 mai — l'usine ne laissant subsister une pression très relative qu'à certaines heures, il en résulte que l'on a toutes les peines du monde à se servir des réchauds et que les rez-de-chaussée sont réduits à s'en passer. L'éclairage est peu brillant ; par bonheur, l'application de la nouvelle heure — horloges avancées d'une heure dans la nuit du 24 au 25 mars 1917 pour une période devant se terminer le 7 octobre — permet d'avoir moins besoin d'y recourir.

4° PATISSERIES

Les pâtisseries, fermées depuis quelque temps les mardi et mercredi, ont reçu l'ordre de ne faire usage d'aucune sorte de farine — mai

---

quantité minimun de 0 kg. 750 × 66.969 = 50.226 kg.750 que les 506 épiciers de la ville sont chargés de lilvrer aux consommateurs.

En éxécution d'un arrèté municipal en date du 21 Juin 1917 les nouvelles cartes de sucre, valables pour uu an — Août 1917 à juillet 1918 — ont été distribuées au public par les soins des instituteurs et d'un bureau supplémentaire établi au Théâtre du 25 au 30 Juin. On a également apposé sur les anciens carnets un cachet donnant droit à l'attributiôn, par tête d'habitant, de 500 grammes de sucre blanc ou roux, destiné à la fabrication familiale des confitures.

1917 — ce qui restreint considérablement leur fabrication. Il est même question de les fermer tout à fait en juin et juillet.

5º BOUCHERIES

Les boucheries sont fermées toutes les après-midi et des arrêtés quelque peu draconiens ont prohibé ou limité dans les restaurants le nombre et la composition des divers plats de viande. Les gens prenant là leurs repas pâtissent seuls de ces mesures. Un nouveau décret a paru le 14 avril et il devra être appliqué le 20 mai. Les boucheries demeureront fermées, non seulement l'après-midi, mais encore les lundi et mardi — à Nimes les jeudi et vendredi à dater du 31 mai — *sauf certaines dérogations.* Nous avons donc nos jours sans viande puisque l'interdiction s'étend à la charcuterie, aux abats, à la volaille, au lapin et au gibier. La viande de cheval peut être librement consommée chez les particuliers.

6º JOURNAUX

Comme conséquence de la crise du papier, les journaux auraient dû, depuis février, réduire le nombre de leurs pages ; la plupart paraissaient donc à deux pages deux fois par semaine. A partir du 7 mai, ce format réduit sera appliqué les lundi, mardi, jeudi et samedi.

7º FROMAGES ET BEURRES

Ces denrées, primitivement taxées, avaient atteint des prix exorbitants — le beurre se payait à Nimes, dans les premiers jours de mai, 1 fr. 10 le quart et il se maintient à 0 f. 80 — et l'on ne s'en procurait qu'avec peine. L'autorité a consenti à les détaxer et ces denrées ont reparu en plus grande abondance sur nos marchés.

Jamais, de mémoire d'homme, on n'avait vu les choses indispensables à la vie, et même celles d'un usage moins courant, atteindre des prix aussi élevés. « C'est la guerre qui en est la cause », répond-on... Evidemment, mais si les produits alimentaires de choix sont devenus quasi inabordables, il faut s'en prendre à la demande très élevée de ces produits, conséquence de la hausse considérable des salaires accordés à ceux que l'on considérait naguère, à tort ou à raison, comme des consommateurs de denrées communes. L'examen attentif des budgets de famille des petites gens prouverait sans nul doute le bien fondé de notre assertion. Quoi qu'il en soit, le jeu de la loi de l'offre et de la demande broie décrets et règlements et préoccupe à juste titre les ministres du ravitaillement de tous les pays. (1)

Nouvelles offensives.

Sur le front de l'Isonzo, les Italiens ont, en mai 1917, développé une offensive qui leur a permis de faire plus de 6.000 prisonniers et d'occuper des positions importantes.

___

(1) Voir dans une autre partie de notre travail, deux tableaux de prix.

Sur le front occidental, les Anglais n'ont jamais interrompu la leur et ils ne cessent pas de faire sentir aux Allemands les terribles effets de leur redoutable artillerie. De temps à autre, ils font un bond en avant; ainsi, vers le 7 juin, à la suite de l'explosion formidable d'une mine à laquelle leurs soldats travaillaient depuis plusieurs mois, ils ont fait plus de 8.000 prisonniers et fermé pour jamais aux Allemands la route de Calais. Ils travaillent en ce moment à encercler la ville de Lens qui ne peut évidemment tarder à tomber entre leurs mains. Les Russes, exclusivement occupés depuis quelque temps à organiser leur révolution et plongés plus que de raison dans cet état spécial qu'un journaliste a qualifié « d'extase démocratique », se sont enfin réveillés de leur torpeur. Reprenant conscience de leurs devoirs que d'aucuns et en particulier le président Wilson leur ont rappelés, ils se sont décidés à reprendre l'offensive. Le 1er juilledt 1917, en effet, l'armée de Broussilof a foncé sur les Allemands en Galicie et fait le premier jour plus de 8.000 prisonniers. Ces gains se sont augmentés les jours suivants et le combat continue sur ce front avec acharnement. La nouvelle offensive est surtout due à l'inlassable activité et à l'enthousiasme réfléchi de M. Kerenski, ministre de la guerre, le Danton russe. Son télégramme au prince Llvof pour lui annoncer le succès du 1er juillet et son ordre du jour à l'armée montrent chez lui l'inébranlable volonté de vaincre l'ennemi commun. Cette nouvelle manière de nos alliés contribuera sans nul doute, si elle se maintient, à amener la fin de la guerre.

Toujours les buts de guerre des Alliés.

Au cours de la séance de rentrée de la Chambre — 22 mai 1917 — M. Ribot a lu une déclaration où il a parlé de l'offensive du 16 avril « qui n'a peut-être pas donné tous les résultats qu'on en attendait », de la guerre sous-marine, du ravitaillement, de la révolution russe et des conditions de paix. Sur ces deux derniers points, il a dit : « La Russie se rappellera toujours qu'au moment de la crise salutaire survenue en ce pays, c'est encore l'admirable effort du peuple français qui attire vers l'ouest la pesée de l'ennemi et permet à la Russie de reconstituer ses forces... La démocratie russe estime que cette guerre est nécessaire, inévitable pour la défense de la liberté des nations... » Quant à la paix, « nos ennemis viendront la demander, non pas hypocritement comme aujourd'hui par des moyens louches et détournés, mais ouvertement, et nous la ferons dans des conditions dignes de la France, de son passé et de son présent. Et si on ne la demande pas, nous saurons l'imposer. »

Après plusieurs séances tenues en Comité secret au cours desquelles le Gouvernement a victorieusement répondu aux divers interpellateurs qui l'interrogeaient sur nos buts de guerre, la Chambre et le Sénat ont, la pre-

mière par 467 voix contre 52, et le second
à l'unanimité, voté des ordres du jour de
confiance où l'on « déclare attendre de la
guerre qui a été imposée à l'Europe par
l'agression de l'Allemagne impérialiste, avec la
libération des territoires envahis, le retour de
l'Alsace-Loraine à la mère patrie et la juste
réparation des dommages. » Voilà comment il
faut traduire la fameuse formule d' « une paix
sans annexions ni indemnités », dont certains révolutionnaires russes, peut être soudoyés par
l'Allemagne, ont si largement usé depuis quelque
temps.

Les grèves.

L'union sacrée, maintenue tant bien que mal
depuis le début des hostilités, a failli sombrer
au cours des grèves qui ont éclaté à Paris
et en province en mai et juin 1917. Apeurés par
la cherté croissante de la vie, les ouvriers et
certaines catégories d'employés, hommes et femmes, encouragés et soutenus par leurs syndi-
cats, ont demandé, quelquefois même un peu
brutalement, des augmentations de salaires et de
traitements qui leur ont été accordées. Le
gouvernement lui-même, désireux sans doute
de plaire à tout prix au peuple, a obtenu des
Chambres le vote d'une loi établissant pour
certains corps de métiers la semaine anglaise.
Nous avons suivi, dans notre ville, ce mouvement qui, pour le dire en passant, n'aurait pu
que gagner en dignité s'il avait attendu pour se

produire la fin des hostilités. L'ordre n'a cependant pas été troublé à Nimes.

Le congrès de Stockholm.

Les Allemands, désireux de voir signer au plus tôt une paix dont ils ont le plus grand besoin, ont suggéré à leurs *social-démocrates* l'idée d'organiser à Stockholm un Congrès où les socialistes des pays belligérants jetteraient les bases du futur traité. Les socialistes français, ayant pris la chose au sérieux, en discutaient publiquement et se disposaient à désigner des délégués à Stokholm quand le Gouvernement, ému à juste titre à la pensée que les représentants de l'Internationale, sans mandats de leurs pays respectifs, pussent se réunir pour discuter sur les conditions de la prochaine paix, a, par l'organe de M. Ribot parlant à la tribune de la Chambre, le 1er juin, refusé des passeports aux délégués. « La paix future, s'est-il écrié, ne peut être, en ce qui concerne la France, qu'une paix française, c'est-à-dire une paix résumant les aspirations du pays tout entier... La paix ne peut sortir que de la victoire. » Ce langage net et énergique du Président du Conseil a été très favorablement accueilli par le Parlement et par le Pays. Le refus des passeports a jeté quelque trouble parmi les organisateurs de la trop fameuse conférence, qui ne peut maintenant que tourner à la confusion des socialistes du Kaiser.

L'Intervention des Etats-Unis.

Le président Wilson, préoccupé à juste titre
par les évènements de Russie qui entraînent
l'inaction de son armée, a transmis au gouvernement provisoire — 12 juin 1917 — un message
où il trace clairement à nos alliés leur devoir
et notamment la nécessité de reprendre au plus
tôt l'offensive. Ce langage, à la fois ferme et
amical. a produit sur nos alliés, au moins en
apparence, l'effet qu'on était en droit d'en
attendre.

Le 15 juin 1917, à l'occasion de la *Journée du
Drapeau* — Flay-Day — aux Etats-Unis, M. Wilson a prononcé un remarquable discours par
lequel il met ses compatriotes en garde contre
les agissements pacifistes des Allemands. Après
avoir exposé les motifs qui ont décidé son pays
à entrer dans la lutte, il termine par ces
paroles : « Nous sommes prêts à comparaître
devant la barre de l'histoire. Nous sacrifierons,
une fois de plus, notre vie, notre fortune à la
défense de la grande foi à laquelle nous restons
attachés depuis que nous sommes une nation.
Et notre peuple aura ainsi ajouté une nouvelle page de gloire à ses annales. »

Le 14 juin, la Chambre française a longuement acclamé le général Pershing, commandant
en chef des troupes américaines en France,
qui assistait à la séance, et M. Ribot, au
cours d'une déclaration vivement applaudie, a
prononcé ces paroles : « Le général Pershing
est arrivé chez nous précédé d'un nouveau

message dans lequel le président Wilson précise
l'esprit et les buts de guerre des alliés : pas
de conquête, mais la restitution des territoires
enlevés par la violence et ainsi est résolue la
question d'Alsace-Lorraine, puis la réparation
des injustices commises, l'institution de garanties indispensables, et enfin la constitution de
cette Société des Nations qui doit être notre
objectif, comme la garantie de nos droits et de
notre organisation pacifique. Il faut vaincre ou
se soumettre, a dit le président Wilson. Je pense
que nous sommes tous unanimes. Nous ne
nous soumettrons pas et nous vaincrons. »
M. Viviani, invité à prendre la parole, a rendu
compte du voyage de la mission française aux
Etat-Unis. Le lendemain, une cérémonie semblable s'est déroulée au Sénat.

Le 1er juillet, les premiers contingents américains ont débarqué sans accident malgré la
vigilance des sous-marins ennemis, dans un de
nos ports de l'Atlantique. Un bataillon avec sa
musique en a été distrait pour être envoyé à
Paris afin d'assister, le 14 juillet, à la Fête
nationale de l'Indépendance Américaine — Indépendance Day — Nos nouveaux alliés ont reçu
des Parisiens un accueil enthousiaste et l'on
peut dire que les diverses cérémonies qui se
sont déroulées dans la capitale à cette occasion
sont comme les prémisses de la prochaine victoire de la civilisation sur la barbarie. Les
Etats-Unis se préparent activement à la guerre;
d'autres arrivées de troupes s'effectueront in-
cessamment et le 15 août une armée de 500.000

hommes sera prête à prendre la mer : nous sommes en droit de tout attendre d'un tel peuple.

Suisse : Incident Grimm-Hoffmann.

Robert Grimm, député socialiste de Zurich au Conseil national suisse, s'étant rendu à Pétrograd, a ourdi une intrigue en faveur d'une paix séparée entre la Russie et l'Allemagne. Ses propositions, télégraphiées à M. Hoffmann, un des sept conseillers fédéraux de la Confédération helvétique et chef du département politique, par le canal de la légation suisse, ont été bien accueillies par ce dernier qui a eu la malencontreuse idée d'y répondre favorablement par la même voie. Il semblait que le gouvernement suisse, sortant de sa neutralité, approuvait cette intrigue. Les deux dépêches, chiffrées, ont été saisies, traduites et publiées et le gouvernemnet russe a aussitôt expulsé Grimm. Sous la pression de l'opinion publique, M. Hoffmann a dû démissionner. M. Gustave Ador. président de la Croix-Rouge, sur l'impartialité duquel on peut compter, a été élu à sa place par 168 voix sur 219 votants et 27 abstentions. Cet incident fâcheux nous remet en mémoire celui des colonels et nous montre que l'Allemagne recrute partout et dans tous les milieux des agents dont les intrigues ne peuvent qu'être funestes à l'Entente.

Les affaires de Grèce,

Une solution, longtemps attendue, est enfin intervenue. Le 11 juin 1917, M. Jonnart, haut commissaire des puissances protectrices de la Grèce, a remis à M. Zaïmis, Président du Conseil, une Note demandant au roi son abdication en faveur d'un membre de sa famille, à l'exception du diadoque, connu pour ses idées germanophiles. Constantin Ier y a consenti, bien qu'à contre-cœur, et son second fils, le prince Alexandre, occupera le trône jusqu'à ce que la Chambre dissoute par son père et que l'on va réunir ait statué sur le sort du pays. Les troupes alliées avaient préalablement occupé Elassona, en Thessalie, ainsi que les points stratégiques les plus importants. M. Venizelos, appelé au pouvoir, a constitué un nouveau ministère et chassé de Grèce tous les germanophiles de marque ; il a en même temps rompu les relations diplomatiques avec les empires centraux. Cet évènement a véritablement soulagé l'opinion en France ; la Grèce, désormais affranchie du joug latent de l'Allemagne, deviendra une fidèle alliée de l'Entente.

Remaniements ministériels.

Bien qu'un proverbe dise qu' « il ne faut pas changer d'attelage au milieu d'un gué », la plupart des pays belligérants et même neutres: Italie, Serbie, Autriche, Allemagne, Espagne..., ont procédé, en ces derniers temps, à des remaniements ministériels qui n'ont pour ainsi dire pas

affecté la marche des évènements. En Espagne
et en Allemagne, cependant, ces crises intérieures présentent un certain caractère de gravité.
Chez nos voisins du Sud, le ministre Garcia
Prieto qui avait remplacé le ministère présidé
par le comte de Romanonès, nettement favorable à l'Entente, a dû, à son tour, céder la place,
vers le 13 juin 1917, à un ministère présidé
par M. Dato, chef des conservateurs libéraux.
Les agents de l'Allemagne n'ont pas manqué,
selon leur habitude, de s'immiscer dans les
affaires espagnoles et de surexciter chez ce
peuple les plus basses passions politiques. Espérons que le bon sens et la droiture des
sujets du roi Alphonse réagiront contre ces
coupables manœuvres et que le cabinet actuel
maintiendra au moins une stricte neutralité entre
les belligérants.

Quant à l'Allemagne, responsable devant l'histoire du conflit actuel, elle traverse une crise
intérieure qui est due à l'échec de sa guerre
sous-marine, à la nouvelle offensive russe, à
l'intervention des Etats-Unis, à la disette et à
l'échec de la conférence de Stockholm. Le chancelier de Bethmann-Holweg, qui dirigeait depuis
huit ans, en parfaite communion avec le Kaiser,
la politique intérieure et extérieure de l'Empire, a dû démissionner et un certain docteur
Michaelis, à peu près inconnu jusqu'à ce jour,
l'a remplacé. La plupart des ministres le suivront dans sa retraite et l'on annonce des ré-
formes dans la Constitution, l'établissement du
suffrage universel en Prusse, par exemple.

L'avenir nous dira ce que cette crise, qui n'est sûrement pas née d'un élan spontané vers la liberté, peut amener de changements dans la situation actuelle.

Les crimes allemands.

Tous les moyens sont bons aux sujets du Kaiser pour assouvir la haine stupide qu'ils nourrissent contre les autres nations, même neutres. Ainsi on a récemment découvert — milieu de juin 1917 — à Christiana, dans les bagages d'un diplomate allemand, le baron de Rautenfels, une ample provision de bombes savamment construites, destinées à être mêlées aux cargaisons mêmes des navires et à les faire sauter en mer. Cette pratique criminelle a soulevé une vive indignation chez les Norwégiens et même parmi toutes les nations civilisées. Il résulte de ces faits et d'autres du même genre que nulle nation, nul individu, ne peuvent se sentir en sécurité en présence des agents allemands connus ou inconnus.

Les effets du resserrement du blocus en Hollande.

La population d'Amsterdam s'est laissée aller à piller des stocks de pommes de terre destinés, de par des conventions librement consenties, à l'Angleterre. Des troubles assez sérieux ont éclaté à cette occasion et ils se sont même prolongés. L'Allemagne a pourtant importé de Hollande, en 1916, plus de 900.000 tonnes de pro-

duits alimentaires, quantité suffisante, au dire
des chimistes d'outre-Rhin, pour nourrir plus
d'un million de soldats, et les Hollandais et les
Scandinaves ensemble ont procuré à nos ennemis autant de substances grasses qu'en peuvent consommer sept millions de soldats ! Au
printemps dernier, le gouvernement hollandais
décida d'exporter en Allemagne toute la récolte de légumes nouveaux !... Il était temps que
le président Wilson, pourvu de l'autorisation
des Chambres américaines, mit l'embargo sur
les navires dont les cargaisons étaient destinées
aux neutres ! Espérons que ces derniers, et
en particulier les Hollandais, ce peuple « fin
et adroit marchand », au dire de Vauban, com-
prendront que le meilleur moyen de faire cesser
la guerre, c'est de ne point ravitailler les Allemands.

La mobilisation civile en France.

Il devait être procédé, le 8 juillet 1917, au re-
censement de tous les Français non déjà mobilisés, âgés de 18 à 60 ans. Cette mesure, déjà
appliquée en Allemagne, risquerait fort de ne
pas donner, en France, des résultats utiles, et le
Sénat l'a écartée pour le moment. Nous esti-
mons qu'il a eu raison ; il faut, en effet, re-
monter à Platon pour trouver cette conception primitive de charger l'Etat de mettre
chacun à la place où il convient le mieux.
La terre de France, de plus en plus abandonnée, a plus que jamais besoin de bras ; ce
n'est donc pas le moment de lui en enlever.

On comprendrait mieux le renvoi dans leurs foyers des hommes appartenant aux vieilles classes, surtout des agriculteurs. Par contre, le Sénat a voté différents articles relatifs à la réquisition des « choses » : usines, matières premières, produits divers (juin 1917).

La note du Pape aux belligérants.

Le Pape, en sa qualité de « plus haute puissance morale du monde », a voulu, lui aussi, tenter en ce moment quelque chose en faveur de la paix. La Note qu'il a rédigée, datée du 1er août 1917, a été transmise le 16, par les soins du cardinal Gasparri, Secrétaire d'Etat, au roi d'Angleterre avec prière d'en faire parvenir un exemplaire au Président de la République française. au roi d'Italie, au président Wilson, ainsi qu'aux nations amies des alliés en en exceptant la Russie, la Belgique et le Brésil auxquels ce document a été transmis directement.

Dans la première partie de la Note, le Souverain pontife exprime les sentiments qu'il éprouve devant le spectacle déchirant de la guerre et il a trouvé pour en exprimer l'horreur des mots qui vont au cœur. « Le monde civilisé, s'écrie-t-il, devra-t-il donc n'être plus qu'un champ de mort ? » Il est à regretter que cette pitié n'établisse pas une différence plus grande entre les peuples qui voulaient la guerre et ceux qui en ont été jusqu'ici les principales victimes. La seconde partie renferme les solutions qu'il suggère et qui ont pour objet, les unes de faire durer la paix, les autres d'en établir les bases. La durée de la paix serait assurée par « la substitution aux armées d'une institution d'arbitrage avec une haute fonction pacificatrice », qui n'est pas autre chose que la Société des Nations dont parlait le président Wilson. Les conditions qu'il s'agirait d'inscrire dans le futur traité manquent de netteté, sauf peut-être celle qui consacre l'indépendance de la Belgique. La réparation des dommages causés par l'envahisseur n'est pas résolue catégoriquement puisqu'il y est seulement parlé « d'une contribution entière et réciproque... » L'Alsace-Lorraine ferait l'objet d'une transaction incertaine ; le royaume de Pologne devrait être reconstitué au détriment de la Russie ; quant aux Serbes, aux Roumains et à l'Arménie, ils seraient simplement recommandés à la sympathie des Nations... Sous prétexte, ainsi qu'il le déclare lui-même au début de sa Note, de « garder une parfaite impartialité à l'égard de tous les belligérants, » le Saint Père se tient trop à égale distance des agresseurs et des victimes et bien qu'il ait voulu, paraît-il, favoriser en divers points la France, on pourrait lui répondre par ces mots de Pascal : « Il pourrait se rencontrer quelque esprit bizarre qui ne tirât de vos principes quelque méchante conclusion. »

Tout considéré, l'appel du Pape n'a pas eu plus de succès que les exhortations qu'il adressait aux nations en lutte vers la fin de la première année de guerre ; les alliés y ont tous

opposé une sorte de fin de non recevoir, seuls
nos ennemis ont feint, dans leurs réponses, d'accepter ses propositions. Décidément, ce ne sera
pas un document de ce genre qui mettra fin
à la guerre.

La réponse de M. Wilson au Pape.

Le président Wilson a fait remettre au Vatican, le 31 août, par l'intermédiaire du comte
de Salis, ministre de Grande Bretagne, sa réponse à la Note de Benoît XV, réponse que tous
les alliés, même, semble-t-il, la Russie, ont
approuvée. Elle respire la bonne foi et le bon
sens. « La paix, écrit-il, doit s'appuyer sur les
droits des peuples et non sur ceux des gouvernements ;... la paix durable que nous voulons
doit être fondée sur la justice, la loyauté et le
respect commun des droits de l'humanité... »
Or, comme « nous ne pouvons regarder la parole de ceux qui gouvernent aujourd'hui l'Allemagne comme nous offrant la garantie suffisante d'un état de chose durable, il faudrait,
pour que nous y croyions, qu'elle fut appuyée
par une manifestation si évidente de la volonté
et des desseins du peuple allemand qu'elle pût
légitimer l'acceptation sans réserves des autres
peuples... Veuille Dieu que ce témoignage
puisse se produire bientôt, conclut-il, et de manière à rendre à tous les peuples la confiance
qu'ils avaient autrefois dans les engagements
unissant les nations entre elles et de manière
à hâter la possibilité de conclure la paix ! »
La parole est donc maintenant aux sujets des

empires centraux, mais il n'est pas probable, par suite de leur esprit d'obéissance à leurs maîtres, qu'ils entrent de sitôt dans la voie que leur trace M. Wilson : c'est certainement du choc des armes que devra jaillir la paix.

L'Entente et le Saint-Siège.

Le Pape peut-il être absolument neutre, se demandent, dans le camp des alliés, certains esprits réfléchis ? Non, répondent-ils, et les raisons qu'ils en donnent paraissent fort judicieuses. D'après eux, le Saint-Père, représentant la chrétienté tout entière, a le devoir, non pas seulement de condamner sévèrement en son âme et conscience les crimes atroces et inutiles commis par les Allemands et leurs complices, mais encore et surtout de les flétrir publiquement. Or, depuis le commencement de la guerre. le Vatican n'a rien fait de semblable, mais a, au contraire, gardé sur ces actes abominables un silence qui frise l'approbation. Bien plus, ses diverses Notes relatives à la paix paraissent emprunter leurs conditions aux idées de nos ennemis... Décidément, la sympathie de Benoît XV est tout humaine et va sans contredit à l'Autriche et à ses amis et non point à la France et à ses alliés. Les diplomates de l'Entente se montreraient simplement prudents en surveillant de très près la politique de guerre du Vatican.

Anniversaire de la bataille de la Marne
(6 Septembre 1914)

Le 6 septembre 1917, à la Fère-Champenoise, au centre même du front que les armées françaises et l'armée britannique tenaient, il y a trois ans, M. Ribot, Président du Conseil, a prononcé, en présence du Président de la République (M. Poincaré) et du ministre de la Guerre (M. Painlevé), un discours dans lequel il a célébré cette victoire de la Marne qui « restera comme une de ces dates fameuses qui marquent un instant décisif dans l'histoire de l'humanité... » « C'est ici, a dit le Ministre, que sont tombés tant de héros obscurs qui n'ont eu d'autre récompense que la joie intime de s'être sacrifiés pour le salut du pays ». Il cite ensuite les noms du maréchal Joffre, de ses lieutenants Foch, Dubail, Castelnau, Sarrail, de Langle de Carry, Franchet d'Esperey, et des généraux Galliéni et Maunoury qui ont tous droit à la reconnaissance publique. Comme il fallait s'y attendre, le ministre a parlé de l'Alsace-Lorraine, dont la restitution à la France « est la condition même de l'établissement du droit des nations qui doit garantir la paix de demain contre de nouvelles violences... » « Que les héros de la Marne, dit-il en terminant, nous rappellent sans cesse au devoir unique qui s'impose à nous de ne penser qu'au Pays, d'oublier nos querelles et nos divisions ! » On ne peut qu'applaudir à ces paroles.

Le 9 septembre, dans la cathédrale de Meaux,

en présence d'une immense assistance, une cérémonie grandiose s'est déroulée pour célébrer
la mémoire des héros qui ont combattu là
pour la France et pour l'humanité. Monsei-
gneur Touchet, évêque d'Orléans, a prononcé
un discours où il a parlé de cette bataille qui
mit aux prises 900.000 Allemands et 700.000
Français. La France, alors, terrifiée par la
ruée foudroyante et méthodique des Allemands
de la Lys à la Marne, connut la peur. « Les
soldats de la Marne, dit-il, l'ont délivrée de la
peur et ont raffermi sa foi en ses destinées. » La
cérémonie se continue à l'Hôtel-de-Ville, où
M. Lugol, maire de Meaux, reçoit la délégation
du Conseil Municipal de Paris et du Conseil
Général de la Seine et elle prend fin sur le
champ de bataille même où de nombreuses
couronnes sont déposées sur les tombes d'Etré-
pilly, de Villeroy, de Chambry, de Barcy et au
nouveau cimetière de Meaux.

Ces cérémonies devraient rappeler les Français à la réalité et les décider à resserrer davantage encore cette union sacrée qu'un trop
grand nombre d'entr'eux paraissent oublier aujourd'hui et qui est pourtant la condition essen-
tielle de la victoire.

Le Ministère Painlevé.

Bien que l'ennemi soit encore à nos portes, il
a fallu au monde politique un ministère de plus.
Le ministère Ribot, venu au monde dans les premiers jours de la révolution russe, tombe
juste au moment où, dans la Rússie désemparée,

Kornilof paraît se dresser contre Kerensky. On se rappelle que M. Briand avait pris le pouvoir au moment où la Bulgarie partait en campagne et où la Serbie allait succomber : que nous réserve l'avenir ?

L'opposition socialiste a seule empêché M. Ribot de reconstituer son propre ministère, et l'ancien ministre de la Guerre de ce cabinet, M. Painlevé, en a, non sans tergiversations, formé un nouveau dans lequel ces mêmes socialistes ont refusé d'entrer. Les nominations ont paru à l'*Officiel* du 13 septembre 1917 ; le ministère comprend 15 ministres, 5 ministres d'Etat et 11 sous-secrétaires d'Etat. Si Colbert revenait, il trouverait certainement que cela fait beaucoup de ministres... Le même numéro du journal porte deux décrets constituant, l'un, le Comité de guerre ; l'autre, le Comité économique.

Des instructions ayant trait à des affaires d'intelligence avec l'ennemi sont ouvertes depuis quelques jours. Le ministre de l'Intérieur dans les cabinets qui se sont succédés depuis août 1914, M. Malvy, avait même dû démissionner pour des motifs se rapportant à ces affaires. La Déclaration ministérielle ne pouvait guère éviter d'en parler et on y lit, en effet, « que la justice suivra son cours sans hésitation et sans qu'il soit tenu compte d'aucune considération de personne... » Ce document proclame la nécessité de pousser la guerre énergiquement et de préparer aussi la période de l'après-guerre. On verra à l'œuvre les hommes qui composent ce cabinet.

Des interpellations nombreuses — 19 septembre sur le programme du Gouvernement ; 4 et 16 octobre relativement à l'affaire Malvy ; 16 octobre sur la politique extérieure et 19 octobre sur la politique générale — avaient donné au Gouvernement des majorités convenables mais dans lesquelles ne figuraient ni les suffrages des socialistes, ni ceux de certains autres députés — 160 en tout — En présence de cette opposition systématique, M. Painlevé a remis en question l'existence même de son cabinet. Après quelques jours de pourparlers et de malaise, M. Ribot a seul été sacrifié et c'est M. Barthou, ministre d'Etat, qui l'a remplacé aux Affaires étrangères. Nous ne doutons pas que la politique extérieure de M. Ribot, approuvée par les bons Français et les Alliés, ne soit continuée.

En Russie.

Nos alliés se débattent au milieu de difficultés sans nombre. Un homme cependant s'est rencontré qui paraît vouloir tirer son pays de l'état d'anarchie où il est plongé depuis quelque temps, c'est Kerensky. D'abord ministre dans le gouvernement révolutionnaire, puis Président du Conseil après le prince Lvof, enfin dictateur et même généralissime, il a proclamé hardiment la République en Russie et résisté jusqu'ici aux fauteurs de troubles subventionnés par l'Allemagne. (1) Mais l'armée, détournée de ses devoirs par de mauvais bergers, a perdu toutes ses facultés combattives et les Allemands en ont profité pour s'emparer de Riga et des îles d'Œsel et menacer Pétrograd.

Le gouvernement provisoire a autorisé la réunion dans cette ville — 27 septembre 1917 — d'une Conférence démocratique composée de 1.200 délégués venus de tous les points de la Russie. Il y a été décidé qu'une Assemblée de 305 membres environ, appartenant à tous les partis, préparerait, sous le nom de Conseil provisoire de la République russe, ou de « Préparlement », suivant certains journaux, l'œuvre de la future Constituante. La première réunion a eu lieu le 20 octobre 1917. Le nouveau ministère que Kerensky avait réussi à constituer le 8 octobre avec MM. Nikitine à l'Intérieur et Terestchenko aux Affaires étrangères, préside aux travaux de cette Assemblée. La plupart des membres du Cabinet désirent, il

(1) *A propos du Ministère Kerensky.* — En mai 1917, des troubles graves éclatent à Pétrograd et M. Milioukof, ministre visé par les révolutionnaires, est contraint de démissionner : c'est la première crise traversée par la République russe. En juillet éclate la seconde au cours de laquelle M. Kerensky, à qui certains mauvais Russes ont osé reprocher l'organisation d'une offensive victorieuse, devient Président du Conseil. Mais les affaires vont mal : les Allemands, témoins de la désorganisation de l'armée, l'attaquent vivement et l'obligent à reculer. L'or allemand, répandu à profusion par une foule d'agents louches, entretient l'effervescence et fomente la révolte dans les milieux dits avancés. On s'efforce d'insinuer que la guerre a assez duré et qu'il faut à tout prix signer la paix. Pour comble de malheur, la Finlande et l'Ukraine se remuent pour obtenir leur autonomie. On se demande avec angoisse si les Alliés sont en droit de compter sur le concours effectif de la Russie pour laquelle nous avons pourtant tiré l'épée.

est vrai, le bien de la Russie et de ses alliés, mais le *Soviet* (1) veille. Se croyant le maître de l'heure, il ne néglige rien pour rendre impossible le rétablissement de l'ordre dans le pays et la discipline dans l'armée. Ce groupement voudrait même imposer aux Alliés un programme de paix ressemblant à s'y méprendre à celui rédigé par la Commission hollando-scandinave de Stockholm.

Mais les évènements qui se déroulent en Russie défient toute analyse. Les partisans de Lénine (2) triomphent du gouvernement provisoire et de celui qui en est l'âme, de Kerensky, ce rhéteur désireux d'imiter Bonaparte mais en qui l'action fait défaut. Le sang coule, les prisons se remplissent et les *bolchevicki* profitent de leur victoire, peut-être momentanée, pour entamer avec l'Allemagne et ses alliés

(1) Le Comité exécutif central du Conseil des Ouvriers et Soldats ou Soviet, a été, au début de la Révolution, comme le centre de toute action contre l'ancien régime. Deux mois après, il devient l'organe de la Démocratie et organise des œuvres importantes et utiles. Dans la 3e période de son existence, qui commence avec la défaite russe, il préconise des mesures héroïques et soutient le Gouvernement provisoire tout en poussant à la convocation de la Constituante. Mais, après la prise de Riga, l'aventure de Kornilof et la recrudescence du mouvement maximaliste, la majorité raisonnable du Comité est débordée par la masse et incline nettement vers l'anarchie. Cependant des organisations démocratiques nouvelles, telles que villes, zemstvos, municipalités, coopératives — celles-ci comptant 20 millions de membres — sont nées qui prendront toutes une part d'influence dans la direction des affaires, et le rôle néfaste du Soviet actuel s'en trouvera diminué, au moins dans l'avenir.

(2) Lénine et les *maximalistes* existaient avant la révolution actuelle. Ainsi, un petit dictionnaire de la langue russe, publié par Stoïanx en 1913, chez l'éditeur, Schrader, à Saint-Pétersbourg, porte. à la page 49, au mot *bolchevick* (maximaliste) l'explication suivante : ; « Partisan du programme de Lénine, constitutionnel, démocrate. »

des pourparlers en vue d'un armistice et d'une
paix séparée. L'armée roumaine elle-même, iso-
lée par suite de la défection des armées russes,
est contrainte de conclure aussi un armistice.
Que va-t-il se produire ? Nous avons tiré l'épée
pour la Russie et maintenant notre alliée paraît vouloir écourter une lutte qu'elle avait
pourtant juré de poursuivre jusqu'au bout :
c'est une trahison odieuse qui allongera la durée
de la guerre.

Le Ministère Clémenceau.

Le ministère Painlevé, combattu par divers
groupements politiques, ne pouvait durer longtemps : l'esprit d'indécision de son chef, d'ailleurs savant éminent, a amené rapidement sa
chute. Le 13 mars 1917, sur un important sujet
de politique militaire et diplomatique, ce ministère obtenait la confiance de la Chambre
par 250 voix contre 192. Le même jour, sur
une misérable question de date pour les interpellations touchant à la politique intérieure —
affaire des scandales — M. Painlevé était ren-
versé par 277 voix contre 186. Telle a été
la fin de ce ministère qui a eu le tort grave
de manquer de cohésion et d'énergie.

La crise n'a pas duré longtemps, M. Clémenceau, chargé le 16 de constituer le cabinet,
s'est présenté devant les Chambres avec ses
collaborateurs, le 20 novembre. La Déclaration, lue, selon l'usage, à la Chambre par
le Président du Conseil, et au Sénat par le
Garde des Sceaux, courte, claire, précise, éner-

gique, porte bien la marque de M. Clémenceau.
Ce morceau, animé d'un beau souffle patriotique, peut se résumer en deux mots : guerre
intégrale, justice ! Elle a obtenu un vif succès
à la Chambre qui l'a approuvée par 419 voix
contre 65 ; le Sénat l'a également très applaudie. C'est que M. Clémenceau a été, on peut le
dire, porté au pouvoir par l'opinion de la
France entière qui a jugé d'instinct qu'il possédait les qualités nécessaires et suffisantes pour
chasser l'envahisseur et punir les traîtres. On
souhaite vivement dans notre Midi, et en particulier à Nimes, que la réalisation de cette
double tâche ne soit pas au-dessus de ses
forces, et que le petit groupe de ceux qui, à
la Chambre, se croient à l'abri de toute dé-
faillance, lui en laissent le temps.

Le Congrès socialiste de Bordeaux.

Les socialistes ont tenu à Bordeaux, du 6 au
9 octobre 1917, un Congrès, le second depuis l'ouverture des hostilités — le premier
avait eu lieu à Paris en décembre 1915 — au
cours duquel majoritaires, minoritaires et Kien-
thaliens n'ont pu se mettre complètement d'accord. La tactique quelque peu surannée des
concessions, des compromis et des abdications
s'est donnée libre carrière dans ce Congrès,
qui, comme la plupart des réunions de ce genre,
n'a pu résoudre à la satisfaction générale les
questions portées à l'ordre du jour.

La tactique de l'Allemagne.

L'Allemagne a toujours employé contre ses ennemis deux tactiques : la tactique militaire et la tactique politique. La première, exécutée par une armée merveilleusement préparée et supérieurement commandée, lui a valu la conquête de nombreux territoires. L'unité de commandement, réalisée en la personne du maréchal de Hindenburg, a permis aux armées des puissances centrales d'envahir la Serbie en 1915. de battre les Roumains en 1916 et de refouler l'armée italienne dans les Alpes en octobre 1917. La seconde tactique escompte le fameux « moment psychologique », de Bismarck, et ses armes favorites sont l'anarchie russe, les nerfs français, la désunion des Alliés, l'internationalisme, la guerre sous-marine, l'espionnage savamment organisé et la campagne de défaitisme — autant dire de calomnie — menée à coups de millions dans le monde entier. L'empire a pourtant ses difficultés intérieures ; ainsi le chancelier Michaelis, coupable d'incapacité, a dû démissionner — 28 octobre, — et le comte Hertling, président du Ministère d'Etat de Bavière, catholique et Allemand du sud, l'a remplacé — novembre 1917. — Mais une discipline de fer maintient l'ordre au dedans et contraint au dehors les alliés de l'Allemagne à obéir aux ordres partis de Berlin.

Le Conseil supérieur de Guerre des Alliés.

L'avance anglo-française qui a suivi les glorieux combats livrés en Flandre, sur l'Yser, au Chemin des Dames, en Mésopotamie, en Syrie..., au cours de l'année 1917, est loin de compenser des revers que les Alliés eussent pu éviter si le « front unique » qui revenait à tout instant dans les discours des hommes politiques, s'était transformé en une réalité concrète. Le désastre italien — débâcle de Caporetto provoquée par l'offensive allemande de Mackensen qui menaça la plaine lombarde et vénitienne et ne fut arrêtée que par les soldats de Foch et de Fayolle — semble pourtant avoir ouvert les yeux des gouvernements anglais et italien qui ont tout de suite créé, à l'instigation du gouvernement français et en union intime avec lui, un « Conseil supérieur de guerre » appuyé sur un « Etat major interallié permanent », siégeant à Versailles, qui est à la fois son organe central de renseignements et son conseiller technique. Les Etats-Unis se sont associés à cette mesure. Enfin, pour mettre toutes choses au point, il a été tenu à Paris, du 29 novembre au 5 décembre 1917, une « Conférence des Alliés » à laquelle, pour la première fois, les Etats-Unis étaient représentés par une délégation ayant à sa tête le colonel House, ami et conseiller du président Wilson. M. Clémenceau a inauguré cette importante conférence par un bref discours marquant bien la nécessité de

parler peu et d'agir beaucoup. On s'attend à
ce que cette réunion ait une influence heureuse
sur la suite des opérations de guerre.

Crises intérieures
chez certaines nations d'Europe.

Toutes — ou presque toutes — les nations
ont été travaillées par des crises intérieures
amenées par les tragiques évènements qui bou-
leversent le monde. En Allemagne, le Reichstag
s'est brouillé avec le chancelier (voir plus haut
p. 146) : en Espagne, pays d'élection des émissaires de l'Allemagne, le cabinet a été ren-
versé et M. Garcia Prieto, marquis d'Albucemas,
a constitué avec beaucoup de peine un ministère
de concentration nationale monarchique ; en
Italie, le cabinet Boselli est tombé au moment
même où les troupes austro-boches envahis-
saient le territoire national. M. Orlando a pris
le pouvoir dans un moment critique et il semble avoir rallié autour de lui tous les partis,
énergiquement décidés à chasser avant tout
l'ennemi. Le 8 octobre, à Lisbonne, à la suite
d'un coup d'Etat, le Président de la République, M. Machado, qui avait récemment visité
le front franco-anglais, a été chassé du pouvoir
de même que tous ses collaborateurs. M. Sidonio
Paës paraît être le chef du mouvement. Ces
changements n'affecteront nullement, paraît-il,
les relations du Portugal avec les puissances
de l'Entente. En Russie, la seconde Révolution,
tentée par Lénine et ses partisans, qui se sont
dressés contre le gouvernement provisoire ayant

à sa tête Kerensky, les a portés au pouvoir
après bien du sang versé. L'Allemagne, ins-
tigatrice de l'anarchie qui règne chez nos alliés,
triomphe momentanément. Un armistice, s'éten-
dant du 17 décembre 1917 au 14 janvier 1918,
a été négocié entre les délégués des maximalistes et le gouvernement allemand. Ce sont là
comme les préliminaires d'une paix séparée que
Lénine et ses complices d'une part, MM. de
Kûhlmann, comte Czernin, Radoslavof et Nes-
simi bey de l'autre, vont discuter et probablement conclure à Brest-Litowsk. La Suisse, encerclée par les belligérants et obligée de recourir simultanément à eux si elle ne veut pas
mourir de faim, crie bien haut qu'elle conti-
nuera à observer la plus scrupuleuse neutralité. Néanmoins, elle s'entremet obligeamment
pour l'échange des prisonniers et prodigue à
ceux qui séjournent sur son territoire des
soins intelligents et dévoués. Vers le milieu
de décembre 1917, M. Calonder a été élu Président de la Confédération helvétique et M.
Muller, vice-président.

Les restrictions.

La guerre continuant, les belligérants, et
même les neutres, sont obligés de s'imposer
des privations de toutes sortes. Les divers gouvernements prennent des mesures restrictives
reconnues nécessaires. En France, le régime
des cartes, inauguré par les cartes de sucre
et d'essence, va se continuer très probablement
par celles de pain et autres comestibles ou ma-

tières indispensables à la vie. Ces mesures constituent une véritable révolution dans l'existence ; aussi inquiètent-elles l'opinion. Dans notre Midi, où l'imagination populaire s'excite si facilement, on rencontre des gens que la durée de la guerre trouble et déconcerte ; des mécontents qui désapprouvent toutes les mesures prises par des ministères successifs dont ils jugent l'action trop molle; des pusillanimes qui, témoins des scandales provoqués par de mauvais Français et s'imaginant que les traîtres sont légion, redoutent une issue fatale de la guerre ; même des partisans de la paix à tout prix que l'action dissolvante exercée à grande distance par l'Allemagne atteint et influence... Et pourtant, il paraît de toute évidence que l'Allemagne qui s'est aliéné presque tout l'univers, est vouée à un échec certain. Il faut donc combattre énergiquement ces tendances pessimistes et établir aux yeux de tous la situation dans sa réalité. Pour redonner confiance aux timorés, il faut leur exposer l'œuvre immense qui s'accomplit aux Etats-Unis. Là, en effet, au cours de la période qui vient de s'écouler, notre haut commissaire à Washington, M. André Tardieu, a étudié et résolu, de concert avec le gouvernement américain, des questions excessivement importantes se rapportant aux finances, à l'armée, à la marine, aux diverses fabrications, aux chemins de fer, au ravitaillement, aux transports maritimes, etc., etc. D'autres questions, telles que l'unité réelle de direction militaire et économique recevront

sous peu une solution satisfaisante. Enfin les
Etats-Unis ne viennent-ils pas — 13 décembre
1917 — de déclarer la guerre à l'Autriche ?
C'est la suite obligée de la déclaration de
guerre à l'Allemagne votée par le Congrès les
4 - 6 avril dernier. La volonté de vaincre anime
tous les citoyens de la grande République
amie : avec son aide les puissances de l'Entente ne peuvent pas être vaincues. (fin décembre 1917).

Un acte de courage :
Le discours de M. Lloyd Georges.

La tragédie inaugurée en août 1914 compte
un acte de plus : les Allemands, appelés par
les Autrichiens, se sont rués sur l'armée italienne qu'ils ont refoulée, lui faisant perdre en
quelques jours le bénéfice de deux années
d'efforts. Un « lambeau » du territoire italien
est même souillé par l'envahisseur et Venise
est menacée par les modernes Barbares. A juste
titre l'Entente s'est émue, et, en même temps
que ses dirigeants envoyaient en toute hâte des
hommes et des canons au-delà des Alpes, ses
délégués, réunis à Rapallo, près de Gênes — 6 et
7 novembre 1917 — ont rapidement pris des
mesures pour parer à ce nouveau danger et
à ce qui pourrait survenir en d'autres points.
Le premier ministre anglais, M. Lloyd G., assistait au colloque et il s'est, au retour, arrêté
à Paris où il a, le 12 novembre, au cours
d'un banquet officiel, prononcé un magistral
discours qui aura un grand retentissement et

dont les conséquences peuvent être heureuses pour les défenseurs de la justice et du droit. Le ministre, rompant avec toutes les traditions diplomatiques, et au risque de scandaliser les censeurs trop sévères chargés de veiller à la bonne tenue de l'opinion, s'est attaché à dire la vérité, rien que la vérité, toute la vérité. Partant de ce fait qu'un Conseil supérieur des Alliés, « chargé de passer en revue tout le champ des opérations militaires dans le but de déterminer où et comment les ressources des Alliés peuvent être employées avec les meilleurs résultats », vient d'être créé, il a exposé les fautes commises depuis le début des hostilités et enseigné les moyens d'en pallier les fâcheuses conséquences.

L'unité de direction n'a pas existé jusqu'ici chez les Alliés, ce qui a fait que malgré la maîtrise des mers, la supériorité numérique des effectifs et du matériel, les immenses ressources économiques et financières des Alliés et enfin et surtout la justice évidente de notre cause, nous n'avons pas encore obtenu la victoire. Nos plans, péniblement élaborés, indépendants les uns des autres, n'ont jamais été mis au point après les évènements mais simplement cousus l'un à l'autre ; or, « la couture n'est pas la stratégie. »

« La guerre actuelle, a-t-il dit encore, est un siège où des nations entières, Allemagne, Autriche, sont assiégées. Malheureusement, les assiégeants, c'est-à-dire les peuples de l'Entente, ont laissé ouverte la porte de l'Orient et nos ennemis, habiles à profiter de nos fautes, ont passé par cette porte, ce qui leur a permis, après avoir écrasé la Serbie en 1915, de se ravitailler à loisir. Notre expédition de Salonique, conçue et exécutée trop tard, n'a pu prévenir ni empêcher ce désastre, non plus que la défaite roumaine en 1916. La même cause — manque d'unité de front — a fait que l'on n'a rien changé aux vieux plans quand la Russie s'est subitement effondrée en 1916 et il a fallu le coup terrible porté à nos amis d'Italie pour que nous nous décidions enfin à changer nos méthodes. Les cinquante kilomètres en-deçà de leurs lignes gagnés par les Allemands, les 200.000 hommes pris par eux et les 2.000 canons capturés nous ont enfin ouvert les yeux : c'est peut-être un heureux malheur!... « Ce sont ceux du dehors qui voient le mieux le jeu », dit un vieux dicton anglais ; aussi les Américains ont-ils bien vu et signalé dans un article récent d'un journal que « le défaut de coopération entre la France, la Grande-Bretagne et l'Italie a amené le désastre italien. » Il faut donc renoncer désormais à toute préoccupation personnelle de groupe ou de nation et organiser une action commune: « la guerre a été prolongée par le particularisme ; elle sera abrégée par la solidarité... ». Les démocraties éprouvées de la France, de la Grande-Bretagne et de l'Italie avec l'aide de la puissante démocratie de l'ouest doivent finalement remporter la victoire... Nous sommes à une des heures les plus solennelles de l'histoire de l'humanité : ne déshonorons pas cette grande heure par d'inexcusables petitesses. »

Nous admirons la « franchise peut-être brutale » avec laquelle s'est exprimé notre hôte dans ce que l'on pourrait appeler sa confession. Il a signalé des dangers auxquels il n'est que temps de parer. Mais l'Etat-major interallié, qui comptera sous peu un délégué des Etats-Unis. n'est pas autre chose qu'un instrument d'information, de préparation et de contrôle, un cerveau si l'on veut, mais non un organe de direction. S'il est vrai, comme le disait Napoléon, que délibérer est le fait de plusieurs et agir le fait d'un seul, il faut le compléter par l'unité de commandement et opposer au fameux Hindenburg, à qui tout le monde obéit chez nos ennemis, un généralissime qui dirigera les armées de l'Entente. C'est peut-être l'unique moyen d'éviter les fatales erreurs du passé et de gagner la guerre. La France, dont les enfants combattent sans trêve sur tous les champs de bataille pour la cause commune. ne pourrait-elle pas prendre l'initiative de proposer cette mesure aux Alliés ? Nul, sans doute, parmi nos amis, n'y opposerait une fin de non recevoir.

La prise de Jérusalem.

La ville sainte, berceau du christianisme et principal objectif des croisés du moyen-âge, est tombée entre les mains de l'armée anglaise commandée par le général Allenby, le 8 décembre 1917. La prise de Jaffa — 17 novembre — faisait prévoir cet évènement qui a eu un immense retentissement. Les chrétiens de toutes nuances ont manifesté la joie qu'ils en éprouvaient par des actions de grâces et des Te Deums. Le prestige des sectateurs de l'Islam en sera profondément atteint et les Juifs, désireux de se reconstituer en corps de nation, songent déjà à faire de Jérusalem, désormais affranchie du joug des Infidèles, la capitale de leur nouvelle patrie. L'occupation de Jérusalem par les troupes de l'Entente constitue, en tout cas, un succès moral qui aura certainement d'heureuses conséquences.

Déception !

A tort ou à raison, le public s'attendait, depuis quelque temps, à la signature prochaine de la paix. Le mot de « paix », revenant sans cesse sous la plume des journalistes de tous les pays, joint à l'universel désir de voir les hostilités prendre fin, avait certainement beaucoup contribué à faire naître cette croyance, que les évènements se sont chargés de démentir. Le **24 janvier 1918**, le chancelier Hertling et le comte Czernin ont, le premier en Allemagne et le second en Autriche, prononcé des discours belliqueux. Les dirigeants des puissances centrales, ne tenant aucun compte des avertissements qui, sous forme de grèves ou d'échauffourées, leur sont donnés par leurs peuples, las de la guerre, veulent la continuer. D'autre part, le Conseil supérieur de guerre interallié, composé des représentants des Etats-Unis, de

la France, de la Grande-Bretagne et de l'Italie
a. du 30 janvier au 2 février 1918, tenu à Versailles sept séances plénières au cours desquelles
des résolutions importantes ont été prises. La
Note officielle communiquée à la Presse dit
que les gouvernements alliés ont examiné « avec
le plus grand soin » les discours des deux
chanceliers et qu'ils n'ont rien pu y trouver
qui se rapprochât de « leurs conditions modé-
rées ». Leur impression a été confirmée par
le spectacle de Brest-Litowsk, où les puissances
centrales ont affecté d'abord des « fins pré-
tendues idéalistes » pour étaler ensuite des
« plans de conquête et de spoliation ». C'est
dans ces conditions, ajoute la déclaration de
Versailles, que le Conseil interallié a considéré
la continuation la plus énergique de la guerre
comme « son seul devoir immédiat ».

Tous les rêves de paix se sont évanouis à
la lecture de cette Note et la déception a été
grande, surtout dans notre Midi. Néanmoins,
après réflexion, la plupart de nos concitoyens
se sont faits de nouveau à l'idée que la guerre
ne pouvait se terminer que par la victoire des
Alliés. Mais, comme la question alimentaire
préoccupe à juste titre les populations, on s'est
dit que la continuation de la guerre ferait
hausser encore les prix des denrées et des
objets indispensables à la vie et que même
certaines choses deviendraient sous peu introuvables. On s'est donc mis dare-dare à faire des
provisions comme à l'époque de la mobilisation. en août et septembre 1914.

Il faut pourtant s'attendre à ce que les « défaitistes » reprennent de plus belle leur campagne, évidemment inspirée, sinon dirigée, par nos ennemis. Pour contre-balancer leurs menées, quelques personnes qualifiées par eux de « boutistes », c'est-à-dire partisans de la lutte jusqu'au bout, ont organisé à Nimes et dans la région une campagne de conférences qui poortera sans doute quelques fruits. (1) Tous les bons Français ont le devoir de veiller à ce que l'arrière tienne car c'est là, en effet, la condition principale de la victoire.

Brest-Litovsk.

L'Entente n'a pas à se louer des négociations engagées à Brest-Litowsk entre les maximalistes de MM. Lénine et Trotzky et les représentants des puissances centrales. Commencées le 22 décembre 1917, interrompues, puis reprises, elles se sont terminées par deux coups de théâtre. Le 9 février 1918, en effet, a été signée la paix entre la quadruplice et la république de l'Ukraine, que représente la Prada de Kiew. Le lendemain même de ce jour, les maximalistes ont réalisé le programme qu'ils désiraient en dernier lieu faire triompher à Brest-Litowsk : « Ni paix, ni guerre ! », en faisant connaître au monde, par l'organe de M. Trotzky, que la Russie ne se considérait plus comme en

---

(1) En ce qui nous concerne, nous avons fait, en 1918 et 1919, sous les auspices de l'Inspection académique et de l'Union des grandes associations contre la propagande ennemie, une vingtaine de conférences dans certaines localités du département.

état de guerre avec les puissances de la Quadruplice et qu'elle allait démobiliser, ce qui
restait de son armée. Les maximalistes souscrivent donc, et cela au profit de la dictature
militaire allemande, au démembrement de la
Russie. Mais les Allemands, gens pratiques,
n'en continuent pas moins, sous prétexte que
leurs conditions de paix n'ont pas encore été
complètement acceptées, à marcher en avant
et à occuper, dans toutes les directions, des
villes et des territoires. Les bolchevistes ont
esquissé un mouvement de défense, soi-disant
pour sauver la révolution russe, mais, incapables de tenir devant les troupes disciplinées
de l'Allemagne, ils se sont empressés de fuir
à leur approche. En présence de cette situation, les commissaires du peuple, incapables
d'action, ont informé officiellement les Allemands qu'ils avaient décidé de signer avec
eux la paix sans même examiner les clauses
du traité. Ces faits, œuvre d'une poignée d'illuminés ennemis de toute société, sont gros de
conséquences. Ils nous mettront sans doute
en garde contre les doctrines dont se réclament les révolutionnaires russes...

Nul ne se serait douté, en août 1914, que
l'alliance russe se terminerait par une aussi
infâme trahison. L'Allemagne, délivrée de tout
souci du côté du front russe, pourra, dans un
avenir prochain, non seulemnt tirer des ressources de la Russie et s'ouvrir des débouchés
vers l'Extrême-Orient, mais encore porter sur
le front occidental, les nombreuses divisions

opposées jusqu'ici à nos alliés. Ces événements
ont péniblement impressionné nos populations
du Midi. Venus juste au moment où la pénurie
de pain rend encore plus angoissant le problème, déjà si ardu, de l'existence quotidienne,
ils ont jeté le trouble dans beaucoup de cer-
veaux. Nous pensons pourtant que nos concitoyens, confiants en un gouvernement qui parle
peu mais qui agit beaucoup, et en nos alliés,
même en nos alliés japonais, reprendront courage, et, chacun dans sa sphère, accompliront,
comme par le passé, leur devoir de Français.

Un nouveau discours de M. Wilson.

Le 11 Février 1918, M. Wilson, s'adressant
aux deux Chambres des Etats-Unis réunies en
Congrès, a prononcé un discours pour répondre à ceux, tout récents — 24 janvier — du
comte Hertling et du comte Czernin. Le nouveau message du président est une nouvelle
affirmation de la solidarité des peuples qui
luttent contre le militarisme allemand. Après
avoir donné la réplique aux deux hommes
d'Etat, le président Wilson proclame que « la
paix ne peut être faite de pièces et de morceaux par des ententes individuelles entre de
puissants Etats... Ils — les Etats-Unis — ne
voient pas comment arriver à la paix tant
que les causes de cette guerre n'auront pas
été écartées, tant que son renouvellement n'aura
pas été rendu, autant qu'il se peut, impossible... » Il affirme enfin que « ce n'est pas à
la légère que nous — les Etats-Unis — sommes

entrés dans cette guerre et que nous ne pour-
rons jamais nous détourner d'une route que
nous avons choisie par principe...» Ce remarquable morceau préconise l'effort, plus que
jamais nécessaire pour obtenir la victoire ;
il constitue l'antithèse du geste russe qui permet à l'ennemi de s'introduire dans ce vaste
pays et d'y régner en maître.

A Londres et à Rome.

Le 12 février 1918, MM. Lloyd Georges et
Orlando parlant, le premier à la Chambre
des Communes, le second devant la Chambre
italienne, ont prononcé des discours en réponse
à ceux des deux chanceliers. Après avoir constaté que l'ennemi ne veut pas la paix, les
orateurs arrivent, sans s'être consultés au
préalable, à cette conclusion qu'il n'y a qu'à
continuer la guerre.

L'offensive allemande de 1918.

Le 21 mars, de la Scarpe à l'Oise, les Allemands ont furieusement attaqué les Anglais,
qui, surpris par cette ruée, ont nettement
reculé. Nos troupes sont allées au secours
de nos alliés dès le 23 et leur énergique intervention a empêché les ennemis de rompre nos
lignes au point de jonction des fronts anglais
et français, mais les ennemis avaient pénétré
jusqu'à Albert, Montdidier et Noyon. Une part
dans ce résultat est due à notre aviation qui,
opérant en masse contre l'armée allemande et
ses réserves, n'a pas peu contribué à enrayer

leur marche en avant. Grâce à cette intervention, la percée projetée n'a pu se produire et l'offensive allemande a été momentanément arrêtée. L'imminence du péril a décidé les Anglais et les Français à réaliser l'unité de commandement et le général Foch a été désigné en qualité de généralissime pour la durée des opérations actuelles — 24 mars 1918 — Peu de jours après, les Italiens ont eux-mêmes demandé à être placés sous son commandement. Le général Pershing s'est présenté au grand quartier général et il a offert au généralissime le concours de toute l'armée américaine (1). Cette démarche n'a étonné personne, tant nos alliés d'outre-mer ont à cœur le triomphe commun et leur généreuse proposition a été acceptée. Désormais, les Français, les Américains et les Italiens, confondus dans les rangs de la formidable armée alliée et dirigés par le même chef, combattront coude à coude pour la cause de la Justice et du Droit.

Les Allemands, pour affoler les populations françaises ont, à plusieurs reprises, envoyé

------

(1) « Je viens, a déclaré le général Pershing au général Foch, pour vous dire que le peuple américain tiendrait à grand honneur d'être engagé dans la présente bataille. Je vous le demande en mon nom et au sien. Il n'y a pas, en ce moment, d'autre question que de combattre. L'infanterie, l'artillerie, l'aviation, tout ce que nous avons est à vous. Disposez-en comme il vous plaira. Il en viendra encore d'autres, aussi nombreux qu'il sera nécessaire. Je suis venu tout exprès pour vous dire que le peuple américain sera fier d'être engagé dans la plus belle bataille de l'histoire. »

sur Paris leurs « Gothas » et bombardé tous
les jours la capitale avec des canons d'une
portée de 120 kilomètres, les « Berthas ». En
présence de ces graves événements, nous avons
revécu les jours sombres de Verdun. On s'est
demandé, au début de l'offensive, si les masses
ennemies, grossies de nombreux contingents
amenés du front oriental, ne parviendraient
pas à opérer une trouée et à atteindre leurs
anciens buts, c'est-à-dire Paris et la mer. Mais
nos soldats veillaient. Leur héroïsme, toujours
le même, a suffi pour arrêter l'envahisseur,
et comme sur l'Yser, comme à Verdun, si
l'ennemi a réalisé une avance considérable,
due certainement à une surprise et qui le
rapproche, hélas ! de Paris, nos lignes n'ont
pas été rompues. « Ils ne passeront pas ! »
tel est le mot d'ordre qui ne peut manquer
de nous assurer la victoire. Paris ne s'est pas
affolé et l'arrière a admirablement tenu : cette
fois encore les espoirs de nos ennemis ne se
réaliseront pas. Mais la crise n'est pas passée ;
il faut s'attendre à de nouvelles offensives. Que
néanmoins nos cœurs ne se troublent point :
considérons, au contraire, que chaque jour qui
s'écoule augmente les chances des Alliés et
diminue celles de leurs ennemis.

L'effort allemand n'était pas, en effet, arrêté :
le 9 avril, nouvelle attaque en profondeur qui
a encore valu à l'ennemi une avance considérable, toujours dans la direction de Paris. Des
localités importantes sont tombées entre ses
mains ; il s'est emparé de positions que

nous avions péniblement conquises, mais les armées alliées se sont pourtant repliées en bon ordre, défendant le terrain pied à pied, et leur faisceau n'a pas été rompu. Au bout de quelques jours, la marche en avant des armées allemandes était de nouveau à peu près arrêtée et nous obtenions même de petits succès locaux. Cependant nos ennemis, désireux d'obtenir un résultat décisif sont, après un repos relatif, revenus à la charge le 27 mai, avec leur brutalité habituelle, entre la forêt de Pinon et Reims. Cette fois, cependant, notre commandement n'a pas été surpris et les gains des assaillants sont peu importants. L'inquiétude règne quand même dans le pays et la constitution d'un « Comité de défense du camp retranché de Paris » fait dire à certains que le Gouvernement va peut-être encore abandonner la capitale pour se transporter à Bordeaux... Espérons que cette éventualité ne se produira pas.

Entre temps, les sous-marins allemands ont coulé, dans le voisinage des côtes de l'Atlantique, dans les parages de New-York, plusieurs navires américains, et les canons à longue portée, de même que les « Gothas », continuent à bombarder Paris et sa banlieue, faisant tous les jours de nouvelles victimes. Ces actes de piraterie n'amoindriront pas la résolution des Etats-Unis, au contraire, mais la France, foulée aux pieds par les hordes ennemies et sur la brèche depuis quarante-sept mois, vit de mauvais jours. L'ennemi nous guette sans cesse ; ainsi, le 9 juin, les armées

allemandes ont mené une furieuse attaque
contre nos troupes, s'efforçant, heureusement
encore en vain, d'obtenir un résultat décisif
avant que l'arrivée en masse des troupes
américaines fasse pencher la balance en notre
faveur.

Offensive autrichienne.

Dès le 15 juin, les Autrichiens ont, après
une intense préparation d'artillerie, attaqué les
troupes italiennes dans la région du plateau
d'Asiago et de l'Astico à la Piave. Celles-ci, vigoureusement soutenues par les soldats anglais
et français, ont pu résister au choc et fait
même, peu après, 3.000 prisonniers. M. Orlando,
Président du Conseil, a fait part de cette offensive à la Chambre. Ses patriotiques paroles
ont soulevé l'enthousiasme de la salle et tous
les députés, debout à leurs places, ont longuement acclamé l'armée. Sur tous les fronts,
dans le nord de la France, dans les Alpes, en
Orient, les armées alliées, convaincues de la
justice de leur cause, voient leur ardeur
renaître dans l'espoir d'une victoire prochaine.

Nouvelle poussée allemande ; nos succès.

Le 15 juillet, 1412e jour de guerre, les Allemands déclanchent, entre Château-Thierry et
l'Argonne, sur un front de 80 kilomètres, une
formidable offensive que nos excellents généraux et leurs admirables soldats parviennent

à arrêter. Trois jours plus tard, le 18 juillet, nous attaquons nous-mêmes avec vigueur sur un front de 35 kilomètres, entre le sud de l'Aisne et Château-Thierry. L'ennemi repasse la Marne en désordre laissant entre nos mains une vingtaine de villages et 10.000 prisonniers. C'est le début de la seconde bataille de la Marne qui se développe depuis avec des succès ininterrompus. Les armées alliées, supérieurement dirigées par le général Foch — récemment élevé à la dignité de maréchal de France, tandis que le général Pétain recevait la médaille militaire et le général Pershing la grand'croix de la Légion d'honneur — marchent de succès en succès. Les communiqués se succèdent apportant tous d'excellentes nouvelles. Ainsi, le 12 septembre, l'armée américaine, secondée par quelques unités françaises, s'empare du saillant de St-Mihiel, qu'elle a pu conserver, et son artillerie bombarde les forts de Metz. L'armée anglaise se distingue également par son avance pour ainsi dire quotidienne. Enfin nos troupes, dont le moral est parfait, refoulent les ennemis avec un entrain endiablé. L'armée d'Orient elle-même, se réveillant de son long sommeil, attaque vivement les Bulgares et s'empare de positions réputées imprenables... La confiance renaît parmi les nations de l'Entente, tandis que nos ennemis s'émeuvent.

Nouvelles manœuvres allemandes.

Guillaume II a prononcé à Essen, le 12 septembre, un discours par lequel, renouvelant ses mensonges, il nie une fois de plus ses responsabilités, prêche l'union sacrée et ose invoquer Dieu ! Le même jour, à Stuttgart, le vice-chancelier von Payer, parlant devant les représentants de la presse wurtembourgeoise, « essaie d'examiner l'origine et les causes de la dépression morale qui se fait indubitablement remarquer en Allemagne. » Comment s'étonner après ces deux discours, évidemment concertés, de la Note, en date du 15 septembre, par laquelle le comte Burian, chef du cabinet de Vienne, propose une sorte d'avant-congrès par la voie des puissances neutres dont chacune transmettra cette invitation à la puissance belligérante dont elle défend les intérêts en Autriche ?

A ces paroles ou écrits hypocrites les hommes d'Etat de l'Entente ont répondu victorieusement. Déjà, le 12 septembre, à Manchester, M. Lloyd Georges, répondant à ceux qui lui avaient offert le titre de citoyen de la ville, a dit que la guerre actuelle n'était pas une chose à entreprendre à moitié. Le président Wilson a tout de suite repoussé la Note autrichienne disant « qu'il n'examinera aucune proposition pour une conférence sur un sujet à propos duquel il a pris une position et une décision aussi franches. » M. Balfour, parlant le 16 septembre au déjeuner offert aux délé-

gués de la presse impériale par le *Royal
Colonial Institute*, a dit « qu'à moins que l'Allemagne ne soit préparée à envisager les problèmes qui la confrontent avec un esprit très
différent de celui qui anime ses hommes d'Etat,
toutes les conversations sont inutiles. » Le 17
septembre enfin, à l'occasion de la rentrée
du Sénat, MM. Antonin Dubost et Clémenceau
ont prononcé des discours dont on a décidé
l'affichage. Le premier a dit : « ...C'est de la
victoire des armées alliées que naîtra seulement la paix du monde ; c'est leur force
maîtresse seule qui fixera les statuts de la
future concorde internationale... » Le second
a su trouver des accents qui ont ému le Sénat
quand il a dit : « ...Que veulent-ils ? Que
voulons-nous nous-mêmes ? Combattre, combattre victorieusement et toujours jusqu'à l'heure
où l'ennemi comprendra qu'il n'y a plus de
transaction possible entre le crime et le
droit... »

Les Allemands offrent la paix
aux Belges.

Il est bon de rappeler également que le comte
Hertling et le comte Burian ont, le 23 août
dernier, par l'intermédiaire du comte Tœrring,
gentilhomme bavarois marié à une sœur de
la vaillante reine des Belges, fait offrir à la
Belgique une proposition de paix séparée que
le gouvernement de l'héroïque petit pays a
loyalement communiquée à ses alliés en leur
disant qu'elle ne comptait, évidemment, y

donner aucune suite. Voilà comment, au moment
où la force échappe à l'Allemagne, elle cherche
à se ménager des droits sur le peuple même
dont elle a piétiné tous les droits.

La capitulation bulgare.

Au début de la cinquième année de guerre
la fortune semble vouloir sourire aux Alliés
et toute une série d'événements heureux se
succèdent à de brefs intervalles. C'est d'abord
la capitulation bulgare. Le 25 septembre, un
armistice en vue de la conclusion de la paix
est demandé par les chefs de l'armée bulgare au général Franchet d'Espérey. Les parlementaires, MM. Liaptchef, Badef et le général Loukof sont reçus par le général français
à Salonique le dimanche 29 septembre. Les
négociations ne trainent pas en longueur et
les hostilités sont immédiatement suspendues.
La récente offensive des alliés — voir page 164
— préparée par le général Guillaumat durant
son court passage à la tête de l'armée d'Orient
et brillamment exécutée par son successeur,
le général Franchet d'Espérey, porte enfin ses
fruits : le bloc des puissances centrales s'effrite.

Succès en Palestine.

En Palestine, l'armée du général Allenby
anéantit, en septembre, deux armées turques
et s'empare de la plus grande partie du pays:
Damas, capitale de la Syrie, tombe aux mains
des armées anglo-françaises le 3 octobre et
le 7 la flotte française fait son entrée dans

le port de Beyrouth que nos troupes de terre
devaient occuper le 29. Nous sommes loin de
l'époque où le canal de Suez et l'Egypte
étaient fortement menacés par les armées otto-
manes : il est évident que la Turquie va être
acculée à la paix.

Les nouveaux crimes allemands.

Sur le front occidental, notre marche en
avant se poursuit sans interruption malgré
la résistance de l'ennemi : des villes telles
que Montfaucon, St-Quentin, Lens, Armen-
tières, Vouziers, Douai, Laon, Cambrai et de
grandes étendues de pays sont réoccupées par
les troupes alliées. Mais les Allemands, fidèles
à leur tactique de destruction systématique,
ne laissent derrière eux que des ruines fumantes
et des champs dévastés. Les mines du Nord,
dont la France s'enorgueillissait à juste titre,
les voies ferrées, les ouvrages d'art, les arbres
même, tout est détruit sans nécessité aucune
dans l'intention avérée de laisser ces malheureuses régions dans l'impossibilité absolue de
se relever avant de longues années. Ils n'épar-
gnent même pas les hôpitaux et emmènent
avec eux, outre le produit de leurs vols, des
troupeaux de captifs et des otages. Ces crimes,
commis contrairement au droit des gens, ont
profondément ému l'opinion en France, et
notre Gouvernement, s'en faisant l'écho, a
conçu le projet de justes représailles à exercer
contre les modernes Huns. Dans une lettre
adressée le 4 octobre par M. Clémenceau à

M. Margaine, député de la Marne, il est dit:
«...Le sang, les ruines et l'incendie que l'ennemi
laisse derrière lui ouvrent une créance dont il
sentira bientôt le poids. L'Allemagne a contracté
de ce fait, envers nous, depuis cinquante mois,
une dette écrasante. J'ai dit qu'elle sera payée.
Nous avons saisi les divers gouvernements
alliés de cette question qui aura sa juste place
au jour du règlement des comptes. »

Remaniements ministériels en Allemagne.

L'Allemagne, pivot de la coalition et cause
de tout le mal, est cependant inquiète et
même troublée à l'intérieur. Ses dirigeants,
désirant sans doute donner le change à l'opinion des pays alliés, ont choisi comme successeur du chancelier Hertling, démissionnaire, le
prince Max de Bade, connu par certain discours humanitaire et pacifique prononcé le
14 décembre 1917, qui a cru devoir s'entourer
de quelques socialistes, entr'autres du fameux
Scheidemann. Mais nul ne se laissera prendre
à cette comédie : les idées et les procédés
allemands ne peuvent guère changer, et à
plus forte raison, s'améliorer. S'il faut en
croire certains journalistes qui ont observé de
Suisse ou d'ailleurs la situation intérieure
de l'Allemagne, les dires de certains prisonniers allemands et le contenu de lettres trouvées sur d'autres, la population civile est,
là-bas, profondément déprimée et elle soupire
vivement après la paix ; c'est ce qui explique

le coup de théâtre qui a pour ainsi dire éclairé
d'un jour nouveau la marche des événements.

La première Note allemande.

Le 6 octobre 1918, en effet, le chancelier
Max, prince de Bade, a transmis au président
Wilson, par l'intermédiaire du chargé d'affaires
suisse à Washington, une Note par laquelle
le gouvernement allemand le prie de « prendre les mesures propres à restaurer la paix »
et « d'amener la signature immédiate d'un
armistice général sur terre, sur l'eau et dans
les airs. » Il est dit ensuite que l'Allemagne
— de même que ses alliées l'Autriche-Hongrie
et la Turquie — peut « admettre comme base
des négociations le programme de paix générale en 14 articles que M. Wilson a exposé
dans son message au Congrès du 8 janvier
et dans des manifestations ultérieures, notamment dans le discours qu'il prononça à New-
York le 27 septembre. »

Ce document a produit chez tous les belligérants une sensation énorme et la presse
du monde entier l'a commenté avec passion.
Il est la preuve manifeste que les puissances
centrales sont à bout de souffle et qu'elles
estiment la victoire sur l'Entente désormais
impossible. Dans notre ville, d'aucuns se sont
écriés après l'avoir lu : « C'est la paix à brève
échéance ! » tandis que d'autres, en plus petit
nombre, il est vrai, mais plus réfléchis, se
sont contentés de dire : « La Note constitue
bien, de la part de nos ennemis, un aveu

d'impuissance dont nous nous réjouissons à juste titre, mais souvenons-nous de nous défier de la duplicité de la diplomatie allemande. » Le lendemain, 7 octobre, le ministre de Suède à Washington a remis au président Wilson une Note émanant du gouvernement austro-hongrois et conçue dans le même esprit.

Première réponse de M. Wilson.

La réponse ne s'est pas fait attendre ; elle constitue simplement une demande d'explications. Dans sa Note du 8 octobre, M. Robert Lansing dit que le président Wilson, avant de répondre, « estime nécessaire de s'assurer de la signification exacte de la Note du chancelier impérial. » Il demande d'abord si le gouvernement allemand accepte purement et simplement les conditions posées par lui dans ses discours ; il déclare ensuite qu'aucun armistice ne peut être accordé « aussi longtemps que les armées des puissances centrales sont sur le sol des gouvernements associés » ; il désire enfin savoir si le chancelier « parle simplement au nom des autorités constituées de l'Empire qui, jusqu'ici, ont conduit la guerre. »

Cette prudente réponse ne doit pas étonner de la part d'un homme tel que le président Wilson qui, dans la déclaration qu'il a publiée à l'occasion de la campagne du quatrième emprunt de guerre, écrivait cette phrase : « Aucun événement ne nous permet avec sécurité de faire autre chose que de pousser notre effort dans toute la mesure possible. »

Deuxième Note allemande.

Mis ainsi en demeure de s'expliquer, le gouvernement impérial allemand l'a fait par une nouvelle Note, datée du 12 octobre 1918 et signée, non point cette fois par le chancelier Max, mais par le Secrétaire d'Etat aux Affaires étrangères, Solf. La forme en est soumise, puisque l'Empire avoue notre victoire, mais le fond est retors, en ce sens que l'Allemagne tâche d'esquiver toutes les conséquences de sa défaite. Elle accepte, en effet, les « points » du président, non comme des « conditions », mais comme des « bases » ; elle a ensuite l'air de croire que le président intervient comme un arbitre étranger à la querelle pour mettre tout le monde à la raison ; enfin, elle demande sans rougir « la réunion d'une commission mixte qui serait chargée de passer les accords nécessaires en vue de l'évacuation », mettant tous les belligérants sur un même pied d'égalité. Un mensonge couronne l'œuvre, le secrétaire prétendant parler « au nom du gouvernement et du peuple allemand...» Ainsi présentée, la réponse allemande ne satisfera certainement pas celui à qui elle est destinée.

Deuxième réponse de M. Wilson.

M. Lansing a, le 14 octobre, par ordre du président et toujours par la voie de la légation suisse, répondu une seconde fois au gouvernement impérial allemand.

Ce nouveau document, très clair de forme

et très ferme de ton, peut se résumer ainsi :
1º Le mode d'évacuation et les conditions d'un
armistice doivent être laissés à l'appréciation
des conseillers militaires des alliés dont les
armées sont en état de supériorité. 2º Les
alliés ne « consentiront à envisager un armistice aussi longtemps que les forces armées
de l'Allemagne continueront de se livrer aux
pratiques illégales et inhumaines dans lesquelles elles persistent. 3º Les Alliés sont décidés à réduire à une virtuelle impuissance
tout pouvoir arbitraire — en l'espèce le gouvernement allemand actuel — susceptible de
troubler la paix du monde. 4º Ils veulent des
garanties sérieuses et désirent savoir, encore
une fois, à qui ils ont affaire. », Il est dit à la
fin que le Président fera une réponse séparée
au gouvernement impérial et royal d'Autriche-
Hongrie.

Cette réponse a été unanimement approuvée
par les Alliés ; par contre, elle a produit en
Allemagne un vif mécontentement et même,
chez quelques-uns, un profond découragement.

Le 14 octobre, par l'entremise du gouvernement espagnol, la Turquie a fait parvenir
au président Wilson une demande d'armistice
et de paix à peu près semblable à celle for-
mulée par l'Allemagne le 6 octobre. Ces
diverses tentatives montrent combien les puissants sont flattés par ceux qui désirent s'en
faire des auxiliaires...

En Autriche-Hongrie.

Les victoires des armées de l'Entente ont jeté le désarroi chez les centraux ; ainsi, la Hongrie, désirant ne plus être étroitement attachée à l'Autriche, vient de proclamer son indépendance. L'empereur Charles, ne pouvant empêcher le mouvement séparatiste qui se dessine parmi les nationalités hétérogènes de son vaste empire, essaie de le pallier en publiant, à la date du 16 octobre 1918, un manifeste dans lequel il dit que « l'Autriche doit devenir, conformément à la volonté de ses peuples, un Etat confédéral dans lequel chaque nationalité formera sur le territoire qu'elle habite son propre organisme constitutionnel. » L'Autriche des Habsbourgs deviendrait donc un Etat fédératif !...

A la Chambre française.

Cependant nos magnifiques armées, supérieurement dirigées par le maréchal Foch, font tous les jours des progrès considérables sur notre front. A la Chambre française, le 18 octobre, M. P. Deschanel, dans un discours éloquent et ému, annonce à ses collègues que Lille, Douai, Ostende et Bruges viennent d'être délivrées et il proclame que « bientôt le dernier soldat allemand aura quitté la France. » M. Clémenceau prend ensuite la parole : « Je viens, dit-il, d'apprendre que Roubaix et Tourcoing sont à leur tour délivrées...» Et poursuivant : « Nous avons combattu pour notre droit et nous voulons notre droit tout entier.

avec les garanties nécessaires contre le retour offensif de la barbarie...» Les députés, debout à leurs bancs, applaudissent frénétiquement ; la séance est impressionnante et la joie épanouit tous les cœurs. MM. Delory et Ragheboom, députés du Nord, qui avaient été internés à Lille jusqu'à hier, font à leurs collègues, au cours de la séance du 22 octobre, le récit des souffrances physiques et morales endurées par la population civile durant l'occupation allemande.

Le nouveau gouvernement tchéco-slovaque.

Les peuples opprimés, encouragés par les succès des soldats de l'Entente, qui combattent pour le triomphe du droit, se hâtent de proclamer leur retour à la liberté. Par décision du 24 septembre 1918, un gouvernement tchéco-slovaques groupant les Slovènes, les Croates et les Serbes, s'est constitué sous la présidence de M. T. G. Masaryk et a choisi comme siège provisoire Paris. Son ministre des Affaires étrangères, M. Bones, a écrit à M. Pichon pour lui notifier cette décision et l'informer que, « le gouvernement provisoire national assume désormais la direction des destinées politiques des pays tchèques et slovaques et comme tel entre officiellement en rapport avec les Alliés. » Notre ministre des Affaires étrangères lui répond que c'est « avec un sentiment de profonde satisfaction qu'au nom du gouvernement de la République, il reconnaît officiellement le gouvernement provisoire des pays tchéco-slovaques ». (1).

Réponse de M. Wilson à l'Autriche.

Le président Wilson, dans sa réponse à l'Autriche en date du 18 octobre 1918, fait allusion à cet évènement et termine en disant que « ce sont les peuples et non pas lui qui devront juger de quelle manière une action du gouvernement austro-hongrois pourra satisfaire leurs aspirations et leur conception de leurs droits et de leur destinée comme membres de la famille des nations. »

Troisième Note allemande.

L'Allemagne, par l'organe du sous-secrétaire d'Etat Solf et l'intermédiaire de la Suisse, a répondu, le 20 octobre, à la note du Président Wilson datée du 14 du même mois. Voici les principaux éléments de cette réponse. Pour ce qui a trait à l'évacuation et à l'armistice, le gouvernement allemand s'en rapporte au président Wilson qui « n'approuvera aucune exigence inconciliable avec l'honneur du peuple allemand et la préparation d'une paix de justice. » Quant aux actes illégaux et inhumains commis par ses armées dans leur retraite et par ses sous-marins, il les nie énergique-

---

(1) Voir dans les grands journaux de Paris du 18 octobre 1918 la déclaration d'indépendance, qui a été rédigée et signée à Zagreb (Agram), le 24 septembre et lue au Parlement autrichien le 2 octobre par le député Karosec, prêtre catholique romain, leader des Jungo-Slaves.

ment et il propose « de faire éclaircir les faits par une commission neutre. » Pour ce qui regarde le gouvernement de l'Allemagne, l'auteur de la Note entre dans des explications diffuses et il déclare que grâce à « un changement essentiel qui a été apporté à l'ancienne situation, le gouvernement actuel est formé en complet accord avec les désirs de la représentation populaire. » Enfin, il conclut en affirmant que « l'offre de paix et d'armistice vient d'un gouvernement qui, libre de toute influence arbitraire irresponsable, est soutenu par l'assentiment d'une énorme majorité du peuple allemand. » Ce document donne la mesure de la duplicité de la diplomatie allemande ; c'est un tissu de mensonges et un monument d'hypocrisie. Un haut fonctionnaire anglais le qualifie de « perfidie mal camouflée. »

Au Sénat français.

Au Sénat, au début de la séance du mardi 22 octobre, M. Antonin Dubost, Président, faisant allusion à cette réponse, demande à ses collègues, au nom de nos morts, « de faire rendre à la victoire toute sa force de châtiment et de réparation. » M. Pichon, ministre des Affaires étrangères, prenant la parole après lui, flétrit avec indignation « les crimes dont l'ennemi sans foi ni loi s'est rendu coupable et qu'il répudie aujourd'hui énergiquement dans sa défaite pour essayer de se soustraire à leur expiation. »

Après eux, MM. Hayez, Boudenoot, Bersez, Monfeuillart, Debierre, sénateurs de la région du Nord, montent à la tribune et redisent les souffrances endurées par leurs compatriotes et les atrocités commises par les Barbares. Le Sénat vote ensuite, à l'unanimité, la motion suivante, déposée par M. Hayez : « Le Sénat charge ses Commissions des finances, de l'armée, de la marine et des affaires étrangères de désigner des délégués chargés de constater l'état dans lequel les villes occupées par les Allemands ont été laissées par eux à leur départ » et il renvoie à l'examen des bureaux la proposition ci-dessous, émanant de M. Boudenoot : « Une Commission sera chargée d'examiner tous les projets et propositions concernant les questions minières. »

Troisième réponse de M. Wilson à l'Allemagne.

Le président Wilson a fait répondre par M. Lansing, le 23 octobre, à la Note allemande du 21 octobre. Ce document peut se résumer en quelques mots : la parole est maintenant aux généraux. Le Président transmet aux Alliés la correspondance échangée avec le gouvernement allemand ; le problème quitte donc le domaine des controverses pour se transporter dans le domaine des faits. M. Wilson ne s'oppose pas à l'armistice si toutefois les militaires le jugent opportun, mais il faudra que l'Entente s'assure « un pouvoir illimité en vue de sauvegarder et d'imposer les détails

de la paix à laquelle le gouvernement allemand a consenti...» Il ajoute que « s'il doit
traiter avec les maîtres militaires et avec les
autocrates monarchiques de l'Allemagne, ou
s'il y a des chances pour qu'il y ait à traiter
avec eux plus tard au sujet des obligations
internationales de l'empire allemand, le gouvernement des Etats-Unis doit exiger, non des
négociations de paix, mais une capitulation...».
C'est un véritable ultimatum adressé aux dirigeants allemands.

Réponses de l'Allemagne
et de l'Autriche-Hongrie.

Séparément, mais simultanément, l'Allemagne
et l'Autriche-Hongrie ont jugé bon de répondre à cette réponse. Elles l'ont fait le 28 octobre. M. Solf répond vaguement au document
américain et conclut de façon hypocrite en
disant qu'il attend « les propositions pour un
armistice. » Le comte Andrassy, lui, affecte de
parler au nom de l'Autriche-Hongrie, alors
que l'Autriche est en pleine décomposition et
la Hongrie en pleine révolution, et il annonce
que la monarchie des Habsbourgs est prête à
entrer en pourparlers « sans attendre les résultats d'autres négociations. » C'est l'acceptta-
tion des conditions du président Wilson et aussi
le déchirement de l'Alliance austro-allemande.

Situation troublée
en Autriche-Hongrie et en Allemagne

L'Empire des Habsbourgs s'effrite de plus
en plus : voici que les Tchèques ont constitué
à Prague un Etat indépendant, tandis que
les Allemands de Bohême, par la voix de
leurs représentants réunis à Aussig, demandent
à être incorporés à l'Allemagne... La réalisation de ce vœu — les Allemands d'Autriche
sont au nombre de dix millions — constitue-
rait un obstacle sérieux au maintien du futur
équilibre européen. Pendant ce temps, l'Allemagne, sous la pression des évènements,
essaie, grâce à quelques changements de pure
forme dans son gouvernement, de faire croire
au monde qu'elle se démocratise. Le général
Ludendorff, « à bout de nerf », avait insisté
auprès du gouvernement pour qu'il demande
l'armistice ; il s'était peu après ressaisi, mais
devant l'impossibilité de le faire revenir sur
sa décision, il s'était décidé à s'en aller. Le
peuple commence à ne plus avoir foi en
ses idoles et d'aucuns envisagent même l'abdication du Kaiser. Par contre Liebneckt, le
fameux socialiste, que l'on avait emprisonné,
a été remis en liberté.

L'Armistice avec la Turquie.

La Turquie, à bout de forces, s'adresse à
M. Wilson par l'intermédiaire de l'Espagne,
pour le prier d'intervenir auprès des Alliés
pour arrêter les hostilités. Le 31 octobre,

M. Lansing lui répond que le Président porte cette communication à la connaissance des gouvernements en guerre avec la Turquie. Mais les Ottomans tenaient réellement à la paix : le 31 octobre, en effet, à la Chambre, M. Georges Leygues déclare qu'à la demande de la Turquie un armistice, qui entrera en vigueur ce même jour à midi, a été signé hier à Moudros par le vice-amiral Calthorpe, représentant les Alliés, et les plénipotentiaires turcs. Les clauses comprennent 25 articles. Il est stipulé entr'autres conditions que « le libre passage pour les flottes alliées jusqu'à la mer Noire » est accordé, de même que « l'occupation des forts des Dardanelles et du Bosphore » et le « rapatriement immédiat de tous les prisonniers de guerre alliés... »

L'Armistice avec l'Autriche-Hongrie.

L'Autriche-Hongrie, ou plutôt ce qui subsiste encore de cet empire hétérogène qui se disloque de toutes parts, a, dès la fin octobre, demandé aux Alliés un armistice dont le Conseil supérieur de guerre siégeant à Versailles a arrêté les termes le 31 octobre. Le général Diaz et un amiral anglais ont été chargés des négociations qui, du reste, n'ont pas traîné malgré la dureté des conditions imposées aux vaincus. A l'heure qu'il est, l'Allemagne se trouve seule en armes en face des Alliés.

La séance du 5 novembre 1918 à la Chambre.

Cette séance a été impressionnante, M. Deschanel, après avoir rappelé la défection des Bulgares, des Turcs et de l'Autriche-Hongrie, célèbre l'héroïsme serbe et italien et salue la venue à la liberté des Yungo-Slaves, des Polonais, des Tchèques, des Slovaques et des Roumains. M. Pichon, ministre des Affaires étrangères, trace à grands traits, le tableau des mémorables évènements qui viennent de s'accomplir. M. Clémenceau, Président du Conseil, Ministre de la Guerre, monte enfin à la tribune. Avant même qu'il ouvre la bouche, les députés se lèvent à leurs bancs et l'acclament longuement. M. Clémenceau, très ému, rappelle la récente conclusion des armistices et annonce que le Conseil supérieur interallié de Versailles, dont les travaux viennent de prendre fin, a fixé les termes d'un armistice réclamé par l'Allemagne qui sera communiqué à M. Wilson, lequel le transmettra, s'il le juge à propos, au gouvernement impérial qui, à son tour, devra s'entendre avec le maréchal Foch. L'orateur, après avoir affirmé que la victoire était désormais certaine, rend un solennel hommage à ceux qui, comme Gambetta et ses collaborateurs, « furent, il y a cinquante ans, les initiateurs et les metteurs en œuvre de l'immense tâche qui s'achève en ce moment. » Une formidable ovation est alors faite à M. Clémenceau qui parle ensuite de l'œuvre de demain, de nos héroïques soldats, de la solidarité des Alliés dans la paix, enfin de l'union qui doit régner désormais entre Français. Il faut souhaiter que ces nobles paroles soient entendues et que la guerre ait au moins ce résultat de faire oublier à nos concitoyens leurs anciennes divisions. L'affichage des trois discours a été ordonné.

La séance du 7 novembre au Sénat.

Cette séance a eu son pendant le surlendemain au Sénat. Le Président, M. Antonin Dubost, et M. Pichon prononcent des discours qui sont un éloquent hommage à nos Alliés, à nos soldats et à leurs chefs. Le Sénat adopte ensuite, par acclamation, une loi proclamant que « les armées et leurs chefs, le gouvernement de la République, le citoyen Georges Clémenceau, le maréchal Foch, ont bien mérité de la Patrie. »

La réponse de M. Wilson à la demande d'armistice de l'Allemagne.

(Washington, 5 novembre 1918).

M. Lansing rappelle que le président Wilson a transmis « sa correspondance avec les autorités allemandes aux gouvernements avec lesquels le gouvernement des Etats-Unis est associé comme belligérant et qu'aujourd'hui il communique le « mémorandum d'observations » qu'il en a reçu au gouvernement impérial. »

Les gouvernements alliés se déclarent disposés,
sous réserve de deux observations, « à conclure
la paix avec le gouvernement allemand aux
conditions posées dans l'adresse du Président
au Congrès le 8 janvier 1918, et selon les
principes énoncés dans ses déclarations ultérieures. » La première observation concerne
la « liberté des mers », conçue par l'amirauté
allemande comme un moyen d'employer les
Etats-Unis à amoindrir la puissance navale
de l'Angleterre, et d'utiliser ensuite l'affaiblis-
sement de cette dernière puissance pour préparer plus à l'aise une nouvelle guerre d'agression, à la fois continentale et coloniale. La
seconde observation implique la « compensation totale des dommages. » M. Clémenceau
n'avait-il pas dit, le 17 septembre : « Le plus
terrible compte de peuple à peuple s'est ouvert.
Il sera payé » ? Cette juste revendication est
désormais inscrite à la suite des autres. Les
interprétations fantaisistes de l'Allemagne ne
seront donc plus admises et le prochain Congrès
de la Paix accomplira son œuvre en toute
connaissance de cause. En attendant, c'est au
maréchal Foch que devra être adressée la
demande d'armistice de l'Allemagne.

Un nouveau message de M. Wilson.

A la date du 8 novembre, M. Lansing, au
nom du Président, rappelle au gouvernement
allemand sa Note du 20 octobre annonçant
que des instructions avaient été données aux
troupes leur ordonnant « d'épargner la pro-

priété privée et de prendre soin de la population le mieux possible. » Ces instructions ayant
été violées en France par les armées allemandes,
le Président « élève une protestation énergique
contre les mesures projetées par les autorités
allemandes, de la conduite desquelles le gouvernement allemand est entièrement responsable. » Les Allemands ne pouvant se départir
de leurs habitudes de pillage et de cruauté,
il était nécessaire qu'une voix autorisée les
rappelât à l'ordre.

Vers la capitulation de l'Allemagne.

L'Allemagne, abandonnée successivement par
tous ses alliés, se voit menacée à l'intérieur
de troubles semblables à ceux qu'elle s'est
efforcé de susciter et d'encourager chez ses
ennemis, notamment en Russie, D'autre part,
ses armées d'occident, sans cesse refoulées,
courent le risque, si les hostilités se prolon-
gent, de subir une irréparable défaite.

L'Armistice du 11 novembre 1918.

En présence de ces faits, le gouvernement
allemand a désigné des délégués — général
d'infanterie von Gündell, secrétaire d'Etat Erz-
berger, ambassadeur comte Oberndorf, général
von Winterfeld, capitaine de vaisseau Danselow
— qui, partis de Spa, siège du grand état-
major allemand, sont arrivés le 8 novembre,
à 13 heures 50, au quartier général du maréchal
Foch, dans la forêt de Laigne. Le généralissime

les reçoit dans le wagon spécial attaché à son
train. Les délégués ont, disent les dépêches,
formellement demandé un armistice. On leur
a lu le texte des conditions des Alliés et on
leur en a remis copie. Les délégués ont ensuite
sollicité une suspension d'armes qui leur a
été refusée. Un délai de 72 heures leur a été
imparti pour répondre... Cette démarche, qui
a dû coûter beaucoup à l'orgueil allemand,
annonce la fin prochaine de la guerre, et, à
ce titre, elle a été accueillie avec joie en France
et dans les pays alliés. Le cauchemar que
l'Allemagne a fait trop longtemps peser sur
le monde commence à se dissiper et l'on entre-
voit l'aurore de temps meilleurs.

L'abdication de Guillaume II

Le Chancelier Max de Bade, dans une proclamation datée du 9 novembre, annonce au
peuple allemand que « l'empereur et roi a
décidé d'abdiquer. » Le Kronprinz et le duc
de Brunswick, gendre de l'empereur, renon-
cent également au trône, et une Assemblée
constituante, que l'on va élire, « aura pour
tâche de déterminer définitivement la constitution future du peuple allemand. » Le chancelier est lui-même démissionnaire et il propose le député Ebert pour le remplacer.

Ainsi, l'homme néfaste qui a certainement
le plus contribué à déclencher la guerre, en
1914, et qui rêvait de devenir le maître de
l'univers, perd sa couronne, et il assistera
peut-être, impuissant, au démembrement de son

Empire. Les rois qui soutenaient sa politique — Constantin de Grèce, Ferdinand de Bulgarie — ont perdu leur couronne dans cette terrible aventure. Le tsar Nicolas lui-même, qui avait, par faiblesse plutôt que par félonie, laissé se nouer autour de lui des intrigues coupables, a dû descendre de son trône et quelques mois plus tard des scélérats l'ont lâchement assassiné de même que les membres de sa famille. Tous les petits potentats allemands, suivant l'exemple de leur kaiser, se hâtent d'abandonner leurs capitales et de s'enfuir au loin. Le comte Tisza tombe sous les coups d'un assassin... Ce sont là de sombres tragédies dont la soudaineté affole l'imagination et que notre poète national semblait prévoir lorsqu'il écrivait :

« ... On allait en avant !
« Et l'un offrait la paix, et l'autre ouvrait ses portes.
« Et les trônes, roulant comme des feuilles mortes,
« Se dispersaient au vent ! » (1).

Le retour de l'Alsace-Lorraine à la France.

L'armistice, signé le 11 novembre, stipulait dans son article II-A que l'Alsace et la Lorraine seraient évacuées par l'ennemi dans un délai de quinze jours : c'était la fin de l'occupation allemande qui avait duré quarante-sept ans. A cette nouvelle, la France entière tressaille d'allégresse et Paris voit se dérouler,

____

(1) Victor-Hugo : *Les Châtiments.*

le dimanche 17 novembre, au milieu d'un
enthousiasme indescriptible, une manifestation
nationale en l'honneur de nos provinces retrouvées. Les pouvoirs publics y prennent part
et M. Poincaré, Président de la République,
prononce du haut d'une tribune dressée à
côté des statues de Strasbourg et de Lille,
la première enfin débarrassée de son voile de
deuil, un magistral discours où il dit que ces
deux provinces sont redevenues françaises
grâce à l'héroïsme de nos armées, c'est entendu,
mais aussi « de par la volonté de ceux des
enfants du pays qui ont eu la tristesse de
quitter leurs foyers envahis, de par la volonté
de ceux qui sont restés là-bas pour y protéger, dans le secret des familles, les traditions
françaises et y entretenir jalousement la sainte
flamme du souvenir...» (1).

Nos troupes se répandent immédiatement
en Alsace et en Lorraine et les populations
les accueillent comme des libérateurs. Elles
entrent à Mulhouse le 17 novembre, à Metz
le 19, à Neuf-Brisach et à Huningue le 21,
à Colmar le 22, à Strasbourg le 25...

Le Gouvernement, la Représentation nationale, les Ambassadeurs des puissances alliées
accomplissent quelques jours plus tard un
voyage dans nos provinces retrouvées dont
les principales étapes furent Metz, Strasbourg,
Colmar et Mulhouse. Ils y ont vécu, selon

____

(1) Discours de M. Poincaré, Président de la République,
publié par le *Bulletin de l'Union des Grandes Associations.*

les propres expressions de M. Deschanel, « les plus grandes heures que les hommes aient jamais vécues », au milieu de ces gracieuses théories de jeunes filles, aux costumes pittoresques et exquis, encore embellies par l'allégresse de la délivrance ; ces mères en deuil dont parfois un fils a péri dans l'armée française et un autre dans l'armée allemande, et que nous avons vues à genoux devant la France qui passait...» (1) Ce qui s'est accompli en ces jours, disait du haut de la tribune de la Chambre. M. G. Clémenceau, dépasse tout ce que l'histoire, en ses plus formidables aventures, a jamais pu enregistrer de grandeur... Je voyais les vieux et les vieilles, qui n'avaient plus qu'un souffle, lever leurs mains tremblantes et crier : « La France ! la France ! la France ! » Et le reste s'étranglait dans un sanglot... J'ai vu encore, disait-il, dans un petit village, au milieu d'un groupe de vieillards et d'enfants, une vieille bonne sœur, baissant les yeux sous sa coiffe, qui chantait la *Marseillaise* comme elle l'aurait fait d'un hymne, comme elle aurait dit une prière: — admirable ferveur d'union...» (2) En présence de cette ferveur patriotique, de cet enthousiasme délirant, M. le Président de la République et M. le Maire de Strasbourg pouvaient dire, aux acclamations enthousiastes des foules accourues de toute l'Alsace et de toute la

____

(1) Discours Deschanel à la Chambre, le 11 décembre 1918.

(2) id. Clémenceau, id. id.

Lorraine : « Le plébiscite, le voilà ! Le plébiscite est fait ! » Nos chères provinces font
bien de nouveau partie intégrante de notre
Pays et il ne nous reste qu'à leur donner,
suivant les propres paroles de M. Antonin
Dubost, Président du Sénat, « une bonne administration et la sécurité. » (1).

FIN DE LA PREMIÈRE PARTIE

---

(1) Discours de M. Dubost au Sénat, le 17 décembre 1918.

DEUXIÈME PARTIE

PETITS TABLEAUX

L'Enthousiasme du début.

L'annonce de la mobilisation générale, pourtant attendue depuis quelques jours, a plongé les Nimois dans une sorte de stupeur. Les souvenirs de la Guerre de 1870 remontent à tous les esprits et l'on se demande non sans angoisse ce qui va advenir d'un nouveau choc avec nos terribles vainqueurs. On s'endort le samedi 1er août sur cette pénible impression. Les journaux du lendemain sont fiévreusement dévorés et le ton de leurs articles, bien différent de celui auquel ils nous avaient, hélas ! habitués, répand dans les âmes un réconfort nécessaire. La France, disent-ils, veut en finir avec une politique de coteries, de suspicions, de haines et de représailles. Elle a soif d'apaisement et elle veut que tous les partis se réconcilient en face de l'ennemi commun dans un large programme national... Si cet élan pouvait durer, si la guerre amenait ce résultat naguère si peu espéré, on en redouterait moins les calamités ! Déjà l'accueil enthousiaste fait par les Parisiens au Président de la République revenant de son voyage brusqué aux cours du Nord, le 29 juillet, fait bien augurer de l'avenir ; l'inoubliable séance du 4 août, au Parlement, met comme le sceau à l'union de tous les Français.

Les autorités militaires commencent leurs préparatifs avec une fiévreuse activité et prennent tout de suite la direction des services que leur confie l'état de siège. Les casernes sont évacuées pour recevoir les mobilisés et l'on se hâte de mettre en état les divers locaux affectés à l'avance à la mobilisation. Les second et troisième jour les hommes du premier ban arrivent en foule et l'on en rencontre en ville de longues théories se rendant aux lieux de concentration. L'ardeur, la résolution se lisent sur les visages de ces hommes qui ont courageusement quitté leurs foyers pour courir défendre la Patrie traîtreusement attaquée.

Le matin du 5 août, le colonel du 40e passa en revue, au Polygone, son régiment au grand complet. Le retour des troupes s'effectua vers les 9 h. 1/2 par la rue d'Avignon et le boulevard Amiral-Courbet. Parvenue à la hauteur du café Tortoni, la compagnie escortant le drapeau s'arrête face à la chaussée et le régiment défile aux accents de la marche de Sambre-et-Meuse exécutée par la musique militaires. Les hommes présentent les armes et les officiers saluent de l'épée. La foule, très dense, fait une chaleureuse ovation à nos soldats ; l'émotion étreint les cœurs : le spec-

tacle est impressionnant. Le drapeau est ensuite
déposé avec le cérémonial habituel à l'Hôtel
du Midi, où loge le colonel. Là, les acclamations reprennent de plus belle.

A 8 heures du soir, le régiment se dirige
vers la gare escorté par la population. Le
départ du noyau principal, cantonné à la maison des Assomptionnistes, est le prétexte d'une
manifestation patriotique touchante au cours
de laquelle on eût pu voir l'Evêque coudoyer
fraternellement le Préfet, le président du Consis-
toire protestant, le rabbin et les notabilités
républicaines. Touchant accord, dont on ne
peut que souhaiter la durée! Vers les dix
heures, le train quitte la gare emportant à
la frontière notre beau régiment. Quel sort
un prochain avenir réserve-t-il à nos braves
soldats ?

Le 117e territorial quitta notre ville le lendemain, à midi, sous un soleil de plomb, se
dirigeant vers la Côte d'azur ; le 240e, dou-
blure du 40e, se mit en route à pied le 8, à
5 heures du matin, dans la direction d'Avignon.
Les hommes, en tenue de campagne, avaient
l'arme à la bretelle avec, piquée au bout du
canon, une fleur ou un brin de verdure,
don pieux de nos jeunes filles aux futurs
combattants.

Durant la période de la mobilisation, les
trains militaires traversent notre gare sans
interruption et le jour et la nuit. Le public,
toujours nombreux le jour, massé sur la
Place de la gare et le long du viaduc, acclame

frénétiquement les soldats qui répondent par des couplets de la *Marseillaise* et du *Chant du départ*. L'enthousiasme règne partout et il augmente encore quand on apprend que l'Angleterre, indignée de la violation de la neutralité du Grand Duché de Luxembourg et de la Belgique par les Allemands, est entrée dans la lutte. Comment ne pas vaincre, pense-t-on, quand nous avons à nos côtés l'immense Russie avec ses inépuisables réserves d'hommes, et la superbe marine de l'Angleterre, qui en a fait la reine des mers ! Ce sera la légitime revanche de 1870 et déjà l'on espère que l'Alsace et la Lorraine vont redevenir françaises... Un soldat de la section des mitrailleuses ne disait-il pas, en s'adressant aux curieux massés sur les trottoirs : « Nous allons *sulfater* à Berlin ! » La boutade n'était pas mauvaise, attendu que le mitrailleur, précédé de son mulet chargé de l'engin, ressemblait à s'y méprendre à un paisible vigneron se rendant à sa vigne pour la sulfater... Pourtant, les propos de ce genre sont rares et ceux d'entre les Nîmois qui ont connu nos revers de l'année terrible se montrent circonspects, donnant ainsi un excellent exemple : il ne faudrait pas, par trop d'outrecuidance, s'aliéner la Fortune...

En ville, l'animation est extraordinaire. Les murs se couvrent d'affiches : proclamations du Gouvernement, arrêtés du Préfet et du Maire, avis de la Place. De grands tableaux noirs, enlevés à la salle des examens et fixés à la

grille de la Préfecture, reçoivent, écrites à la
main, les dépêches officielles qu'un public nombreux lit et commente ; quelques personnes
en prennent même copie.

Les esprits sont tellement préoccupés par
l'idée de la guerre que l'acquittement de
Mme Caillaux et l'assassinat du député Jaurès,
évènements qui, à toute autre époque eussent
passionné l'opinion, passent pour ainsi dire
inaperçus.

On apprend peu après que les troupes du
général Pau sont entrées en Alsace, faisant
naître l'espoir que nous ne tarderons pas à
atteindre le Rhin ; les Allemands s'avancent
en Belgique semant partout sur leur passage
la ruine et l'incendie, bien que harcelés sans
cesse par l'héroïque petite armée d'un nouveau roi-chevalier ; l'armée russe, semblable à
un gigantesque « cylindre compresseur », vient
à nous par l'Orient ; l'Angleterre, grâce à son
incomparable marine, demeure la maîtresse de
la mer, tandis que la Serbie et le Monténégro,
ces minuscules Etats grandis par la sainteté
de leur cause, luttent avec un courage digne
de l'antiquité... L'on se dit, méconnaissant la
formidable puissance de nos sauvages ennemis,
qui pourtant, au cours de la Guerre de Sept
ans, tinrent tête à l'Europe entière, que leur
offensive sera peut-être bientôt brisée et qu'une
paix glorieuse couronnera les efforts des vail-
lantes armées alliées. Ces pensées sont per-
mises parce que nous en sommes encore à
la période des vastes espoirs et que notre

horizon reflète en son infini l'azur du beau ciel du Midi !

Aspect des boulevards de Nimes le premier dimanche de janvier 1915.

Les boulevards présentent une animation aussi grande qu'en temps ordinaire. Mais, si la foule qui s'y répand est considérable, des signes non équivoques montrent bien au spectateur averti que ce n'est pas celle que l'on y rencontrait avant la guerre. L'élément féminin domine, mais les toilettes aux tons crus ont fait place à des nuances plus modestes et les robes noires, les voiles de crêpe jettent dans l'ensemble une note triste, presque douloureuse : c'est que nous en sommes à nos premiers deuils. Les hommes à cheveux gris s'avancent l'air soucieux ; on en rencontre pourtant de jeunes, ceux que les conseils de révision successifs ont cru devoir laisser chez eux. De tout jeunes gens et des adolescents, soldats de demain, témoignent par leur attitude d'une insouciance presque égale à celle des enfants qui promènent en compagnie de leurs parents. Des blessés passent, isolés ou par groupes, revêtus de la livrée hétéroclite de l'hôpital, les uns appuyés sur des béquilles ou des cannes, les autres le bras en écharpe ou la tête et l'œil bandés. Certaines manches ou culottes ballantes dénoncent de malheureux amputés. Ce sont là les premières victimes de la guerre !

Et puis des soldats, beaucoup de soldats. Les anciens uniformes aux couleurs éclatantes sont encore représentés, mais les costumes disparates dominent. On est quelque peu étonné de voir les militaires vêtus à peu près comme tout le monde avec cette seule différence qu'ils portent à la manche et au képi le numéro du régiment et qu'une ceinture de toile jaunâtre, destinée à soutenir le sabre-baïonnette, leur entoure la taille. Nous avons emprunté aux Allemands et aux Anglais l'idée de ces costumes aux teintes neutres, avant-coureurs des uniformes bleu horizon, permettant aux hommes du front de mieux se dissimuler aux yeux de l'ennemi. Le coquet bonnet de police a conquis subitement les faveurs de la mode et la presque totalité des enfants et des jeunes gens, certains hommes et même quelques femmes s'en coiffent. Ceux, parmi les civils, qui exercent une fonction ayant quelque rapport avec *l'industrie de la guerre*, ont le bras gauche enserré dans un brassard à hiéroglyphes qu'ils se gardent bien d'enlever, même quands ils sont en promenade.

Et les Allemands occupent toujours une dizaine de nos départements qu'ils ravagent systématiquement et dont ils massacrent sans pitié les habitants !

La Toussaint et la Fête des Morts en 1914.

La Fête des morts est religieusement observée dans notre Midi, mais cette année, eu égard aux circonstances, elle a revêtu un caractère de ferveur particulière.

A Nîmes, la municipalité a réservé, dans les divers cimetières, un carré destiné à recevoir les cercueils des malheureux soldats décédés dans les hôpitaux des suites de leurs blessures. Le cimetière catholique a reçu depuis le 2 septembre, un assez grand nombre de sépultures. Or, on savait que les Sociétés patriotiques de la ville devaient s'y transporter pour rendre ainsi un solennel hommage à la mémoire des premières victimes de la guerre et la population décida spontanément de s'y associer. En prévision de cette visite, l'autorité militaire avait fait procéder à la toilette des tombes. Une simple pierre, dressée au sommet de chaque fosse, porte le nom du défunt, sa qualité et la date du décès. La terre des tumulus, retenue par des briques, disparaît presque sous les couronnes funéraires et les bouquets de fleurs naturelles noués avec des rubans tricolores. Vers le milieu du côté nord du carré, deux montants en bois fixés dans le sol supportent un grand panneau de toile avec, au centre, une simple croix et tout autour des roses artificielles blanches piquées à profusion. Au-dessus, un faisceau de drapeaux. Cette sobre décoration fait bien ressortir l'infinie tristesse de ce coin du cimetière que d'antiques mausolées entourés de cyprès séparent des allées qui y conduisent.

Vers les deux heures la foule se porte en masse sur la route du cimetière et cela malgré une pluie torrentielle qui transforme toutes les voies d'accès en cloaques. A l'entrée, sous le porche, force est de s'avancer lentement tant la foule, obligée de se serrer pour passer, est dense sur ce point. Une fois dans l'intérieur, les uns se dirigent par l'allée centrale vers la chapelle, illuminée de cierges, d'où l'évêque et sa suite sortent à l'instant même ; les autres se répandent dans les allées secondaires, mais la masse, comme hypnotisée, dirige en hâte ses pas vers le carré des soldats. Des sentinelles, l'arme au pied, impassibles sous la pluie cinglante, s'efforcent d'empêcher l'envahissement. Les premiers arrivés se rangent autour des tombes, de sorte que les autres doivent se contenter de se masser derrière et de chercher à voir à travers les minces fissures séparant les parapluies ouverts. Chacun demeure là sans bouger, attendant. Les sociétés arrivent enfin sous une pluie battante qui a obligé le cortège à se disloquer. Leurs membres parviennent non sans difficulté à gagner la place qui leur a été à grand'peine réservée. Ils déposent d'énormes couronnes, ruisselantes d'eau, sur les tertres inondés, mais personne n'entend un mot des discours prononcés par leurs présidents à cause du bruit occasionné par l'eau tombant en trombe sur les parapluies et les pierres des monuments funéraires. Découragée, vaincue par l'averse, et sa curiosité d'ailleurs satisfaite, la foule reprend en désordre le chemin de la sortie. Hommes, femmes, enfants, militaires blessés s'efforçant de protéger leurs membres meurtris contre des contacts brutaux, militaires valides, se hâtent. A la porte, on s'écrase littéralement et les plus faibles doivent, bon gré mal gré, laisser la place aux autres. Enfin le flot humain débouche sur la route et prend d'assaut les trams et les voitures qui y stationnent, tandis que ceux qui n'ont pu y trouver place regagnent la ville par la route détrempée. Mais personne ne songe à se plaindre, tant la pensée des infortunés soldats dont on vient de visiter les tombes fait songer à ceux qui, sur l'immense champ de bataille, succombent en défendant la Patrie.

Un an après : 1er Novembre 1915.

Une année s'est écoulée ! La mort a continué son œuvre sur les divers fronts et le nombre des tombes s'est considérablement accru. Aujourd'hui le soleil brille et une foule nombreuse, facilement contenue par un service d'ordre prafaitement organisé, vient spontanément rendre visite aux soldats qui dorment là leur dernier sommeil. A 2 heures et à 4 heures les sociétés patriotiques et de préparation militaire, auxquelles s'étaient joints les délégations des troupes de la garnison et les blessés en traitement dans les hôpitaux, ont pénétré, précédés de leurs drapeaux cravatés de crêpe, dans les deux principaux cimetières de la ville et se sont arrêtés devant

les carrés consacrés à la sépulture de nos
soldats. Ici, civils et militaires avaient, ces
jours derniers, rivalisé de zèle ; aussi les tombes et les alentours avaient-ils reçu une
copieuse décoration. Partout des fleurs, des
couronnes et des drapeaux. De brèves allocutions ont été prononcées, et le général,
prenant la parole le dernier, a adressé un salut
ému aux soldats tombés au champ d'honneur.
Une délégation s'est également rendue au cimetière israëlite.

Le lendemain, jour des Morts, les Nîmois
ont encore circulé dans les cimetières. Nous
avons nous-même parcouru de nouveau les
funèbres allées. La vue des nombreux tumulus
dissimulés sous les fleurs éveillait en nous
tout un monde de pensées tristes. Que de souffrances physiques et de douleurs morales représentent, en effet, les cercueils enfouis dans cet
espace ! Que d'existences à peine ébauchées
ont été brutalement interrompues par la mort !
Que d'espoirs ensevelis là ! Combien la disparition de ces hommes jeunes et attachés à
la vie a-t-elle fait couler de larmes des yeux
de ceux pour lesquels ils représentaient le
bonheur sur la terre ! Que de foyers désormais déserts, que de veuves désolées, que d'enfants orphelins ! L'évocation de ces calamités
nous fait plus encore maudire les hommes qui,
de gaieté de cœur, n'ont pas hésité à déclan-
cher la plus formidable guerre que l'histoire
ait enregistrée... Nous nous rappelons aussi
que les Allemands n'ont presque nulle part

respecté nos cimetières et que les corps de
milliers de nos compatriotes, militaires ou
civils, tués au cours des combats ou massacrés ici et là par les envahisseurs, gisent sans
sépulture. Il nous faut reconquérir ces tombes
et rechercher les ossements de ceux qui trou-
vèrent une mort héroïque en combattant les
Barbares. Cette tâche s'impose à tous les
alliés, sinon le sang de ces nombreuses victimes du devoir patriotique aurait coulé en
vain. En la poursuivant avec ardeur, nous
vaincrons sûrement nos ennemis et nous leur
imposerons une paix qui sera comme le prélude d'une ère nouvelle où le Droit primera
la Force.

Visite à un hôpital.

Muni des autorisations nécessaires, je pénè-
tre dans l'hôpital. Le directeur me confie à
une infirmière qui me conduit dans une petite
chambre où était couché sur un lit de fer
le blessé que j'allais visiter et que je voyais
pour la première fois. Son père, fonctionnaire
à Blois, m'avait écrit sans me connaître après
avoir consulté au hasard un annuaire pour me
prier, « au nom de la solidarité qui doit
unir tous les Français », de vouloir bien
aller voir son fils, blessé et hospitalisé à la
Maison de santé protestante. La lettre ne me
parvint qu'une dizaine de jours après ; aussi
le malheureux blessé, averti par ses parents
de la visite prochaine d' « un ami de son

père », attendait-il ma venue avec impatience. Parvenu au pied du lit, je me nommai. Le blessé, jeune homme de 25 ans à la physionomie jeune, presque enfantine, leva sur moi des yeux très doux et me dit d'une voix que l'émotion faisait trembler : « Ah, Monsieur, soyez le bienvenu ; ne vous voyant pas venir je me croyais abandonné...» Je lui serrai la main avec une effusion qu'il comprit et lui dis qu'il devait voir désormais en moi un ami qui s'efforcerait de remplacer sa famille absente. Mis aussitôt en confiance, il me conta ses malheurs. Ouvrier bijoutier, il songeait à s'établir quand il dut, le troisième jour de la mobilisation, rejoindre son ancien régiment qui partit tout de suite pour le front. Au cours de l'un des nombreux combats livrés à la frontière belge, une balle allemande lui avait traversé le bras gauche, brisant le cubitus en passant. Pansée trop tard, la blessure s'infecta et l'on dut laisser à Nimes ce militaire qui ne pouvait pas aller plus loin. Un phlegmon se déclara peu après et le chirurgien dut le combattre en taillant à même les muscles gonflés par l'inflammation. Le blessé va mieux, mais il est encore faible et incapable de se lever. Nous causons et ses camarades de lit, également blessés au bras, s'approchent et se mêlent à la conversation, heureux de l'intérêt que je prends à leurs récits de guerre. Je m'en vais une heure et demie après, promettant à tous de revenir le plus souvent possible.

En m'en retournant, je traverse plusieurs chambres occupées par d'autres blessés. Je m'arrête en passant auprès de quelques-uns d'entre eux et leur adresse certaines questions banales. Ils me répondent gentiment et me tendent spontanément la main.

J'ai fait de nombreuses visites à mes nouveaux amis pour lesquels j'éprouve une réelle sympathie. La plupart ont les bras ou les jambes traversées par des balles de fusil ou de mitrailleuse ; certains ont reçu des éclats d'obus ou des schrappnels un peu partout ; tel malheureux a eu la mâchoire inférieure brisée par le passage d'une balle explosible qui a éclaté ensuite au creux de l'aisselle, occasionnant une blessure affreuse qui immobilisera le bras pour toujours ; tel autre, enfin, déjà blessé et étendu par terre, a essuyé alternativement trois coups de feu tirés sur lui à bout portant par ces farouches Allemands qui n'ont du soldat que l'uniforme... Le chirurgien passe deux fois par jour et les infirmières exécutent ses prescriptions avec une ponctualité exemplaire et une douceur admirable. Ces femmes dévouées s'efforcent par tous les moyens de ramener le sourire sur ces visages pâlis et amaigris. Mais, à de rares exceptions près, les blessures sont longues à guérir et certaines mêmes exigent au bout de quelques semaines l'amputation du membre atteint. Que d'éclopés nous croiserons dans les rues après la guerre ! Les hospitalisés capables de marcher sont quelquefois, dans le milieu du jour, conduits au Jardin de la Fontaine ou sur une route. Ceux qui ne peuvent les suivre en sont réduits à se traîner péniblement dans le jardin, allant d'un banc à l'autre à l'aide de béquilles, ou à faire entre eux, dans les chambres, d'interminables parties de cartes, de dames ou de dominos. De temps à autre, une conférence, un concert, une séance de cinématographie, auxquels tout le monde assiste, rompent heureusement la monotonie de la vie d'hôpital.

Le premier et le second étage sont réservés aux hommes le plus sérieusement atteints ; quant aux autres, on a aménagé à leur intention l'oratoire, sis au rez-de-chaussée. Des infirmières bénévoles assurent là le service. Les lits occupent les deux tiers de la salle et une grande table ovale dressée au pied de la chaire réunit les blessés pour les repas. C'est là également qu'ils rédigent leur correspondance. Le régime alimentaire est excellent. Le matin, au réveil, rince-bouche et infusion ; à 8 heures, café au lait ; à midi et à 7 heures, repas très substantiels séparés par une tasse de café noir à 4 heures. Grâce à d'opportunes interventions, les desserts comportent souvent des gâteaux et des confitures. Gâtés par tout le monde, les blessés reçoivent des visiteurs, et surtout des visiteuses, de menus cadeaux — friandises, tabac, cigarettes — et des livres intéressants. En décembre, des soldats aux pieds gelés sont venus occuper les places laissées vides par ceux des blessés qui ont été transférés dans les maisons de convalescence — caserne des 19e et 38e d'artillerie et Ecole normale de garçons — ou qui ont regagné les dépôts. Ces infortunées victimes du froid et de l'humidité régnant dans les tranchées souffrent parfois cruellement et l'on a dû après quelques jours d'un traitement infructueux, couper les orteils et quelquefois le pied à certains.

Quand mon blessé a pu sortir, j'en ai profité pour l'emmener à la maison. Il était heureux de se retrouver en liberté et l'affection qu'on lui témoignait lui rappelait les gâteries de sa famille. De temps à autre, l'un de ses camarades se joignait à lui et je les promenais à travers la ville. Je leur montrais ces imposants monuments romains, ces prestigieuses ruines qui témoignent d'un glorieux passé et qui n'ont eu encore à souffrir que des atteintes du temps. Mais ce qu'admiraient le plus mes hôtes, c'est notre beau ciel dant le splendide azur réjouissait leur cœur et y faisait naître l'espérance. En les ramenant le soir, à cet hôpital où sont rassemblés tant de jeunes gens et d'hommes à la fleur de l'âge qui souffrent du fait de la guerre, je me disais : « Le jour est sans doute proche où notre Patrie, à jamais libérée du cauchemar qui l'oppresse par une paix glorieuse, jouira sans contrainte du bonheur que le courage de ses bienaimés fils lui aura procuré ! »

L'ordre public.

L'état de siège, établi en France par le décret du 2 août 1914, en conformité de l'article 2 de la loi du 3 avril 1878, a été déclaré « maintenu pendant toute la durée de la guerre » par les articles 2 et 5 de la loi du 5 août 1914. Cette institution, sorte de militarisation des autorités civiles, date de loin. Employée sous d'autres formes et avec d'autres noms par les peuples de l'antiquité quand il y avait danger public — telle à Rome la dictature, — tous les régimes, aux diverses époques de l'histoire, l'ont connue — témoin encore dans la période moderne le Protectorat de Cromwel — mais c'est la Révolution qui l'a traduite en décrets. Reprise par Napoléon en 1811, Dufaure en 1849 et Bardoux en 1878, elle fait désormais partie intégrante de notre législation. Le public nîmois a suivi avec une curiosité amusée les premières manifestations de l'état de siège : postes installés en divers points de la ville, sentinelles munies de consignes sévères posées le long des voies ferrées, aux abords du viaduc, à la gare et en maints autres endroits ; patrouilles parcourant les rues, automobiles réquisitionnées par l'autorité militaire circulant en tous sens jour et nuit, etc., etc. Cependant, à la réflexion, d'aucuns ont trouvé ces mesures quelque peu draconiennes, tout au· moins gênantes. Etre obligé d'exhiber un sauf-conduit pour pénétrer dans le hall de la gare en vue d'y prendre un simple renseignement, a paru à beaucoup un comble ; passer à côté d'un vendeur de journaux qui agite sa feuille sans la « crier », dépasse toute imagination ; croiser dans les rues et surtout sur les boulevards des hommes graves avec, au bras, un brassard indiquant qu'ils sont « gardes civiques » et la main sur un revolver bijou dissimulé dans la poche, amène le sourire sur bien des lèvres... Il est vrai que cette dernière institution a si peu duré ! L'habitude aidant, on s'est pourtant fait à ces singularités et puis on se dit : « Cela ne durera sans doute pas longtemps ! »

Peu après, le Gouvernement a interdit par voie d'affiches la vente de l'absinthe. Grand émoi dans le camp des amateurs de la verte liqueur. Quelques-uns l'ont immédiatement remplacée par quelqu'autre boisson dite apéritive — il y en a tant et tant — tout aussi nocive mais non visée par le décret. Quant aux impénitents, ils ont pénétré subrepticement dans l'officine des débitants et ont bu là, justement parce que c'était défendu, leur meilleur verre d'absinthe. Cette fraude a motivé des arrêtés préfectoraux ordonnant pour un mois la fermeture des établissements incriminés. Ici, cependant, le pouvoir exécutif n'a pas osé aller jusqu'au bout de sa pensée : il eût fallu, pour combattre efficacement l'alcoolisme, fixer le nombre des débits à un par 5.000 habitants, comme en Suède, n'autoriser l'ouverture d'aucun nouveau débit, en supprimer immédiatement quelques-uns et en particulier ceux ins-

tallés dans les bureaux de tabac... Mais notre
Parlement, une fois la guerre terminée, aura-t-il
ce courage ?

Depuis bien avant 1870, notre pays était infesté d'espions allemands. Malgré nos malheurs
nous ne nous sommes pas souvenus d'être en
défiance vis-à-vis de nos peu scrupuleux voisins et l'espionnage a repris de plus belle
après la signature de la paix de Francfort.
Tous les moyens, même les plus invraisemblables, ont été employés par eux pour étudier les choses et les gens de chez nous et
préparer ainsi une guerre jugée dès l'abord
inévitable. Après le 2 août, les autorités ont pris
des mesures énergiques contre les suspects,
il était trop tard : les séides à gage du grand
état-major allemand avaient accompli leur
œuvre néfaste et tous nos points faibles étaient
signalés à l'ennemi. Un coup de feu tiré dans
les premiers jours d'août sur un gardien des
voies par un individu demeuré inconnu a
surexcité le zèle des militaires et de la police ;
quelques étrangers d'origine teutonne, entr'autres un certain St..., industriel, et les bonnes
et institutrices allemandes qui pullulaient dans
les maisons bourgeoises ont été arrêtés et incarcérés, mais les espions les plus dangereux,
ceux sur lesquels aucun soupçon n'eut osé
s'égarer, n'ont sûrement pas été inquiétés. On
a également mis sous séquestre les maisons
allemandes connues ; mais, encore une fois,
ces mesures plutôt anodines n'ont pas réparé

l'immense préjudice causé à la défense nationale par l'espionnage.

Les crimes et les délits paraissent être en décroissance ; néanmoins, cette période d'accalmie pourrait bien n'être qu'une trève. On aperçoit, en effet, en ville, des individus à physionomie équivoque que l'autorité militaire a jugés indignes d'être incorporés et qui ont tout l'air d'appartenir à l'armée du crime. Leur vraie place serait sur le front, en avant des honnêtes gens auxquels ils serviraient au moins de boucliers ou d'éclaireurs. Cependant l'ordre règne dans notre cité et c'est tout ce que nous pouvons demander en un pareil moment.

La vie économique.

Malgré l'article 2 du Code civil, formulant un principe commun aux législations de tous les pays civilisés, à savoir que « la loi ne dispose que pour l'avenir, qu'elle n'a pas d'effet rétroactif », les pouvoirs publics ont, par une série de mesures prises au début même de la guerre et que le Parlement a sanctionnées, modifie profondément la vie économique du pays : nécessité, pensaient-ils sans doute, n'a pas de loi ! Les décrets relatifs au moratorium ont, en effet, fermé pendant cinq mois la Bourse de Paris et les guichets des Banques, prorogé les échéances commerciales, et, tout dernièrement, le paiement des loyers. C'est le cas de dire, avec les Anglais que, sauf faire un homme d'une femme, la loi peut tout... Le désir, légitime en soi, de venir en aide aux familles éprouvées par le départ pour l'armée de leurs principaux soutiens, a évidemment inspiré ces mesures extraordinaires, mais la pensée de plaire au plus grand nombre en obligeant ceux qui possèdent, ou paraissent posséder, à sacrifier encore au profit de ceux qui s'intitulent des prolétaires, a bien pu influencer quelque peu les décisions prises par nos dirigeants. Cependant, comme nous l'indiquons ailleurs, les pouvoirs publics, admirablement secondés par les municipalités et l'initiative privée, ont à peu près assuré le sort des familles de mobilisés nécessiteuses, mais rien, ou presque rien n'a été fait pour rendre aux autres, aux soi-disant possédants, la crise moins dure, moins pénible. Quoi qu'il en soit, ce bouleversement des rapports contractuels a été diversement accueilli par les intéressés. Les mauvais payeurs bénissent le moratorium; ils espèrent que les délais qu'on leur a accordés pour s'acquitter de leurs dettes seront prorogés au point que ces dettes finiront par s'éteindre d'elles-mêmes. Les honnêtes gens profitent de ce répit tout en se demandant comment ils s'y prendront pour solder en temps utile un arriéré accumulé et menaçant. Quant aux autres, et ils sont légion, ils se font du moratorium un mol oreiller favorable à leur indifférence, pour ne pas dire plus, en matière de paiements, et ils se disent : après nous le déluge ! Il y a enfin une catégorie de personnes, assez peu nombreuses heureusement, qui, très au courant des prescriptions nouvelles, recherchent uniquement les moyens d'en profiter le plus possible. On pourrait les appeler les « embusqués » ou encore les « virtuoses » du moratorium. Nous espérons pourtant que le bon sens et la bonne foi aidant, tout rentrera dans l'ordre : les principaux établissements de crédit n'ont-ils pas été les premiers à donner le bon exemple ?

Les époques de crise sont éminemment favorables à la manifestation de phénomènes divers, grands et petits, que le spectateur impartial a le devoir de noter. Ainsi, on a vu des gens craignant pour leurs modestes économies et absolument affolés se hâter d'en demander le remboursement soit aux sièges des Caisses d'épargne, soit aux guichets des maisons de banque et même chez les particuliers. L'or, assez rare depuis environ un an, disparaît tout d'un coup de la circulation, soit que la Banque de France, pressentant un orage prochain, l'ait petit à petit retiré pour grossir son encaisse métallique, soit que les particuliers l'aient enfoui au plus profond de leurs tiroirs. Il en est résulté de la gêne dans les transactions, gêne que l'apparition des coupures de 20 et de 5 francs a tout de suite atténuée. Néanmoins, le peuple n'a pas confiance en ces chiffons de papier dont la valeur intrinsèque est évidemment nulle ; c'est pour cela qu'il cache son argent, même ses sous.

La Banque de France a, dès les premiers jours d'août, élevé le taux de son escompte

à 6 % et celui de ses avances à 7 % ; peu
après, cependant, elle a ramené ces chiffres à
5 et 6 %. Les autres Banques ont suivi son,
exemple. Ces circonstances, s'ajoutant à la
stagnation des affaires, ont contraint un assez
grand nombre de magasins et d'usines à fermer leurs portes ; les autres ont réduit leur
personnel ou remplacé les hommes, mobilisés, par des femmes. Ces dernières occupent
désormais des situations qu'elles conserveront
certainement dans l'avenir. Dans la banlieue,
les femmes se sont bravement mises à l'œuvre
pour ne pas laisser en suspens les travaux
agricoles les plus urgents et ce sont elles
qui conduisent les charrettes remplies de
légumes qui se dirigent vers les Halles.

En dépit de l'état de guerre, les subsistances
n'ont jamais manqué dans notre ville de 80.000
âmes, et cela grâce aux mesures énergiques
prises par la Mairie et la Préfecture. Les
premiers jours, quelques habitants, les plus
timorés, ont accumulé chez eux des provisions
de toutes sortes comme pour se préparer à
soutenir un siège. Comme rien de semblable ne
s'est produit, ils se sont peu à peu rassurés
et ont renoncé à ces pratiques. Au début de
la période de mobilisation, un petit nombre
de négociants, animés par l'esprit de lucre,
ont majoré de façon scandaleuse les prix de
certaines denrées. Le public s'en est justement
ému et les autorités sont intervenues pour
mettre fin à ces abus. Néanmoins, par la force
même des choses, les prix de certaines den-

rées ou marchandises ont considérablement haussé, tels le sucre dès les premiers jours de la mobilisation, la laine au commencement de l'hiver, quand on s'est avisé d'envoyer aux soldats du front des sous-vêtements chauds ; la viande de boucherie... A un moment donné, l'essence de pétrole, réquisitionnée à outrance par l'autorité militaire pour le service des automobiles, était devenue introuvable en ville. En février, le prix du pain a augmenté de 0 fr. 05 par kilo mais la liberté dans sa fabrication a été laissée aux boulangers.

Nous avons fait quelques observations curieuses. Les sommes importantes distribuées par l'Etat aux familles des mobilisés, ajoutées aux secours de toutes sortes qui sont allés un peu partout, ont répandu dans le pays une aisance que beaucoup n'eussent pas osé espérer. Je n'en veux pour preuves que la prospérité des cafés et des pâtisseries, par exemple, plus fréquentés que jamais par ceux et surtout par celles qui restent, et ce petit fait que l'or, dissimulé par ses possesseurs dès le début des hostilités, n'est pas encore, après neuf mois de guerre, sorti de ses cachettes: on n'a donc pas eu besoin d'y recourir. Quelques familles dont le chef n'était pas précisément un modèle de travail et de conduite souhaitent que cet état de choses se prolonge longtemps encore et se disent même qu'une bonne petite pension remplacerait avantageusement certains maris peu commodes partis pour le front... Le cœur humain est ainsi fait !

Pour donner satisfaction a un vœu exprimé par les députés de la Seine, le Ministre des Finances, M. Ribot, a écrit au Gouverneur de la Banque de France pour l'inviter à ouvrir un guichet spécial à Paris et dans les succursales pour recevoir l'or que les particuliers lui apporteront dans une pensée patriotique en échange de billets de Banque. Il a en même temps exprimé le désir qu'un reçu soit délivré pour servir de témoignage à ceux qui, au lieu de garder sans emploi l'or qu'ils possèdent, l'auront spontanément mis à la disposition de la Banque de France pour servir à la défense nationale. La Banque a recueilli à Paris, le premier jour, trois millions en quelques heures. L'empressement du public a été tel, dans le pays tout entier, que l'on a dû autoriser tous les comptables du Trésor à recevoir le métal jaune mis en réserve dès la déclaration de guerre et évalué par un journaliste à plus de quatre milliards. Le 8 juillet suivant, un décret paru à l'*Officiel* prohibe « la sortie ainsi que la réexportation, sous un régime douanier quelconque, de l'or brut en masses, lingots, barres, poudre, objets détruits, ainsi que des monnaies d'or. » Cette prohibition n'est pas applicable à la Banque de France. Une mesure semblable est prise en Russie le 16 juillet.

Tout bien considéré, le Midi est privilégié. Eloignés du théâtre des opérations, ses habitants ne connaissent de la guerre que ce qu'en rapportent les journaux et n'était l'angoisse qui étreint les cœurs en songeant aux dan-

gers courus par ceux de leurs concitoyens
qui combattent sur tous les fronts et l'émotion causée par le récit des malheurs qui
atteignent les Belges et les Français des départements envahis, leurs souffrances se bornent
à de simples perturbations économiques. Cette
situation leur impose le devoir d'accepter sans
rechigner toutes les mesures susceptibles de
soulager nos frères malheureux.

La période du sens rassis.

La déclaration de guerre a surpris la plupart des Français. Pourtant, à différentes reprises, l'étincelle destinée à mettre le feu aux
poudres avait failli éclater, mais la diplomatie s'était employée à arranger les choses et
y avait momentanément réussi. Il semblait
donc que le système de la « paix armée »
devait s'éterniser. Mais l'Allemagne, dont « la
principale industrie est la guerre » et qui
tenait soigneusement sa « poudre sèche » et
« son glaive aiguisé », a tout d'un coup dévoilé
ses noirs desseins et contraint l'Europe à tirer
l'épée. La certitude de notre bon droit, le vague
désir de la revanche, la satisfaction de nous
sentir sérieusement soutenus par notre alliée
la Russie, la joie de voir l'Italie demeurer
neutre et l'Angleterre marcher avec nous, remplissent les cœurs d'enthousiasme et d'espoir.
Sans trop approfondir nous nous disons que
l'Allemagne ne pourra résister à tant d'ennemis ligués contre elle et qu'elle ne tardera
pas à succomber, entraînant l'Autriche dans

sa chute... C'est animée de ces sentiments que
la France est entrée en campagne.

Fidèles à nos traditions de bravoure et de
loyauté, nous avons foncé hardiment sur nos
ennemis. Mais il a fallu déchanter et battre
en retraite dès les premiers engagements non
sans avoir perdu un très grand nombre de
nos soldats. C'est que nous avions affaire à
un ennemi qui, déjà très fort en 1870, n'a pas
cessé depuis de se préparer à la guerre.
L'augmentation des effectifs, l'instruction méti-
culeuse des soldats, le perfectionnement inces-
sant de l'armement et de l'équipement, l'émi-
gration continue vers les pays neufs, le souci
constant de travailler sans répit l'opinion en
Europe et même en Amérique, l'espionnage
savamment organisé en tous lieux, la « Kul-
tur » allemande partout proclamée parfaite,
en un mot la volonté arrêtée d'imposer au
monde l'orgueilleuse devise : « Deutschland
über alles », a fait de ce peuple égoïste un
adversaire doué d'une formidable puissance.
Quant à nous, vivant dans un pays fortuné,
entourés d'un bien-être amollissant, nous nous
laissions simplement vivre. Seules nos misé-
rables querelles politiques et religieuses se-
couaient quelque peu notre torpeur. Le résultat le plus clair de ces turpitudes a été d'anni-
hiler les efforts tentés par certains bons esprits
pour nous maintenir à notre vraie place.

L'occupation de la presque totalité de la
Belgique et de huit ou dix départements français, conséquence fatale et logique de l'odieuse

violation d'un pays neutre par nos ennemis,
nous remplit d'étonnement, de stupeur même ;
la divulgation des atrocités dont furent victimes les héroïques Belges et nos malheureux
compatriotes nous inspirèrent, en même temps,
qu'une immense pitié, une angoisse poignante.
La perspective d'un nouveau siège de Paris
remplit les cœurs d'effroi et l'on se demanda
un instant, lors du transfert à Bordeaux du
Gouvernement, si les sombres jours de l'année terrible allaient revenir... Par bonheur
nos armées sont victorieuses à la bataille de
la Marne et nous reprenons confiance. Cependant, les Allemands arrêtent leur retraite en
des points marqués d'avance et s'y terrent
comme des bêtes malfaisantes. Nous sommes
contraints de les imiter et de creuser comme
eux des tranchées pour nous y abriter. On
s'aperçoit alors qu'il faut se borner à tenir en
échec l'ennemi pour permettre aux Anglais
d'improviser des armées, aux Russes de se
concentrer sur les frontières orientales de
l'Allemagne et de l'Autriche et à nous-mêmes
de compléter notre organisation militaire. La
guerre sera longue ! disent et redisent les personnes les mieux informées. Cette perspective
produit d'abord une impression de tristesse
et de découragement, mais le sentiment de la
Patrie en danger redonne pourtant du courage
à tous. Mais, tout en se ressaisissant, on réflé-
chit et l'on se dit en consultant avec effroi
le nombre élevé de morts et de blessés, que
ces affreuses tueries éclaircissent par trop

nos rangs, déjà bien clairsemés par suite de
la faible natalité française. On accueille avec
une résignation triste les appels successifs
sous les drapeaux d'hommes âgés et de tout
jeunes gens et les préoccupations des familles
exercent sur les partants une influence dépri-
mante qui les fait quitter avec regret leurs
foyers. Contrairement à nos intérêts présents
et à venir, d'aucuns accepteraient volontiers,
par lassitude et manque d'énergie, une paix
qui rendrait inutiles nos douloureux sacrifices
et ne saurait être qu'une trève momentanée.
Ces Français au cœur pusillanime justifieraient
le doute exprimé par Forain dans sa légende
célèbre : « Pourvu que les civils tiennent ! »
Sur ce point, par bonheur, la convention signée
à Londres entre les trois puissances alliées
refrène les impatiences irraisonnées. D'autre
part, parmi ceux qui restent, les plus coura-
geux, prenant leur parti des événements, se
remettent avec ardeur au travail ; mais combien
d'autres, comptant sur les secours trop libéralement accordés par le Gouvernement, s'en
servent comme d'un oreiller de paresse, laissant leurs terres en friche et leurs diverses
occupations en souffrance. Les bons Français, au contraire, comprenant que le présent,
avec ses douleurs et ses deuils, assurera un
avenir heureux à ceux qui survivront ou qui
viendront après, réagissent énergiquement contre cette vague de désespérance qui, prolongée,
affaiblirait, détruirait même les efforts de
ceux qui combattent sur les divers theâtres

de la guerre pour la défense du droit, la
liberté des peuples et la paix de l'Europe.
Ces raisons sont maintenant comprises par
la plupart de nos concitoyens qui acceptent
par raison ce qu'ils se refusent à accorder
d'enthousiasme. C'est ce que nous appelons la
période du sens rassis.

L'Enseignement.

Au cours des six premiers mois de la guerre,
30.000 instituteurs ont été mobilisés. Sur ce
nombre on comptait, au 15 janvier 1915, 712
morts et 2.361 blessés, 7 croix de la Légion
d'honneur, 8 médailles militaires, 82 promo-
tions et 86 citations à l'ordre du jour. Ces
chiffres montrent suffisamment l'ardeur et l'en-
durance des « primaires » : pacifistes et syndi-
calistes, en effet, ont rivalisé de zèle avec ceux
qui, moins bruyants peut-être, se contentaient,
en temps ordinaire, de faire consciencieusement
leur classe. Les professeurs des deux autres
ordres d'enseignement n'ont pas moins bien
fait leur devoir : ainsi, sur 195 élèves de
l'Ecole normale supérieure répartis sur le front,
on comptait au 11 janvier 1915, 35 morts et
119 blessés, malades, prisonniers ou disparus.

L'ordre du 2 août enjoignant au personnel
primaire de ne pas partir en vacances n'étonna
personne, et, à partir de ce jour, tout le monde
s'est ingénié à coopérer à la défense nationale. La Préfecture, l'Inspection académique,
la Mairie et les diverses œuvres s'occupant

de l'armée et des réfugiés ont recruté leurs
auxiliaires les plus dévoués parmi les instituteurs et les institutrices. « L'école de plein
air », créée par la municipalité depuis quelques années, n'a pas été ouverte en août et.
septembre, mais les « classes de vacances »
se sont faites comme d'habitude.

La plupart des locaux scolaires ont été
occupés par la troupe dès le second jour
de la mobilisation et évacués fin septembre ;
la rentrée a donc pu s'effectuer, sauf dans
une ou deux écoles, le 5 octobre. Faute de
temps, les classes et leurs dépendances n'ont.
été ni blanchies à la chaux, ni désinfectées,
ce qui eût été pourtant fort nécessaire : on
s'est contenté de passer à une couche les sou-
bassements, ce qui donne aux murs un faux
air de propreté. Le nombre des élèves a été
un peu moins élevé peut-être qu'en temps ordinaire ; cela provient de ce que les femmes.
et les enfants d'employés ou ouvriers mobilisés originaires de localités voisines ont regagné leur village natal. Par contre, quelques.
enfants de réfugiés se sont fait inscrire à
diverses écoles. Pour des motifs d'économie
ou encore par suite de la difficulté de trouver
des maîtres, on n'a pas remplacé tous ceux
que l'armée a pris, ce qui a désorganisé le
service. L'état d'esprit des élèves s'est res-
senti de l'état d'énervation de tous et la discipline en a pâti. Certains maîtres ont orienté
leur enseignement vers les faits actuels et
dicté à leurs élèves, après les exposés, des

résumés qu'ils emportent le soir pour en donner lecture à leur famille. Quelques propositions émises par les Allemands telles que :
« l'Allemagne au-dessus de tout », — « la
force prime et crée le droit », — « le succès
justifie la violence », — « les peuples faibles
n'ont d'autre droit que celui de se soumettre
au plus fort »,... ont été même réfutées méthodiquement. Ces dangereux sophismes de nos
déloyaux adversaires méritent, en effet, d'être
combattus. Une revue des troupes de la garnison ayant été passée à l'Avenue Feuchères
par le général, le jeudi 4 mars 1915, les maîtres et les maîtresses y ont, pour la première
fois, sur l'invitation de M. le Préfet, accompagné leurs élèves. Çà été une vivante leçon
de choses.

MM. L'H..., Inspecteur d'Académie, et R...,
Inspecteur primaire, ont été mobilisés; le premier a été remplacé par M. J..., directeur de
l'Ecole normale, pour les questions ayant trait
à l'enseignement primaire, et Z..., Proviseur du
Lycée, pour les affaires intéressant l'enseignement secondaire. L'école primaire supérieure
de filles et les deux Ecoles normales, dont les
locaux ont été convertis en hôpitaux tempo-
raires et dépôts de convalescents, ont dû se
transporter ailleurs. La première a trouvé asile
à la Bourse du Travail, l'Ecole Normale de
garçons au Mont-Duplan. Quant au Lycée,
dépeuplé par le départ pour l'armée de la plupart des professeurs et d'un assez grand nombre d'élèves des classes supérieures, le Provi-

seur a dû faire appel, pour la direction des
classes inférieures ou moyennes, à des professeurs venus du dehors. Les établissements que
nous venons d'énumérer n'acceptent que des
élèves externes. Les établissements privés de
tout ordre comptent peu d'élèves, bien qu'ils
continuent à prendre des internes. L'Ecole pratique de Commerce et d'Industrie, qui compte
300 élèves, n'a pas interrompu ses cours. Dans
ses ateliers, les grands élèves, guidés par les
professeurs techniques, fabriquent des éléments
d'obus.

Qu'adviendra-t-il de l'Enseignement primaire
après la guerre ? Son rôle ne sera évidemment pas diminué. Il est avéré, en effet, qu'à
de très rares exceptions près, tous les jeunes Français passent par l'Ecole primaire et
que ceux — et ils sont légion — qui ne font
pas de l'enseignement primaire supérieur ou
de l'enseignement secondaire ne disposent
durant toute leur existence que des connais-
sances acquises sur les bancs de cette école.
Il importe donc que les matières inscrites
dans ses programmes soient judicieusement
choisies et bien enseignées. L'enseignement de
la morale, par exemple, sera l'objet des soins
constants des maîtres et il occupera, à l'école,
la première place... La discipline, très relâ-
chée depuis quelques années et en particulier pendant la guerre, doit, à tout prix, être
restaurée... Les règles essentielles de l'hygiène
seront rigoureusement observées... L'école,

enfin, demeurera ce qu'elle est, c'est-à-dire gratuite, obligatoire et neutre quant aux opinions et aux croyances, mais on y élèvera à la hauteur d'un dogme fondamental et intangible, commun à tous, le culte de la Patrie... Les maîtres ne perdront jamais de vue que, selon les propres paroles de Jules Ferry, « la famille et la société leur demandent de les aider à bien élever leurs enfants, à en faire des *honnêtes gens* ». De là découle l'obligation « d'élever autour d'eux *le niveau des mœurs* » (1). En retour, les Pouvoirs publics leur assureront une situation en rapport avec les services qu'ils rendent au Pays. En résumé, l'Ecole laïque, fière à juste titre de son passé, contribuera plus que jamais à la formation morale, intellectuelle et physique de la jeunesse, formation à laquelle concourent, il est vrai, de multiples éléments tels que les instincts de la race, l'hérédité, la famille, les journaux, les livres, les fréquentations et la religion, mais qu'elle ne manquera pas de diriger et de discipliner. Ce rôle, bien rempli, promet de beaux lendemains pour la France et pour la République.

-----

(1) Les éducateurs trouveront des indications précieuses dans les deux admirables lettres adressées aux instituteurs, la première par le ministre Guizot, le 18 juillet 1833, au lendemain du vote de la loi établissant l'enseignement primaire en France ; la seconde par Jules Ferry, le 17 novembre 1883, relative à l'application de la loi du 28 mars 1882.

Les élans de la solidarité.

S'inspirant de cette idée que ceux qui combattent ont droit à l'aide des non-combattants, les pouvoirs publics et l'initiative privée se mirent, dès la déclaration de guerre, en mesure de la réaliser. Pour secourir les premières victimes, c'est-à-dire les blessés, trois sociétés remarquablement organisées se trouvaient prêtes ; c'étaient : 1o la *Société française de secours aux blessés militaires*, fondée en 1864; 2o l'*Association des Dames françaises*, datant de 1879 ; 3o l'*Union des femmes de France*, créée en 1881. Ces sociétés, désignées sous le titre générique de *Croix-Rouge*, avaient déjà fait leurs preuves au Maroc, au Soudan, à Madagascar, en Indo-Chine, et lors de catastrophes publiques telles que les tremblements de terre d'Italie et les inondations de Paris. Leur action à Nimes se manifesta par la création successive de lits pour les blessés ou malades de la guerre dans les établissements suivants:

Hôpital Ruffi..	140	lits
Annexe (Ecole supérieure de filles, rue Jean Reboul).................................	81	»
Hospice d'Humanité, (rue d'Uzès)...	60	»
Sœurs Pernettes, 87 *bis*, rue Briçonnet	19	»
Hôpital temporaire 103 (Ecole normale de filles).........................	170	»
Annexe, rue de St-Gilles, 27 (Ecole Samuel Vincent).............................	37	»
A reporter....	507	»

Report.....	507	»
Hôpital 88 *bis* (Maison de santé protestante)	90 ·	»
Hôpital temporaire, 15, rue des Chassaintes (Petit Séminaire)...............	100	»
Annexe 15 *bis*, rue Bernard-Lazare (Archives)	71	»
Hôpital temporaire 90 *bis*, route de Bouillargues	20	»
Hôpital temporaire 35, même route (Maison des Sœurs Violettes).........	285 [1]	»
Dépôt des convalescents (Ecole normale de garçons)..................	200	»
Hôpital temporaire de l'Assomption 159 *bis*	100 [2]	»
Hôpital temporaire de la Préfecture 157 *bis*.................	100 [2]	»
soit, au 29 avril 1915, un total de......	1.473	lits

Le service médical est assuré par des médecins militaires et des médecins civils non mobilisés ; des équipes d'infirmières volontaires, auxquelles se sont joints quelques infirmiers, ont apporté une aide précieuse autant qu'indispensable au personnel existant. Le Ministère de la Guerre met à la disposition des divers établissements, par chaque homme blessé ou malade, une certaine somme, mais

---

(1) Cet hôpital, isolé au milieu de jardins, a été réservé pour les contagieux.

(2) Ces formations sanitaires remplacent celles qui avaient été installées dans les casernes des 19ᵒ et 38ᵉ d'artillerie.

leurs principales ressources proviennent des
dons mensuels, en argent ou en nature, consentis par les fonctionnaires et les particuliers et affluant à Nimes de tous les points
du département. Ces dons généreux, très considérables, permettent d'assurer à nos intéressants hospitalisés un régime excellent.

Les réfugiés venant de Belgique ou des
départements envahis ont été surtout logés
dans les locaux de l'Assomption (Avenue Feuchères). Sept mille s'y sont succédés jusqu'à
fin avril. Ils reçoivent l'allocation journalière — grandes personnes 1 fr. 25 et enfants
0 fr. 50 — servie aux familles des mobilisés.
Leur subsistance est assurée par la Mairie,
que la Préfecture indemnise, et par des dons
volontaires qu'est venu grossir cette année un
Arbre de Noël dû à l'initiative de Mme H...,
femme du Préfet. La municipalité a pourtant
supporté seule cette dépense durant les trois
premiers mois. En outre, 4.000 rapatriés civils
venant d'Allemagne ont également été reçus
dans cette maison et envoyés ensuite, pour la
plupart, dans les diverses localités du département.

L'effort le plus considérable, au point de
vue local, a consisté en l'organisation par la
municipalité, dès août 1914, de « soupes populaires » destinées aux familles nécessiteuses privées de leurs soutiens, et aux réfugiés. On a
utilisé, pour la préparation des soupes, la cuisine centrale des cantines scolaires, située rue

du Mail, et son matériel, qui a été augmenté (1).
Un personnel composé d'employés de la Mairie et de quelques personnes étrangères, ces dernières rétribuées, assurent le service. La ville est partagée en 11 secteurs (2) au centre desquels des personnes de bonne volonté, comprenant une bonne moitié d'institutrices, distribuent deux fois par jour aux familles inscrites sur les listes dressées au préalable par la municipalité la soupe et le ragoût apportés tout chauds par les voitures des cantines scolaires (3). On agit de même vis-à-vis des réfugiés de l'Assomption. Les chiffres suivants donneront une idée des services rendus par l'œuvre des soupes. On sait que Paris en distribuait 76.000 par jour.

MOIS	SOUPES	RAGOUTS	TOTAL
Août 1914	201.106	2.076	203.182
Septembre 1914	116.220	5.022	121.242
Octobre 1914	98 350	3.900	102.250
Novembre 1914	103.353	16.011	119.364
Décembre 1914	111.625	16.848	128.473
Janvier 1915	98.667	13.428	112.095
Février 1915	76.087	10.570	86 657
Mars 1915	74.242	9.682	83.924
Avril 1915	58.885	8.288	67.173
Mai (1er au 15) 1915	29.070	4.160	33.230
Totaux	967.605	89.985	1.057.590

(1) La capacité totale des marmites était de 995 litres.

(2) Voir la liste de ces secteurs à la page suivante, en renvoi.

(3) Au printemps, les distributions de soupes n'ont eu lieu qu'une fois par jour.

La quantité élevée de portions distribuées
en août est due à ce que le système des allocations ne jouait pas encore. Après son établissement, on n'en donna plus, sauf de très
rares exceptions, aux bénéficiaires de ces allocations.

Secteurs :

1er Ecole de filles, rue des Bénédictins.

2e Ecole Maternelle, rue Rangueil.,
    Croix-de-Fer (Ecole de garçons).

3e Octroi de la Route d'Uzès.

4e Ecole maternelle, rue Notre-Dame.

5e Ecole de garçons, boulevard Talabot.

6e Ecole de garçons, rue Charles-Martel.

7e Marché aux bestiaux.

8e Ecole de garçons, rue Pavée.

9e Ecole de filles, rue St-Laurent.

10e Ecole Pratique de Commerce et d'Industrie.

11e Ecole de filles, place Belle-Croix.

Les distributions de soupe au public nimois
ont cessé le 15 mai 1915. On continue cependant à en préparer un certain nombre — 180
— que les personnes réellement indigentes
vont chercher elles-mêmes à la cuisine centrale. La préparation des ragoûts destinés aux
réfugiés — 290 par jour — ne subit pas d'interruption.

Pour faire face aux dépenses considérables
nécessitées par la bonne marche de cette

œuvre, la municipalité a reçu des dons importants (1).

L'*Œuvre des Réfugiés*, dont le siège est à l'Assomption, mérite également une mention spéciale. Un premier convoi de 22 Alsaciens-Lorrains arriva à Nimes le 8 août et fut d'abord logé dans la Chapelle de l'ancien Lycée, puis dans l'immeuble communal de la rue Colbert. Mais, les convois succédant aux convois, il fallut installer les arrivants dans un local mieux approprié : on choisit l'Assomption. Une commission fut nommée qui fit aménager rapidement ce vaste établissement déjà occupé par les soldats durant les premiers jours de la mobilisation. Grâce à des dons en argent et en nature considérables et à un arbre de Noël qui, à lui seul, a produit plus de 6.000 francs, on a pu installer plusieurs dortoirs avec lits complets (2), deux

---

(1) Ces dons se montaient, du 1er août 1914 au 29 juin 1915, à la somme de 35.268 fr. 55, ainsi décomposée :

Dons particuliers et versements du personnel
municipal.................................... 26.932 fr. 95

Produit de la vente des carnets.............. 8.335 fr. 60

Les employés municipaux versent environ 1.300 fr. par mois, le comité de secours de guerre du P.-L.-M. 500 fr. ; les mécaniciens et employés du petit entretien, le personnel enseignant primaire, etc., etc. leur obole. Les matières premières, légumes, lard, graisse, etc., et le charbon avaient été achetés dès le début par grandes quantités et à de très bonnes conditions, ce qui a permis d'établir le prix moyen d'une soupe à 0 fr. 08 et celui d'un ragoût à 0 fr. 10. Depuis lors, les prix des denrées et comestibles a subi une forte majoration. C'est M. M..., adjoint au maire, qui a dirigé cet important service.

(2) M. V..., professeur à l'Ecole Pratique, a imaginé un lit ingénieux que les élèves fabriquent dans les ateliers de l'école au prix modique de 7 fr. 50 et une table de nuit lavable, en bois blanc, qui ne coûte que 1 fr. 50.

infirmeries, une salle de désinfection, des lavoirs, une cuisine, une pharmacie, un vestiaire copieusement approvisionné, un ouvroir, une salle pour consultations, des listes nominatives des évacués... Les locaux sont disposés de façon à ce que les sexes soient nettement séparés. Toutes les pièces sont chauffées par des poêles à charbon et éclairées à l'électricité. Trois repas par jour sont servis aux réfugiés ; les victuailles sont apportées de la cuisine centrale, où se font soupes et ragoûts, par les voitures des cantines scolaires. Durant les trois premiers mois, la municipalité en a supporté tous les frais ; ensuite, comme les réfugiés touchent une allocation de 1 fr. 25 par grande personne et 0 fr. 50 par enfant, la Préfecture lui est venue en aide.

Il arrive des convois de réfugiés à peu près toutes les semaines : du 15 août 1914 au 1er mai 1915 il en est passé près de 4.000 — exactement 3.984. Le Bureau s'occupe du placement en ville ou dans le département, de ceux des réfugiés susceptibles de travailler. Il en a ainsi été envoyé dans 86 communes du Gard. Le Dr D... assure le service médical et M. G... le service pharmaceutique. Trois jeunes filles se tiennent en permanence au bureau que ne quittent guère, du reste, le directeur, M. S..., et ses collaborateurs, MM. L... et F... Des dames, organisées par équipes, assurent les divers services dont certains, par exemple celui de la désinfection à l'arrivée, exigent un dévouement et une abnégation absolus. L'établissement reçoit surtout des Français originaires des départements envahis, mais l'on y rencontre aussi des Alsaciens-Lorrains, des Belges, des Polonais, des Italiens... A un moment donné il est même passé des otages et des « indésirables » que l'on s'est d'ailleurs empressé de diriger sur des camps spéciaux. Le dépôt, qui fonctionne sous le contrôle de l'administration préfectorale, se suffit à lui-même. Ce résultat a été obtenu grâce à l'accord des bonnes volontés des organisateurs, du personnel bénévole, et à l'aide généreuse apportée à l'œuvre par M. le Préfet, la municipalité, les Associations ouvrières et de fonctionnaires et la foule anonyme de tous ceux qui ont à cœur le soulagement des misères causées par la guerre.

Par une délibération en date du 16 août 1915, le Conseil municipal de Nimes a créé l'œuvre des *Permissionnaires du front* que MM. S... et L... ont organisée à l'Assomption. Un local comprenant un réfectoire, deux dortoirs de dix lits chacun, une salle de jeu et un débarras a été aménagé pour recevoir ces soldats. Trois repas copieux leur sont servis tous les jours avec un demi-litre de vin par homme et par repas. A leur arrivée, ils reçoivent une pipe ou du papier à cigarettes et un paquet de tabac plus 0 fr. 50 par jour comme argent de poche. Au départ, ils emportent pour la route, outre une somme de 10 francs, un pain de deux livres, du chocolat et un litre de vin. Durant leur séjour ils peuvent assister, le soir, grâce à des cartes qui leur sont délivrées à titre gracieux, au spectacle de leur choix (arènes, cinéma, etc.) La maison leur fournit, en outre, les vêtements de dessous qui pourraient leur manquer. La municipalité supporte la plus grande partie des dépenses, le surplus est fourni par l'inépuisable générosité des Nîmois. Les permissionnaires sans famille trouvent à l'Assomption un confortable et une liberté qui remplacent en quelque sorte l'accueil qu'ils trouveraient à la maison paternelle. Les lettres qu'ils écrivent dès leur retour au front prouvent qu'ils ont trouvé dans notre ville des sympathies qui leur ont redonné espoir et confiance. Ces témoignages constituent la plus précieuse récompense pour les promoteurs et les organisateurs de l'œuvre, et cette œuvre elle-même est toute à l'honneur de notre Midi, si souvent calomnié.

Parmi les autres œuvres existant dans notre ville, nous citerons : le *Trousseau du prisonnier* (4, rue de la Couronne) qui s'occupe de faire parvenir aux soldats français internés en Allemagne des vêtements et des vivres (1) ; le *Tricot militaire* (école de la rue Hôtel-Dieu),

---

(1) Au 30 avril 1915, le comité avait reçu une somme un peu supérieure à 10.000 fr. provenant de la vente dans les écoles du département des « tickets du prisonnier ». Grâce à cette somme et aux nombreux dons en argent et en nature reçus de divers côtés, il a pu être expédié aux prisonniers 277 colis renfermant 592 trousseaux comprenant 9.002 objets. Au 15 mai 1915, le nombre des envois dépassait 1.250.

sorte d'ouvroir qui envoie aux soldats combattant sur le front les objets en laine tels que chandails, chaussettes, cache-nez, passe-montagnes, etc., qui leur sont nécessaires; la *Croix-Rouge*, dont il a été déjà parlé, qui met en relations les prisonniers avec leurs familles...

Mais notre ville ne se contente pas d'être une ruche où tout le monde travaille pour assurer le succès de la plus juste des causes; elle verse également son obole aux œuvres nationale dont le siège est à Paris. Ainsi les différentes *Journées* (1) organisées à Nimes par le personnel enseignant sous le patronage de la Préfecture et de la Mairie ont produit des sommes considérables. Il en a été de même des souscriptions faites dans les Ecoles. Les corps élus, enfin, ont voulu manifester l'intérêt qu'ils portent aux victimes de la guerre. Dans sa séance du 23 novembre 1914, le Conseil Général a voté un million — 700.000 francs pour les Français et 300.000 francs pour les Belges — pour les malheureuses

(1) *Petit drapeau belge* (1er janvier 1915) ; a produit pour la ville 11.582 fr. 35 et pour le département 61.170 fr. 30 ; — *Journée du 75* (7 février 1915) ; 7.531 fr. 80 et 47.201 fr. 45 — *Journées serbes* (26 mars 1915 et 30 juillet 1916) ; — *Journée française* (16 juin 1915) : 9.517 fr. 20 et 46.241 fr. 85 ; — *Journée des éprouvés de la guerre* (6-7 juin 1915) : à Nimes, 6.771 fr. 65 ; — *Journée Nationale des orphelins de la guerre* (19 novembre 1916) : 21.619 fr. 75 dans le département ; — *Vente pour l'armée d'Afrique et les troupes coloniales* (1er juillet 1917), etc., etc. Une ressource précieuse a consisté en le prélèvement sur leurs salaires ou traitements d'un tant pour 100 consenti par certaines catégories d'ouvriers, les employés et les fonctionnaires au profit des œuvres de guerre. Ainsi, à dater du 1er décembre 1914, le personnel enseignant a versé à ces œuvres le 3 o/o de ses émoluments.

populations des régions envahies. Le Conseil municipal de Nimes, à son tour, a voté, le 26 novembre suivant, une somme de 100.000 francs pour le même objet — Français 70.000 francs, Belges 30.000. — Ces votes, émis à l'unanimité, honorent ces deux Assemblées.

Dans le grand mouvement de générosité qui s'est emparé de notre pays, nul n'a voulu demeurer en arrière. Ainsi, les fonctionnaires, les employés, les ouvriers même ont, ainsi que nous l'avons montré, largement alimenté les caisses des œuvres patriotiques. Les grandes dames, les modestes bourgeoises et les petites ouvrières ont rivalisé de zèle et elles ont confectionné ici et là des milliers de vareuses, de caleçons, de chemises de gilets de flanelle, de chaussettes, etc., pour nos soldats. L'art de tricoter est revenu en honneur et on a pu dire que dans la haute société les thés-tango d'avant la guerre ont été remplacés par les thés-tricot. Les bijoux de prix que nos mondaines portaient ostensiblement ont été enfouis dans leurs écrins et les belles toilettes de jadis ont cédé la place aux simples robes blanches et aux voiles flottants des infirmières. On a partout renoncé aux fêtes autres que celles organisées pour augmenter les ressources destinées à accorder quelques douceurs à nos vaillants défenseurs et à nos malheureux soldats internés en Allemagne. Les étrangers même se sont associés à ces élans de solidarité et la plupart des nations civilisées ont tenu à honneur

de créer en France des ambulances, d'envoyer
à notre Pays et à la Belgique le produit
de leurs libéralités. Le peuple suisse, en particulier, continuant les nobles traditions d'autrefois, a favorisé de tout son pouvoir l'échange
des grands blessés et accueilli comme ses
enfants ceux de nos infortunés compatriotes
qui, emmenés en captivité comme un vil trou-
peau au début même des hostilités, ont eu
le privilège d'être, après de longs mois de
souffrances, rapatriés en traversant son territoire. Cela console un peu des horreurs d'une
guerre sans précédents dans l'histoire et porte
à ne point désespérer tout-à-fait du cœur de
l'homme.

Un ensevelissement de soldat.

Des drapeaux tricolores cravatés de crêpe
s'avancent lentement portés par des vétérans
à la poitrine constellée de décorations. Viennent ensuite le clergé précédé de la croix
rédemptrice, et puis, sur le modeste corbillard des pauvres (1), une bière recouverte d'un
drap aux couleurs françaises à laquelle quelques couronnes sont accrochées. C'est un soldat blessé qui, malgré les soins qu'on lui a
prodigués, a succombé et que l'on porte au
cimetière. Des militaires, l'arme basse, marchent silencieusement à droite et à gauche

-----

(1) Par la suite ce corbillard a été remplacé par une prolonge
d'artillerie ornée d'un faisceau de drapeaux alliés.

du cercueil. Derrière, remplaçant la famille,
la plupart du temps absente, viennent les
infirmières avec leurs voiles blancs flottant
au vent. N'ayant pas réussi, malgré leur inlassable dévouement, à arracher à la mort sa
victime, elles ont voulu au moins l'accom-
pagner au champ du repos. Un ou deux officiers, des soldats valides ou blessés, quelques
civils composent le cortège du modeste héros
qui a donné à la Patrie outragée sa jeunesse
et sa vie. Sur le parcours, les passants se
découvrent respectueusement et les femmes,
mères, épouses, sœurs ou fiancées d'autres
soldats, essuient furtivement une larme en
songeant aux êtres chers qui sont là-haut,
bien loin, dans la fatale tranchée. Les enfants
eux-mêmes, malgré leur .légèreté, regardent
avec une curiosité inquiète ce cortège. Ils
songent peut-être vaguement, en considérant
ce cercueil renfermant une victime de la guerre,
à ces autres guerres dont on leur a parlé
en classe et dont le récit remplit presque
entièrement leurs livres d'histoire. Qui sait
même si ce spectacle ne leur donne pas
l'intuition des devoirs qui leur incomberont
demain ?... Le convoi croise un bataillon d'infanterie revenant de l'exercice. Tous les regards,
instinctivement, se dirigent de ce côté : le
chef du détachement fait au nom de tous, à
la dépouille du camarade qui passe, un salut
que l'on sent parti du cœur. Au cimetière,
après que le cercueil a été descendu dans la
fosse, les soldats composant le piquet d'hon-

neur présentent les armes, et, la cérémonie religieuse terminée, un officier adresse au mort un dernier adieu au nom de l'armée. Le Président de quelque société militaire prend enfin la parole pour glorifier les actes de celui qui mourut pour son pays. Les couronnes et les palmes sont déposées sur le bord de la fosse qui va se fermer à jamais sur cette jeune existence, et l'assistance se retire péniblement impressionnée.

Au début de la guerre, ce genre de cérémonie émouvait profondément la population. Par la suite, cependant, elles se sont si souvent renouvelées que la sensibilité s'est émoussée, tant il est vrai que l'on se fait à tout par l'habitude.

La plupart du temps, nos soldats meurent dans les hôpitaux sans avoir eu la joie de voir se pencher sur leur lit d'agonie le doux visage d'une mère chérie. L'intérêt que leur portent les infirmières n'a pu remplacer les soins que seules une mère ou une épouse savent donner. Il eût certainement mieux valu pour eux tomber sur le champ de bataille atteints d'une balle en plein cœur que mourir là, misérablement, sur ce lit d'hôpital. Ces réalités navrantes nous font une obligation d'honorer le plus possible de telles victimes. Le poète n'a-t-il pas dit :

> Ceux qui pieusement sont morts pour la Patrie
> Ont droit qu'à leur cercueil la foule vienne et prie... ?

Suivons leurs obsèques avec recueillement et quand un membre de la famille du défunt y assistera, entourons-le de notre respect et de notre sympathie.

Ils sont nombreux, trop nombreux, ceux qui disparaissent ainsi en pleine force laissant à leurs foyers des vides douloureux. Que ceux qui restent, au moins, jeunes et vieux, comprenant la terrible leçon des faits, se joignent à ceux qui reviendront de là-haut pour panser les blessures de la Patrie et la mettre à l'abri d'une nouvelle agression en contribuant à assurer dans le pays le maintien de cette union sacrée qui est la condition indispensable de la victoire. C'est encore la meilleure façon d'honorer nos morts...

Et vous, vaillants soldats dont la fin héroïque appartient désormais à l'histoire, dormez en paix. Que cette terre française, que vous avez arrosée de votre sang, vous soit légère !

Deux départs pour le front au 20ᵉ mois de la Guerre.

Le canon tonne à Verdun et l'autorité militaire envoie sans cesse des renforts à l'armée qui lutte là-haut héroïquement contre les meilleures troupes du Kronprinz. Le 115ᵉ d'artillerie lourde, régiment de formation récente dont le dépôt est à Nimes, fournit à la fois des contingents aux armées qui opèrent sur le front occidental et à celle d'Orient. Le dimanche 27 février, à 4 heures de l'après-midi, une batterie de ce régiment quitte son cantonnement de la rue Ste-Perpétue et se dirige vers la gare de la petite vitesse pour y être embarquée à destination du front français. Un artilleur cycliste, que suivent trois ou quatre cavaliers, ouvre la marche. Le capitaine vient ensuite à la tête de ses hommes qu'encadrent les sous-officiers. Les artilleurs passent au pas de leurs montures, équipés de neuf, les conducteurs à cheval et les servants assis sur les caissons. Tous ces hommes paraissent uniquement occupés à conserver un alignement irréprochable, mais leurs secrètes pensées vont sûrement à la maison paternelle et aux êtres chers qu'ils y ont laissés. — Les reverront-ils jamais ? Ils n'ignorent pas, en effet, qu'ils vont avoir affaire à de redoutables adversaires et que leurs gros canons, aujourd'hui soigneusement recouverts d'étoffe pour que la poussière du chemin ne les souille pas, seront demain mis en batterie en face des canons ennemis. Les promeneurs et les passants s'arrêtent et regardent, mais demeurent muets. Pourquoi n'ovationnent-ils pas ces soldats qui, sans hésitation aucune, marchent vers la mort ? C'est qu'ils ont assisté depuis vingt mois à bien des départs de ce genre et qu'ils s'y sont habitués. Et puis, la mode est au silence : sous le fallacieux prétexte de montrer son sang-froid, on ne manifeste plus. Et cependant nul ne doit ignorer que la sympathie surexcite les courages et que les hommes qui vont se battre ont besoin de se sentir soutenus. J'eusse voulu rompre ce

silence de glace et crier à ces hommes : « Votre
sort ne nous est pas indifférent ; nous savons
que vous allez exposer vos vies pour nous
éviter les hontes et les douleurs de l'inva-
sion et nous vous en sommes profondément
reconnaissants. Nos cœurs battent à l'unisson
des vôtres et avec vos familles, que vous venez
de quitter, nous faisons des vœux ardents pour
que vous rejoigniez un jour, sains et saufs,
vos foyers... »

Trois jours auparavant nous assistions, sur
le quai même de la gare, au départ d'un détachement du même régiment se dirigeant sur
Salonique. Les soldats — parmi eux se trouvait un de nos meilleurs amis — quittent
notre ville, où ils ont vécu quelques jours
heureux, sans murmurer, mais non sans
appréhensions. La traversée est longue et les
sous-marins allemands nombreux en Méditerranée... Si nous allions être précipités au
fond de la mer avant même d'avoir atteint
le port ?... nous répétaient ces hommes dont
le courage ne pouvait cependant pas être
contesté puisque tous avaient vécu dans les
tranchées et essuyé les rafales de feu de
l'artillerie boche. Je m'évertuais bien à leur
dire que les transports étaient protégés par
des navires de guerre, mais je sentais que
cette affirmation ne produisait aucun effet
sur leur esprit. Mais l'heure du départ a
sonné ! Un coup de sifflet fait regagner à chacun sa place et il faut se dire adieu. J'em-
brasse mon ami et je serre la main à quel-

ques autres en leur criant à tous : « Au revoir ! du courage ! » Le train s'ébranle lentement, accélère peu à peu son allure pendant que l'on se fait des signes avec la main et que les mouchoirs s'agitent jusqu'à ce que le dernier wagon ait disparu. Nos yeux sont humides et en notre âme angoissée nous nous demandons s'il nous sera donné de revoir ces hommes qui s'en vont dans le lointain Orient soutenir la réputation de la France. Et nous reprenons tristement le chemin de la maison.

Nîmes à l'entrée de la 3° année de guerre.

En semaine, la ville est assez morne : les hommes valides sont aux armées et la plupart des femmes et des jeunes filles travaillent à confectionner des effets militaires ou à fabriquer des obus. Les administrations civiles et militaires, la Compagnie P.-L.-M., les Banques en occupent également un grand nombre. Ce qui reste de vie et de mouvement semble s'être concentré aux abords de la gare : habitants de la banlieue se rendant en ville ou en revenant, trains sanitaires ou transportant des troupes qui traversent à grand bruit l'immense hall, soldats en partance pour les différents fronts (1), curieux stationnant sur

---

(1) Nîmes est un lieu de concentration pour les troupes se rendant à Salonique ; depuis peu les malades et les blessés de l'armée d'Orient sont hospitalisés dans notre ville (14 décembre 1916).

les diverses avenues..., tout gravite autour de l'embarcadère. Les communiqués sont lus avec moins d'intérêt qu'au début des hostilités ou au cours de périodes critiques telles que l'affaire de Verdun ou l'offensive de la Somme. A peine quelques personnes s'arrêtent-elles devant les dépêches officielles qu'elles lisent d'un air indifférent. Certains prétendus désabusés affectent même de passer en détournant la tête, prétextant, que « c'est toujours la même chose. » Auraient-ils raison ?

Le dimanche, la vieille cité reprend un peu de vie. Le matin, ceux des habitants qui n'ont pas gagné les « mazets » se rendent généralement dans les divers lieux de culte ; l'après-midi, la foule se répand sur les boulevards et à la Fontaine. N'étaient le grand nombre de militaires de toutes armes qui déambulent sur les grandes artères et les nombreux blessés et mutilés qui font péniblement leur promenade comme tout le monde, l'on ne se douterait pas que l'ennemi est encore à 60 kilomètres de Noyon. Les voix, en effet, s'élèvent au cours de conversations animées, les rires fusent, les curieux s'arrêtent devant les vitrines des magasins ornées comme aux plus beaux jours. On voit beaucoup de femmes en vêtements de deuil, mais l'on en rencontre aussi qui sont vêtues à la dernière mode, c'est-à-dire portant des jupes excessivement courtes et des chaussures de cuir très hautes. Le moment semble pourtant mal choisi pour gaspiller ainsi le cuir qui

a atteint des prix fantastiques!... Les terrasses
des cafés sont garnies de consommateurs des
deux sexes qui n'ont pas du tout l'air préoccupé. Les cinémas sont, même en semaine,
bondés de spectateurs, et le théâtre regorge
de monde. L'on représentait sur notre scène,
il y a quelque temps, des pièces patriotiques,
mais on y joue maintenant n'importe quoi et
le grand public s'y porte en masse.

La vie matérielle a augmenté dans des proportions inquiétantes, ce qui n'empêche pas
les bijoutiers et les pâtissiers, dont les produits ne sont pourtant pas indispensables, de
gagner de l'or. Le sucre, le café, les divers
articles d'épicerie, la viande, même certaines
denrées dont on pourrait aisément se passer,
s'enlèvent. Il est vrai que d'innombrables colis
sont expédiés tous les jours aux soldats du
front et aux prisonniers retenus en Allemagne. Mais d'où vient donc l'argent que l'on
dépense si libéralement, que l'on prodigue,
que l'on jette même quelquefois ? Les allocations et les pensions en fournissent la plus
grande partie ; le reste provient des gros
salaires touchés par les femmes employées,
ici ou là, et aussi, il faut bien le dire, du fait
que beaucoup de gens, invoquant à tort ou
à raison le moratorium, ne paient plus leurs
loyers. L'argent ainsi libéré n'est pas mis de
côté, mais bien consacré généralement à la
satisfaction de fantaisies coûteuses.

Ces constatations prouvent jusqu'à l'évidence
que les populations des régions méridionales,

éloignées du théâtre des opérations, ne se
font pas une idée suffisamment exacte des
calamités qui atteignent nos compatriotes des
régions envahies par l'ennemi ou parcourues
par les armées : cela leur a même valu des
accusations d'antipatriotisme. C'est certainement aller trop loin : les méridionaux aiment
leur pays et ils l'ont prouvé, mais il n'est
pas moins vrai que la tranquillité dont ils
jouissent les rend peut-être quelque peu égoïstes. Les gens qui réfléchissent ne songent pourtant pas sans angoisse à l'avenir et ils se
demandent avec anxiété de quoi demain sera
fait. Souhaitons que la victoire couronne les
efforts de nos armées !

L'ensevelissement
d'un sergent serbe (12 Décembre 1916).

L'après-midi — nous sommes en décembre
— est humide et froide. Le jardin de l'Hôpital
des contagieux, où le malheureux soldat s'est
vu lentement mourir, est occupé par les délégations — enfants des écoles, lycéens serbes,
dames de la Société *Pro patria*, vétérans de
1870, soldats — venus pour assister aux obsèques, et par quelques pensionnaires de l'établissement, minés par la fièvre, qui observent
d'un air attristé ce qui se passe. Le corbillard — une prolonge d'artillerie ornée d'un
faisceau de drapeaux des nations alliées, —
stationne tout attelé à l'intérieur de la porte.
Nous entrons dans la chapelle. Le cercueil,

entouré de cierges, est posé sur le sol, face
à l'autel. Les porte-drapeaux et le soldat
chargé de la croix se tiennent debout à ses
pieds. La nef est en partie occupée par les
personnes venues du jardin. Un prêtre ortho-
doxe, revêtu de ses vêtements sacerdotaux,
se place à la tête du cercueil et psalmodie
doucement les prières des morts. Quand il
a terminé, le cercueil est transporté sur le
fourgon pendant que le piquet d'honneur présente les armes, et recouvert du drap tricolore. Le cortège se met en marche. A de
courts intervalles, le prêtre et les Serbes qui
l'entourent exécutent à deux parties des chants
doux et mélancoliques qui impressionnent
vivement les assistants. Au cimetière, les lita-
nies et les chants recommencent. Le délégué
des vétérans de 1870 (1) prononce une patriotique allocution et l'on descend le cercueil
dans la fosse pendant que les Serbes chantent et que les soldats présentent une dernière
fois les armes. Le prêtre verse sur la bière
les huiles saintes et se retire après avoir fait
un dernier signe de croix.

Cette cérémonie, qui se renouvelle si souvent depuis quelques mois, présente aujour-
d'hui, en raison des événements, un caractère de profonde tristesse. Pendant que les
Allemands, victorieux des Roumains, envahissent leur malheureux pays, nous avons conduit
au cimetière ce soldat d'un pays ami dont

____

(1) Ce délégué, M. Th..., a prononcé ainsi 1.400 allocutions.

le sol a été foulé aux pieds par des armées
nombreuses avides de carnage. Notre esprit
est également frappé par le contraste existant
entre la conduite du vaillant peuple serbe, dont
l'armée combat courageusement à côté des
armées alliées, et le gouvernement du roi
Constantin de Grèce qui a lâchement manqué
à sa parole et trahi des amitiés séculaires.
On se demande avec anxiété si les soldats
du droit succomberont et si les méchants
triompheront... Ah ! nous soupirons après le
rayon de soleil qui réjouira nos cœurs en
dissipant nos angoisses !

La Fête des Morts à Nîmes en 1916.

On a procédé ces jours derniers à la toilette
des divers cimetières. Les tombes sont nettes
de couronnes fanées et de mauvaises herbes
et des crysanthèmes fraîchement cueillis les
recouvrent. Mais ces fleurs, écloses dans la
saison qui répand sa mélancolie sur la nature
entière, ne parviennent pas à égayer le séjour
des morts. Ceux qui reposent là dans l'iso-
lement et le silence nous font penser qu'un
jour, demain peut-être, nous irons les rejoindre et cette idée nous rend mélancoliques.
Mais la contemplation du carré des soldats,
hélas ! bien agrandi cette année, nous suggère
des pensées encore plus tristes. L'homme, nous
disons-nous, dont mille et mille causes abrè-
gent l'existence, semble avoir inventé la guerre
pour avancer encore le terme fatal. Les hom-

mes couchés à nos pieds dans leurs cercueils,
ont quitté la vie avant même d'avoir produit ce que la société était en droit d'attendre
d'eux. Ce qui révolte la conscience, c'est que
ceux qui ont déchaîné sur le monde l'effroyable guerre qui l'ensanglante, constituent
une infime minorité. Ah ! leur responsabilité
est grande vis-à-vis des autres hommes qui
paient très cher les calculs de leur ambition
et l'immensité de leur orgueil. Le geste coupable de ces insensés a amené maintes catastrophes et fait couler bien des larmes. La
cérémonie d'aujourd'hui en découle également.
Ce long cortège qui se déroule lentement
dans les allées du cimetière, ces drapeaux qui
s'inclinent sur les fosses dont quelques-unes
creusées d'hier seulement, ces discours vibrants
de patriotisme, cette foule silencieuse et re-
cueillie, tout cela constitue un hommage mérité
rendu pour la troisième fois aux malheureuses victimes de l'inconscience de certains
chefs d'Etat. Encore si nous apercevions le
terme de ces calamités ! Mais aucune lueur
ne nous montre l'aurore de jours meilleurs.

Au retour de la cérémonie, bien des visages paraissent tristes et préoccupés et on
y lit l'incertitude et l'angoisse. L'hécatombe
n'est-elle pas suffisante ? semblent dire ces bou-
ches muettes. La science, déjà si riche en
moyens de destruction, en découvre tous les
jours de nouveaux, et l'Europe va se transformer en un immense cimetière... Et cependant nous ne pouvons pas traiter en ce

moment avec les envahisseurs. Pourquoi les peuples dits civilisés dont la veulerie se retranche derrière l'épithète de neutres ne se joignent-ils pas à nous pour écraser les Barbares et leur imposer la paix, la paix pour toujours ? C'est là sans doute ce que clameraient nos morts s'ils pouvaient parler ; c'est ce que disent ceux qui les pleurent. Ne nous laissons cependant pas aller au découragement : les Alliés doivent pouvoir vaincre avec leurs seules forces parce qu'ils luttent pour la bonne cause, et ils vaincront. Que cette certitude soit notre consolation en ce jour de deuil !

La politesse disparaîtrait-elle ?

Un étranger, grand ami de la France, disait récemment : « Je remarque avec tristesse que vous semblez avoir renoncé, comme à un luxe déplacé en ce moment, à cette fleur de politesse raffinée que vous arboriez au revers de votre habit à la française avec une inimitable aisance... » D'autre part, un honorable Inspecteur d'Académie adressait dernièrement à ses subordonnés une circulaire dans laquelle, après avoir constaté « particulièrement depuis le début de la guerre, un relâchement sensible de la surveillance que les parents devraient exercer sur leurs enfants », d'où résultait « un développement déplorable du vagabondage et de la criminalité chez les mineurs », il les priait de surveiller avec soin la fréquentation scolaire... » Ce fâcheux état de choses que nous avons pu observer dans notre ville provient en partie de ce que les mœurs se sont insensiblement transformées partout depuis la guerre. Depuis deux ans et demi, en effet, la France de l'intérieur a ses regards fixés sur nos frontières violées. Les journaux lui apprennent les horreurs commises par les envahisseurs et les hécatombes de nos soldats ; les dirigeants ne cessent de lui dire que la lutte sera encore longue et que nous ne sommes pas au bout de nos sacrifices. Ces suggestions ont évidemment contribué à endurcir les cœurs, mais il y a d'autres causes à l'état d'âme que nous constatons. La population civile a été appelée à concourir à la défense nationale et chacun est devenu comme une sorte de fonctionnaire qui, trop pénétré peut-être de l'importance de sa fonction, s'est cru un personnage indispensable à la marche générale des affaires. De là à prendre des manières brusques, à faire des gestes cassants, à affecter une certaine rudesse vis-à-vis des autres, il n'y avait qu'un pas qui a été vite franchi. Les femmes elles-mêmes, appelées en grand nombre à tenir momentanément la place des hommes dans la plupart des fonctions que ces derniers occupaient avant la guerre, n'ajoutent pas toujours à leurs grâces naturelles l'obligeance et la bonne humeur. Elles se prépareraient même, dit-on, à défendre leurs positions, récemment conquises, contre le retour offensif des premiers occupants.

Un grand nombre de jeunes filles auxquelles l'on a dit qu'elles ne se marieraient pas faute d'épouseurs se sont fait admettre dans les Lycées créés par la loi Camille Sée, de 1880, dans le but d'y conquérir les diplômes donnant accès aux carrières masculines. Leur désir est légitime en soi, mais il nous sera bien permis de dire que la vraie place de la femme, quel que soit son degré d'instruction, est surtout au foyer où l'appellent les soins à donner à ses enfants et la direction de sa maison. Ce rôle est assez beau pour que nos jeunes filles, la crise passée, continuent, à l'exemple de leurs mères et de leurs aïeules, à le remplir de gaieté de cœur : le Pays leur en sera reconnaissant.

Quant aux enfants, aux garçons surtout, il importe de les surveiller étroitement afin de les soustraire à des suggestions susceptibles de les aiguiller dans une mauvaise voie. Pour cela, envoyons-les régulièrement à l'école, sevrons-les de certains spectacles démoralisants, surveillons leurs fréquentations, exigeons d'eux cette politesse que l'on rencontrait autrefois à tous les degrés de l'échelle sociale; surtout, donnons-leur constamment le bon exemple : à ce prix, et à ce prix seulement, nous mettrons fin à la crise fâcheuse que nous avons cru devoir signaler.

L'Hiver de 1916-1917.

La première partie de cet hiver s'est montrée clémente, mais il n'en a pas été de même de la seconde. Vers le milieu de janvier, la température s'est subitement abaissée et le thermomètre est descendu durant une quinzaine à moins de 10 degrés, ce qui est tout-à-fait anormal dans notre midi. La neige est tombée à diverses reprises — les 14 et 16 janvier et 6 février — et la mince couche est demeurée longtemps sur le sol glacé.

En ville, la circulation est difficile. Durant les premiers jours, le sol, durci par la gelée, résonnait sous les pas. Ensuite, le thermomètre monta un peu dans la journée aux endroits visités par le soleil et le dégel se produisant, la neige et la boue se collaient aux chaussures rendant la marche difficile. Les trottoirs, rendus glissants par le verglas, doivent être évités sous peine de dégringolades dangereuses. Les boulevards, les principales artères et les places ont été débarrassés de la neige, de la glace et de la boue qui les couvraient par des équipes composées principalement de soldats algériens. Ces jeunes gens, venus des pays du soleil, grelottent en accomplissant cette besogne, nouvelle pour eux ; aussi un grand nombre de ces malheureux, terrassés par le froid, succombent-ils à des affections de poitrine. La population, affectée par ces froids exceptionnels, paye un large tribut à la mort et l'on compte une moyenne de 15 à 20 décès par jour.

Par suite de la rareté du charbon, l'éclairage au gaz des rues est réduit à sa plus simple expression et l'on a quelque peine à retrouver son chemin, le soir. On ne peut guère éviter ni les flaques d'eau, ni les tas de neige ou de glaces amoncelés sur les bords de la chaussée, heureux encore si l'on ne se laisse pas tomber à la suite d'un heurt ou d'une glissade inattendus.

Par les soins de la municipalité, le charbon est vendu par 25 kilos, moyennant un franc, dans les sous-sols des halles. Bien avant l'heure de l'ouverture des portes, la foule des acheteurs, composée principalement de femmes tenant un sac vide à la main, se masse le long de la façade nord, sans cesse battue par une bise glaciale, les pieds pétrissant une boue gluante. Quand la porte, gardée intérieurement par un agent, s'entr'ouvre, quelques personnes, les plus rapprochées, pénètrent sous le hall, s'empressent vers l'escalier des caves, y descendent vivement, tendent leur sac dans lequel un employé verse les 25 kilos d'ovoïdes, donnent leurs vingt sous, remontent et sortent des halles par la porte sise au milieu de la façade Est du monument. Le trottoir extérieur de ce côté est couvert de menus grains de charbon échappés des sacs que l'on dépose là pour les jeter ensuite sur l'épaule, après quoi chacun regagne son domicile dont le fourneau pourra désormais recevoir un peu de combustible. Comme il n'existe pas encore de carte de charbon, et que le contrôle des distributions est plutôt sommaire, les mêmes personnes reviennent parfois à plusieurs reprises, et cela au détriment des autres. Les divers marchands de charbon en livrent également à tout venant, toujours par 25 kilos ; aussi voit-on les gens faire queue devant leurs magasins durant la plus grande partie de la journée. Quelques femmes se sont, ici ou là, servies de leurs propres mains et certaines ont même oublié en s'en allant, tant leur hâte était grande, de payer la marchandise : ces faits regrettables ne se sont pourtant pas multipliés. Mais tout le monde n'arrive pas à se faire servir et nous savons des gens qui, grelottant devant leurs fourneaux vides, ont été maintes fois obligés de manger hâtivement quelques aliments froids et se coucher ensuite.

Le bruit ayant couru que l'usine à gaz allait se fermer faute de houille, ceux qui en ont les moyens font provision de pétrole que l'on ne se procure cependant pas sans difficulté. Suivant des dires autorisés, le charbon abonderait à la Grand'Combe — 30.000 tonnes se trouvaient accumulées sur le carreau de la mine il y a un mois et demi — et s'il ne nous arrive pas en plus grande abondance, c'est faute de wagons pour le charger et d'employés pour conduire les trains. Ne serait-ce pas surtout parce qu'il prend le chemin de l'Italie ?

Ces privations, les premières subies depuis l'ouverture des hostilités, énervent la population qui, après avoir d'abord murmuré tout bas, élève peu à peu le ton de ses récriminations. Certaines personnes se livrent, ici ou

là, à des manifestations qui, bien qu'inoffen-
sives jusqu'ici, pourraient bien, sous l'empire
de la nécessité, devenir brutales. Nos méridionaux habitués à une vie large et facile,
sont peu disposés à subir une contrainte quelconque, et il pourrait fort bien se faire que
le peu de patience qu'ils possèdent ne suffise
pas à les « faire tenir » jusqu'au bout. L'autorité devra se montrer prudente si elle veut
éviter des difficultés. Tout le monde souhaite que les hostilités ne s'éternisent pas
et que tout rentre dans l'ordre. On attend,
non sans impatience, la grande offensive qui
paraît devoir y mettre fin par la victoire des
Alliés...

Le retour au sol.

La terre a, de tout temps, exercé sur les
hommes une attraction singulière et il semble que les meilleurs écrivains aient éprouvé
le besoin de regagner de temps en temps leur
pays natal pour y respirer les brises de leur
enfance. Ainsi, Chateaubriand adorait sa Bretagne, A. Daudet sa Provence, Balzac sa Tou-
raine, Flaubert sa Normandie, Lamartine ne
se trouvait parfaitement heureux qu'à St-Point,
Alfred de Vigny au Maine-Giraud, G. Sand
au milieu des paysans berrichons... Mais ces
auteurs célèbres se contentaient d'admirer les
beaux spectacles que la nature offrait à leurs
yeux émerveillés, de rêver dans la solitude

reposante des champs et des bois, de respirer
l'air vivifiant des campagnes ensoleillées : ils
n'habitaient pas leurs terres d'un bout de
l'année à l'autre, ils ne les travaillaient pas,
ils ne les cultivaient pas... Après trente mois
de guerre, les habitants des villes soupirent
après la vie que l'on mène à la campagne.
Menacés de manquer des choses indispensables
à la vie matérielle ou contraints de les acqué-
rir à des prix exorbitants parce que les hommes valides sont à l'armée ou à la veille d'y
être incorporés et que l'intensification de la
guerre sous-marine a considérablement réduit
nos importations, nous commençons à souffrir. Aussi le Gouvernement prêche-t-il le
retour à la terre par tous les moyens : renvoi dans leurs foyers des agriculteurs appartenant aux plus vieilles classes, nomination
d'un contrôleur-général de la main-d'œuvre
agricole, appel à la main-d'œuvre des écoliers
à partir de l'âge de onze ans, mise en culture
des terres abandonnées, etc., etc. La guerre,
par ses implacables leçons de choses, nous
a contraints à improviser ce que nous aurions
mis peut-être des années à réaliser. Ainsi, les
efforts de ceux qui, à la tribune, dans la presse,
dans les livres avaient conseillé de se replon-
ger dans la « vieille terre nourricière », selon
l'expression de Michelet, voient leurs efforts
couronnés de succès en un moment où ils
s'y seraient le moins attendus.

La natalité française décroît tous les ans
de façon alarmante et la mortalité augmente,

surtout dans les villes, dans des proportions effrayantes. Il n'est que temps de reprendre le chemin de la campagne où l'on respire un air salubre et où l'on mange à sa faim. Rapprochons-nous le plus possible de la nature, ainsi que le conseillait déjà Rousseau ; vivons comme nos premiers parents de la vie saine des champs, si nous voulons que notre race, amollie par des siècles de vie artificielle, reprenne vigueur et puissance.

Mais, dira-t-on, ceux qui habitent les villes devront-ils les abandonner pour aller vivre aux champs? Telle n'est pas notre pensée: il est évident que les grandes agglomérations continueront à exister et cela pour des raisons multiples dont la principale consiste en ce que les diverses constructions et aménagements représentent un labeur considérable et des capitaux énormes dont il est bon de profiter. Mais alors, que doit-on faire ? Faire impitoyablement disparaître les quartiers insalubres, assainir dans la mesure du possible les habitations conservées, établir en pleins champs, et, si possible à proximité des bois, les écoles, les manufactures et les usines, construire dans la banlieue des maisons à bon marché entourées de jardins. Par des combinaisons financières déjà trouvées et appliquées en maints endroits, il sera possible de louer ou même de céder en toute propriété ces maisons à des ouvriers et à des gens de condition modeste qui vivront là dans les meilleures conditions d'hygiène et de confort.

Grâce à ces mesures et à d'autres du même
genre, la question sociale se trouvera en partie résolue. Nous souhaitons vivement que
l'on entre dans cette voie dans notre bonne
ville de Nimes !

La Toussaint de 1917.

Le ciel est bas et mélancolique, l'atmos-
phère saturée d'humidité, ce qui n'empêche
pas la foule de se porter vers les cimetières
dont on a fait ces jours derniers la toilette
annuelle. Les vêtements de deuil ne se comptent plus et combien de personnes qui ont
dû même les reprendre à l'occasion d'un
nouveau décès ! Les morts se succèdent avec
une effrayante rapidité et nous entendons ici
et là des gens au visage sérieux et triste
qui prononcent d'un ton découragé cette
phrase : « Quand donc la guerre finira-t-elle? »
Les malheureux événements d'Italie et les
turpitudes dévoilées par les journaux parisiens endeuillent encore cette triste journée.
Ah ! ces Russes pour qui nous avons tiré
l'épée, combien leurs querelles intérieures et
l'inaction qui s'en est suivie ont fait couler
et feront couler encore de sang et de larmes!
La guerre se prolonge par leur faute, mais
qu'y pouvons-nous ? On chuchote partout
cependant que les Alliés n'ont pas su parer
à temps l'offensive austro-allemande dans les
Alpes, bien qu'ils ne l'ignorassent pas... Il est
difficile, et en tout cas inutile, de contrôler

ces rumeurs qu'il vaudrait mieux peut-être ignorer car elles ne peuvent que faire baisser le moral que venaient de relever les succès des anglo-français dans les Flandres. Mais nous sommes loin de la frontière, la voix du canon n'arrive pas jusqu'à nous et nous continuons à vivre comme par le passé. Nos craintes, nos impatiences, nos doutes cruels, nos angoisses se fondent en la pensée d'honorer en ce jour, qui leur est consacré, ceux qui sont morts pour défendre et notre Patrie et la Civilisation. Donc, à deux heures, les autorités civiles et militaires, suivies d'un détachement de soldats en armes, des sociétés patriotiques et autres font leur entrée dans le cimetière catholique et se dirigent vers le carré des soldats, décoré de trophées de drapeaux et dont les tombes toujours plus nombreuses disparaissent sous les fleurs. Nous remarquons dans le cortège les colonies italienne et espagnole de Nimes, les boys-scouts, une délégation des Serbes du lycée... Les discours habituels sont prononcés et le cortège se rend ensuite aux cimetières protestant et israélite où les mêmes cérémonies se reproduisent.

Une pluie fine et froide commence à tomber de bonne heure et chacun regagne sa demeure en réfléchissant tristement aux maux qu'engendre la folie des hommes.

Constatations.

Nous traversons la plus formidable crise que notre pays et le monde aient connue, et cependant, à ne considérer que l'apparence des choses, on ne s'en douterait guère dans notre ville, très éloignée, il est vrai, de la zone des armées. Les modestes employées, les petites ouvrières sont vêtues journellement d'étoffes claires et transparentes laissant apparaître des dessous élégants. Ces costumes, naguère exclusivement portés par les dames de la bourgeoisie, sont adoptés maintenant par tout le monde et pour « tout aller ». C'est qu'en pareille matière l'exemple est contagieux et nous avons vu des marchandes des quatre saisons et même des porteuses de « briquettes » pousser leurs petites charrettes en corsages clairs... Les robes et les chaussures ne diffèrent en rien de celles que nous avons décrites plus haut — voir page 245 — Quant aux chapeaux, ils ne sont pas toujours garnis avec goût, mais ils comportent la plupart du temps des plumes et autres ornements de prix. La tenue masculine ne s'écarte pas beaucoup de celle d'avant-guerre.

Les denrées alimentaires ont atteint des prix exagérés et pourtant rien ne reste sur le marché. Certains produits sont devenus rares ; quelques-uns, originaires d'Allemagne, introuvables, mais on les remplace par d'autres, qui, certainement, ne les valent pas et que l'on paie fort cher. Les gens ne renon-

cent cependant pas aux petites douceurs qu'ils
s'octroyaient jadis: ainsi, beaucoup ne passe-
raient pas à table si le vin n'y figurait pas
bien qu'il coûte 1 fr. 10 le litre... Les cafés,
surtout le dimanche, regorgent de consommateurs qui ont l'air de s'y trouver à l'aise,
plus même que chez eux. Les ouvriers, sur-
chargés de travail, acceptent les commandes
qui leur plaisent et refusent les autres, souvent même sans urbanité : ils sont les maîtres de l'heure. Les marchands détaillants,
mal approvisionnés ou manquant même de
beaucoup d'articles, reçoivent les acheteurs
comme si ceux-ci venaient solliciter d'eux
quelque service. Quant aux femmes de ménage
et aux laveuses, leurs prétentions sont exa-
gérées. Les garde-malades, enfin, quand il
s'en trouve, vendent leurs services à prix d'or.
C'est que, il faut bien le reconnaître, tout
le monde est plus ou moins énervé par la
guerre et les rapports des hommes entre
eux s'en ressentent. Ah ! comme nous aurions
besoin de posséder nos cœurs par la patience!
Néanmoins, le temps fait son œuvre : on s'est
peu à peu habitué à lire ou à entendre
conter des horreurs sans sursauter d'indignation. On s'est fait à l'idée de ne plus revoir
ses morts et plus d'une veuve de la guerre
s'est hâtée de se remarier. On a pris son
parti de savoir dans les tranchées ou sur
les champs de bataille son mari, son fils, son
frère, son fiancé, et l'on ose rire encore par
ces temps de misère et de désolation. Nous

avons plusieurs fois entendu le soir des chants, des éclats de rire, des conversations bruyantes partant de groupes de femmes prenant le frais devant leurs portes. Et si, par aventure, quelque passant se fait admettre dans le petit cercle, le bruit redouble et l'on se croirait au café-concert. Mais, hélas ! on va souvent plus loin dans les ménages d'où le mari est absent et la publicité donnée à certains scandales montre que pour peu que cet état de choses continue, nous en arriverons bientôt à la faillite de la moralité.

Nîmes en janvier-février 1918.

Les habitants du Midi — nous ne saurions trop le répéter — vivant loin de la frontière allemande, n'ont jusqu'à maintenant connu la guerre que par les comptes-rendus des journaux, les récits des réfugiés et des permissionnaires et les lettres du front. La mobilisation et les levées successives d'hommes qui l'ont suivie, ont il est vrai, dépeuplé la région ; les deuils ont succédé aux deuils ; les blessés ont, à certains moments, encombré nos hôpitaux ; les mutilés parcourent les rues de notre ville..., mais, l'habitude aidant, chacun s'est fait à ces choses et vit à peu près comme autrefois. Mais la nouvelle année paraît s'annoncer sous des auspices différents : nous entrons en plein, en effet, dans la période des restrictions. Comme les choses inutiles sont quelquefois

celles dont certaines personnes se privent avec
le plus de regrets, nous inscrirons en tête
de notre liste la rareté du tabac. Depuis
environ deux mois les débits de la ville —
tous ceux de France, du reste — irréguliè-
rement et parcimonieusement approvisionnés,
manquant par suite de marchandises, collent
sur leurs portes une pancarte avec ces mots:
« Plus rien à fumer » ! Quand un débit a
reçu du tabac, la nouvelle s'en répand rapidement aux alentours et la foule, composée
surtout de femmes, se masse en désordre
devant la porte. Si les agents chargés de la
canaliser tardent à arriver, des bousculades
se produisent et le bureau est quelquefois
envahi. Des « spécialistes » achètent du tabac
qu'ils revendent, souvent séance tenante, à
un prix supérieur au prix marqué : le fléau
de la spéculation sévit jusqu'en ces petites
choses ! La question du pain est infiniment
plus importante. La farine manque souvent
et les boulangers en sont réduits à rationner
leurs clients et même quelquefois à fermer
leurs magasins : il y a eu à Nimes et dans
les environs des jours sans pain. Matin et
soir, de longues théories de femmes, de vieillards et même d'enfants assiègent les boulangeries pour recevoir un pain massif et indi-
geste dans lequel on découvre, à côté de
matières inconnues, des grains de maïs, des
morceaux de châtaigne et des brins de paille.
Il va de soi que les gens massés devant les
boulangeries s'impatientent et tiennent des

propos subversifs, s'en prenant, non aux auteurs responsables de ces désagréments, les Boches, mais aux autorités qui souvent n'en peuvent mais. Le sucre devient de plus en plus rare ; ainsi en janvier et février 1918 on n'a guère touché que le tiers de la maigre ration promise. Dans les cafés, on le supprime complètement et on le remplace, de même que dans certains ménages, par la saccharine. Les œufs se vendent toujours de 3 fr. 60 à 4 fr. 80 la douzaine, suivant leur origine ; la viande, le fromage, le beurre sont à des prix inabordables (1). Les pâtes sont introuvables et les autres articles d'épicerie hors de prix quand ils ne manquent pas. La mauvaise qualité du pain et de certaines denrées éprouve fortement les estomacs délicats et l'on ne compte plus les gens souffrant d'affections du tube digestif. Les personnes dont la santé est tant soit peu ébranlée ne résistent guère à ce régime auquel elles n'étaient pas habituées et le nombre des décès s'accroît de façon inquiétante. Il faut pourtant espérer que malgré ces conditions défavorables ceux de l'arrière, qui ont si bien tenu jusqu'à présent, feront appel à toutes leurs énergies et continueront à donner le bon exemple.

---

(1) Voir aux *Notes et Documents* deux tableaux des prix.

Impressions du 17 mars 1918.

La situation générale redevient préoccupante: on se harcèle sur le front occidental sans qu'aucun des adversaires ose prendre, ou veuille prendre, l'initiative d'opérations plus étendues. Les puissances centrales ont, grâce à l'anarchie russe, forcé le blocus en un large point du front oriental et l'entrée de leurs troupes en Russie va leur permettre de se ravitailler et d'attendre patiemment leur prochaine récolte. On se demande, et non sans angoisse, si nos ennemis, à qui la fortune a tant de fois souri, surtout en ces derniers temps, ne comptent pas, pour triompher, sur la lassitude des nations alliées. Bien des causes pourraient la faire naître : affaires de trahison en cours d'instruction ; raids meurtriers sur Paris ; explosion, due à des causes inconnues, d'une importante usine de munitions installée dans la banlieue de cette ville, qui a fait des centaines de morts et de blessés ; restrictions toujours plus nombreuses et renchérissement constant de toutes les choses nécessaires à la vie ; durée indéfinie de la guerre puisque l'on envisage l'intervention des Japonais, peut-être même des Chinois, en Sibérie, pour barrer aux Allemands la route de l'Orient ; chiffres formidables atteints par nos budgets et progression sans cesse croissante des impôts destinés à les équilibrer ; discussions violentes à la Chambre montrant que l'union sacrée, inaugurée le 4 août 1914,

n'existe plus qu'à l'état de souvenir et parti-
pris évident d'un groupe politique contre le
Gouvernement ; enfin, désir immodéré de jouir
provoqué par l'abondance du papier-monnaie...
Nos ennemis, toujours aux aguets, n'ignorent
pas ces choses et leurs agents, nombreux en
notre pays, ne laissent échapper aucune occasion de semer parmi nous la discorde et le
découragement. On se demande même quelquefois s'ils n'y réussiront pas, tant il se col-
porte partout de fausses nouvelles et de racon-
tars intéressés.

Ces constatations portent à la tristesse et
bien que l'on se dise que l'intervention des
Etats-Unis devrait, dans un avenir prochain,
nous assurer la victoire, nous aurions besoin
qu'un évènement heureux survienne bientôt
pour relever notre moral, quelque peu ébranlé
par une trop longue succession de malheurs.
Et pourtant, à ce que l'on nous dit, le moral
n'a jamais été meilleur au front ! Sans doute,
la façon dont les Allemands traitent les Russes, qui s'étaient cependant soumis à toutes
leurs volontés, a ouvert les yeux à beaucoup.
Un sort semblable nous serait certainement
réservé si les puissances centrales réussis-
saient à obtenir l'avantage dans le conflit
actuel. Donc, puisqu'il le faut, raidissons-nous,
à l'avant et à l'arrière, dans un dernier effort
et chassons l'envahisseur : la victoire restera
à celui des belligérants qui n'aura jamais désespéré de l'obtenir.

Commémorations.

a). — 5 AVRIL 1918.

Une année s'est écoulée depuis que les Etats-
Unis ont pris la résolution de participer à
« la lutte grandiose que soutiennent les peuples libres contre les fureurs déchaînées de
l'impérialisme » (1). A cette occasion, des télé-
grammes ont été échangés entre les chefs
d'Etats de l'Entente, notamment entre MM.
Poincaré et Wilson. Une cérémonie a eu lieu
également à l'Hôtel-de-Ville de Paris au cours
de laquelle M. Mithouard a prononcé, en présence de MM. Baker, ministre de la Guerre,
et Sharp, ambassadeur des Etats-Unis, un discours où il affirme une fois de plus que
« nous savons et nous avons toujours dit que
nous n'aurions la paix que par la victoire ».
M. Sharp lui a répondu : « ...L'heure n'est
plus aux paroles, mais aux actes, ...nous devons
lutter pour vaincre..., pour cela tous les hommes et toutes les ressources de l'Amérique
sont mis à votre disposition. »

b). — L'EMPIRE DAY:
FÊTE DE L'EMPIRE BRITANNIQUE

Les Anglais fêtent chaque année l'anniversaire de la naissance de la reine Victoria,
née le 24 mai. L'armée anglaise qui combat
sur notre territoire pour la cause du droit
n'a pas manqué de la célébrer et la France

---

(1) Télégramme de M. Poincaré à M. Wilson.

entière s'y est associée. Une cérémonie imposante a réuni à la Sorbonne, en présence
du Président de la République, tout le monde
officiel, les ambassadeurs des puissances de
l'Entente et une nombreuse assistance. M. Millerand a fait une conférence très documentée
sur l'effort naval anglais. En 1914, a-t-il dit,
la marine britannique comptait 146.000 marins;
elle en a aujourd'hui 450.000. Les bateaux
patrouilleurs anglais, au nombre de 150 au
début de la guerre, atteignent actuellement
3.300. Malgré les ravages causés par la guerre
sous-marine, le tonnage de la marine marchande s'est à peu près maintenu, grâce à
l'activité des chantiers navals, à son chiffre
normal... (1) M. Lacour-Gayet, membre de l'Institut et professeur à l'Ecole supérieure de
marine, a parlé des trois actions de guerre
de la marine britannique : les Falkland, le
Jutland et Zeebrugge, Ostende... Au nom du
Gouvernement, M. Leygues, ministre de la
marine, rend hommage à l'Angleterre qui a
su conserver la maîtrise de la mer, et flétrit
la conduite des Hohenzollern et des Habsbourg
qui « ont déchaîné contre les êtres et les
choses une frénésie de destruction que le
monde n'avait jamais connue...» M. Deschanel,
Président de la Chambre, parle du peuple
anglais qui, après avoir fondé la liberté civile
et la liberté politique, est devenue le rempart de la liberté européenne. Il associe éga-

____

(1) Voir la brochure illustrée ; *l'Angleterre que fait-elle ?*

lement l'Italie, dont c'est le troisième anniversaire d'entrée en guerre, à cette fête des nations alliées. L'ambassadeur de cette dernière puissance affirme, au nom de 36 millions d'Italiens qui n'ont pas oublié Magenta et Solférino, que « les cœurs sont aujourd'hui là-bas aussi riches d'enthousiasme, d'amour de la justice, aussi confiants dans l'issue de la grande lutte qu'ils l'étaient il y a trois ans. » L'ambassadeur de la Grande-Bretagne, qui a pris la parole le dernier, a remercié les représentants de la France et de l'Italie et il a été vivement acclamé par l'assistance.

c). — CÉLÉBRATION DU 3me ANNIVERSAIRE DE L'ENTRÉE EN GUERRE DE L'ITALIE

Le même jour, — 24 mai — à Rome, un imposant cortège a parcouru les grandes artères et s'est rendu au Capitole. Là, dans le théâtre de l'Augusteum, décoré des drapeaux des puissances alliées, s'est déroulée une splendide cérémonie destinée à célébrer le troisième anniversaire de l'entrée en guerre de l'Italie. Après l'exécution par l'orchestre des hymnes des nations alliées, le prince Colonna, maire de Rome, ouvre la séance. Le prince de Galles, qui représentait l'Angleterre, prononce un discours frénétiquement applaudi, qui se termine par ces belles paroles : « Ici, dans la ville de Rome, ancienne capitale du monde, source de l'ordre social et de la justice, je proclame avec fierté ma

conviction que la grande cause pour laquelle
nos deux peuples se battent contre les forces
de la réaction, est destinée inévitablement et
certainement à triompher, grâce à l'union,
dont notre réunion de ce soir est le symbole. »

Le représentant de la France, M. Henry
Simon, ministre des Colonies, monte ensuite
à la tribune. Il commence par lire la dépêche de M. Poincaré au roi d'Italie, puis prononce un discours où il parle des accords
qui seront conclus après la guerre entre nos
deux pays. Une allusion à la personnalité de
M. Clémenceau soulève des tonnerres d'ap-
plaudissements. Il en va de même quand l'orateur assimile la question de Trente et de
Trieste à celle de l'Alsace-Lorraine. Le délégué des Etats-Unis, M. Hamilton Bell, prononce
des paroles que l'auditoire applaudit frénétiquement. M. Orlando, dans un vibrant discours, sait trouvers le chemin des cœurs de
tous les assistants : « Dans ces deux mots de
justice et de liberté, dit-il, se trouve l'intime
raison de notre guerre commune et des aspirations vers la victoire qui sera et doit être
commune. Le droit de Trieste est formé de
la même vérité, de la même justice, que le
droit de Strasbourg et ces droits ont été for-
més de la même substance que les droits
de Varsovie ou de Prague...» Enfin le professeur Lorenzoni, au nom des irrédentistes,
remercie les Alliés qui ont épousé la cause
des peuples opprimés. Après l'exécution de
l'Hymne des Nations, de Verdi, l'assistance

s'écoule profondément remuée par ce qu'elle
a vu et entendu.

Des manifestations comme celles de Paris et
de Rome montrent à quel point les nations de
l'Entente sont unies et combien elles sont déci-
dées à combattre pour que les puissances de
proie soient désormais mises hors d'état de
troubler la paix du monde. Elles ne sont pas
passées inaperçues dans notre ville où bon
nombre de personnes suivent avec un intérêt passionné ces affirmations de l'union des
Alliés. Nous en avons entretenu nos plus grands
élèves qui n'ont pas manqué de s'en faire
l'écho dans leurs familles.

La Fête nationale des Etats-Unis :
4 juillet 1918.

Le 28 juin, à la Chambre, à l'occasion
d'une proposition de résolution de M. Boka-
nowski invitant le Gouvernement à convier
le peuple français à célébrer le 4 juillet la
Fête nationale des Etats-Unis, une manifestation unanime de sympathie à l'adresse de nos
alliés s'est produite. M. Franklin-Bouillon a
lu un rapport sur cette proposition et M. Pams,
ministre de l'Intérieur, a communiqué aux
députés la circulaire par laquelle il invite
les Préfets à prendre des mesures pour que
« la fête américaine du 4 juillet soit une fête
française. » Il lit également le télégramme
adressé par le général Pershing au gouvernement dans lequel il dit que « cette preuve

d'amitié de la part de la France touche profondément les Américains et exalte leur désir de lutter à ses côtés jusqu'à complet rétablisseemnt de la liberté dans le monde. » La motion, ainsi conçue : « La Chambre invite le Gouvernement à convier le peuple français à célébrer, le 4 juillet, la fête nationale des Etats-Unis d'Amérique pour attester à nouveau devant le monde l'union indissoluble des peuples alliés qui se sont dressés pour défendre la liberté, l'honneur et le droit assaillis par le militarisme prussien » est votée à l'unanimité et M. Paul Deschanel adresse à la République des Etats-Unis, à son Président et à sa vaillante armée les vœux fraternels de la Chambre et l'hommage de son admiration pour l'œuvre splendide si rapidement accomplie. Le Sénat a immédiatement ratifié le vote de la Chambre.

Le mercredi 3 juillet, dans toutes les écoles primaires, ces dispositions ont été portées à la connaissance des élèves. En ce qui nous concerne, afin de mieux montrer aux enfants, et par là même aux familles l'importance de la date du 4 juillet, nous leur avons exposé aussi simplement et aussi clairement que possible l'historique de la guerre au cours de laquelle les Etats-Unis conquirent, au XVIIIe siècle, leur indépendance avec l'aide de la France.

Le clou de la fête du lendemain a été la Revue des troupes de la garnison passée à l'Esplanade et à l'avenue Feuchères. La compagnie du Génie américain cantonnée à Courbessac a défilé la première, sans armes, devant le général, au son d'un défilé joué par la fanfare des artilleurs. Les soldats français venaient ensuite. En voyant passer, vêtus de leur costume vert olive et coiffés du feutre national les robustes gars de l'Amérique, nous nous disions : « C'est grâce à eux que nous devons de ne pas être vaincus par les hordes teutonnes. Nous leur avons aidé, il y a cent-quarante-deux ans, à conquérir leur indépendance ; ils nous aident maintenant à conserver notre liberté : un bienfait n'est jamais perdu ! »

La Fête du 14 juillet 1918, à Nimes.

La Fête nationale tombe, cette année, un dimanche et le temps est splendide. Les soldats américains prennent part à la Revue habituelle, à l'Avenue Feuchères, et à midi, dans l'une des casernes d'artillerie, un banquet militaire, présidé par le général, les réunit à leurs camarades français. A dix heures, sous les beaux ombrages du Jardin de la Fontaine, se déroule pour la première fois, sous la présidence de M. Th...., Préfet, une cérémonie en l'honneur des Pupilles de la Nation qu'avait précédée la remise des récompenses aux lauréates du legs Boucher Crèvecœur de Perthes. Des discours sont prononcés, par MM. M..., adjoint au Maire, Th..., R..., L'H... Des chœurs exécutés par une quaran-

taine de soldats américains, les pensionnaires
de l'Ecole des Mutilés et les élèves du Conser-
vatoire, sont exécutés comme intermèdes. Bien
que le succès des récentes offensives allemandes eut quelque peu assombri les fronts,
l'espoir n'est cependant pas banni des cœurs
et les Nîmois, accourus nombreux, ont paru
s'intéresser vivement aux cérémonies patriotiques qui se sont déroulées à l'Esplanade et
à la Fontaine.

Nîmes et la région
en août et septembre 1918.

Les récents succès allemands ont jeté le
trouble dans les esprits. Paris n'avait jamais
peut-être été aussi directement menacé : les
incursions des « Gothas » et le tir sans cesse
renouvelé des « Berthas » géantes font tous
les jours des victimes parmi la population et
accumulent les ruines dans divers quartiers.
Les habitants qui le peuvent fuient en province, colportant un peu partout des bruits
pessimistes ; les établissements financiers se
hâtent de mettre en sûreté dans des localités
éloignées du front leur numéraire et leurs
titres. Le gouvernement lui-même paraît vouloir reprendre le chemin de Bordeaux et
Nîmes a été désignée pour recevoir les pré-
posées au service des pensions au Ministère
de la guerre au nombre de dix-huit cents

dames employées et deux cents auxiliaires (1). On sent aussi que les ports du détroit et de la mer du Nord sont menacés et le pays attend, dévoré d'inquiétude, que les armées alliées, revenues de leur surprise, arrêtent l'ennemi. On a vécu alors, en province, des heures d'angoisses en tout semblables à celles qui marquèrent notre retraite après la défaite de Charleroi. Une seconde bataille de la Marne devait nous sauver. L'unité de commandement acceptée par tous les Alliés en ce moment tragique et réalisée en la personne du général Foch, rétablit la situation. Depuis le 18 juillet, en effet, nos offensives, heureuses sur tous les fronts et en particulier sur le front occidental, ont fait renaître l'espoir dans les cœurs angoissés, et le découragement, qui paralysait toutes nos énergies, a fait place à la certitude en la victoire finale.

Cependant notre Midi, en particulier Nîmes et la région des Cévennes, qui jusqu'à maintenant ne s'étaient pas trop aperçues que la guerre sévissait dans le Nord, commence à souffrir. Le prix des objets quels qu'ils soient et en particulier ceux des denrées indispensables à la vie quotidienne, ont atteint des proportions inouïes. La cause en est en par-

____

(1) Un appel du Maire de Nîmes, placardé sur les murs le 27 juin 1918, invitait ceux de ses administrés disposant d'une ou de deux chambres meublées à en faire la déclaration à la Mairie du 28 juin au 2 juillet. Les prix de location varieraient entre 30 et 45 fr. par mois.

tie à l'énorme circulation fiduciaire (1) qui
incite les gens à beaucoup dépenser, et aussi
au mauvais état de certaines récoltes dû à
la sécheresse qui a sévi cette année avec intensité. Les pommes de terre, par exemple, qui
avaient produit l'an dernier 150 millions de
quintaux de tubercules, n'en ont guère donné
cette année que 75 millions, c'est-à-dire moitié moins (2). Les fruits manquent à peu près
totalement et les prairies non arrosées ont
fourni peu de foin et de regain. On estime
cependant que la vigne, bien qu'elle ait quelque peu souffert du manque d'eau, donnera
une fort belle récolte, mais ici encore le
prix excessif de la main-d'œuvre — 7 francs
par jour les coupeurs, femmes et enfants, et
14 francs les porteurs — maintiendra probablement les vins à un haut prix.

En juillet et août, ceux parmi les habitants
de nos villes du Midi que leurs occupations
n'y retiennent pas nécessairement se sont trans-
portés en masse à la montagne espérant y
trouver une vie plus facile. Les logements
disponibles avaient été retenus d'avance et la
plupart des hôtels cévenols ont dû refuser
du monde. Mais cet exode a été suivi d'amères
désillusions ! Outre que les moyens de loco-
motion manquaient ou étaient devenus très

____

(1) Notre circulaire fiduciaire atteignait, le 12 septembre 1918,
29 milliard, 727 millions et à cette date le Gouvernement devait
à la Banque de France environ 21 milliards et demi.

(2) D'après M. Boret, Ministre du Ravitaillement

onéreux, les prix des diverses denrées — œufs, viande, pommes de terre, légumes, etc., — quand toutefois on parvenait à s'en procurer, égalaient presque ceux de la ville. Bon nombre de villégiateurs ont dû regagner daredare leurs pénates, faute de pouvoir se procurer de quoi subsister. Pour comble de malheur, la grippe, qualifiée on ne sait trop pourquoi « d'espagnole », a atteint dans la région un grand nombre de personnes et fait même de nombreuses victimes (1). Comme, d'autre part, le charbon menace de manquer à la ville et que déjà le gaz, le pétrole et l'essence y sont parcimonieusement distribués dès maintenant, l'on se demande non sans inquiétude ce que sera l'hiver qui approche. Mais nos succès persistants ramènent quand même la confiance et si la situation continue à être bonne sur tous les fronts, il est certain que ceux de l'arrière, prenant résolument leur parti des difficultés et des mi-

-----

(1) Cette épidémie a sévi partout de juilet a fin octobre et non seulement en France, mais dans toute l'Europe, où elle a occasionné de nombreux décès, surtout parmi les jeunes. Les personnes jouissant d'une parfaite santé étaient inopinément atteintes du mal mystérieux qui les emportait en 24 ou 48 heures. On a dû prendre des mesures sévères pour en enrayer la marche. Dans le Gard, un arrêté du Préfet, en date du 9 octobre 1918, a ordonné le licenciement des élèves dans les divers établissements d'enseignement, la fermeture des théâtres et cinémas et prescrit de rigoureuses mesures d'hygiène. En ville, le chiffre quotidien des décès oscillait entre 25 et 30 — moyenne ordinaire 5 ou 6 — et il a même atteint un jour 36.

L'épidémie a pourtant décru et vers le 10 novembre on n'en parlait presque plus. Les élèves sont rentrés le 11 novembre ; les théâtres et les cinémas ont rouvert leurs portes peu après.

sères du moment, tiendront à honneur de les surmonter.

Le docteur Macfarland en France et sa venue à Nimes.

Les fondateurs de la puissance des Etats-Unis furent une centaine de puritains et calvinistes fuyant d'Angleterre pour garder intacte leur liberté politique et religieuse, et qu'un fragile bâteau, le *Mayflower*, transporta en Amérique au XVIIe siècle. Aujourd'hui, les Eglises fédérées protestantes comptent là-bas 18 millions de communiants, soit une soixantaine de millions de membres appartenant à une trentaine de dénominations religieuses différentes. Cette puissante organisation — Fédération des Eglises du Christ — a chargé le Révérend Docteur Macfarland, son secrétaire, de porter au peuple de France et à son armée un message affectueux. Reçu à Paris par le Gouvernement et les divers représentants des Eglises réformées, il s'est ensuite rendu sur le front — 5 au 15 juillet 1918 — et a successivement visité Chaumont, Verdun, Nancy, Gérardmer, Messerling, Montbéliard, Thann, Valentigney... Le docteur a terminé son voyage en France par le Midi, peuplé de huguenots et rempli de souvenirs de leur glorieuse histoire. Le 23 juillet il a visité Aigues-Mortes et la fameuse Tour de Constance. Le lendemain mercredi, à 8 heures du soir, il a été reçu au temple de l'Oratoire, à Nimes

— la journée avait été consacrée à la visite des divers monuments, Pont-du-Gard compris. — La cérémonie fut émouvante et grandiose. Le temple était, jusque dans les plus petites tribunes, rempli d'auditeurs et d'auditrices et cela en dépit d'une chaleur accablante. Toutes les autorités de la ville étaient présentes ou représentées. Après le chant du psaume 68 — psaume dit des batailles, — la lecture de la Bible et une prière de M. le pasteur F..., M. le pasteur T..., président du Conseil presbytéral de l'Eglise réformée de Nimes, prend ensuite la parole pour souhaiter la bienvenue à l'hôte de la France. Après lui le Docteur Macfarland prononce en anglais un discours que M. le pasteur V. M..., aumônier militaire, traduit immédiatement en français. Malgré la majesté du lieu et les usages consacrés, l'immense auditoire applaudit l'orateur dont le regard et les gestes attestent la chaleur et l'émotion. L'hymne américain est alors exécuté par l'orgue avec accompagnement d'orchestre : on l'écoute debout et l'on crie : « Vive l'Amérique ! » M. D..., pasteur de l'Eglise baptiste de Nîmes, prononce une courte allocution après quoi l'orchestre et l'orgue attaquent la *Marseillaise*. Avant que les derniers accords soient éteints, le Docteur Macfarland, se penchant sur le bord de la chaire, invite l'assistance à chanter l'hymne national français. L'orchestre prélude et les 2.000 assistants, électrisés par cette cordiale invitation, chantent avec enthousiasme. Personne ne songe à trouver déplacée l'exécution de notre hymne dans ce lieu de culte. Un silence profond lui succède et M. le pasteur L... prononce une fervente prière. L'émotion de l'auditoire est à son comble quand le Docteur Macfarland, les bras levés, prononce ces paroles : « O Dieu, bénis le général Foch ce soir ; ô Dieu, bénis les soldats franco-américains ; ô Dieu, bénis la France et l'Amérique ; au nom des chrétiens d'Amérique, Dieu vous bénisse : Amen ! » La cérémonie était terminée et la foule s'écoule lentement, emportant de cette magnifique réunion l'impression profonde qu'avec l'aide de nos alliés d'Amérique, la France, si malheureuse depuis quatre ans, verra bientôt des jours meilleurs, préludes de la victoire finale.

Le jeudi 25 juillet, le Docteur Macfarland s'est rendu à St-Jean-du-Gard où il est reçu d'abord à la Mairie par la municipalité — le curé doyen vient là lui serrer la main — puis au Temple où il parle devant une nombreuse assemblée. Dans l'après-midi de ce jour, il visite au Mas-Soubeyran, distant de 7 ou 8 kilomètres, le « Musée du Désert », installé dans la maison du chef camisard Roland, et où sont précieusement conservés tous les objets rappelant aux huguenots des Cévennes l'existence troublée de leurs ancêtres. Tout à côté, sous les chataîgniers séculaires, autour de la *chaire du désert*, dressée pour la circonstance et sur laquelle est placée la Bible même ayant appartenu à Roland, ur.e assemblée de 1.500 personnes environ, venue de tous les points de la région, écouta avidement les paroles des divers orateurs. Le Docteur Macfarland termine l'émouvante prière qu'il élève vers Dieu par ces paroles : « Sur cette Bible doublement sacrée quisqu'elle est la parole de Dieu et la Bible de Roland, je m'engage à faire tout mon possible pour être votre interprète auprès de ma Nation. Unis, nous arriverons à gagner le monde à Christ.»

Au cours de cette visite à la France, de fortes et nobles pensées ont été exprimées par le Docteur Macfarland et les personnes qui l'ont reçu. Il a causé avec les hommes au pouvoir, il a visité le front, les généraux et les soldats, mais ce qui l'a le plus ému, ce sont ces vallées des Cévennes dont les habitants d'autrefois, épris de liberté, ont souffert et lutté pour conquérir la plus précieuse de toutes, la liberté de conscience. C'était aussi une Cévenole, cette Marie Durand, prisonnière à la Tour de Constance, qui grava avec une aiguille à tricoter, sur la pierre de sa prison, ce simple mot à l'adresse de ses malheureuses compagnes de captivité sollicitées sans cesse par leurs persécuteurs de renier leur foi : « Résistez ! » expression qui traduisait si bien sa foi et son courage, mot bien digne de celui de nos héroïques soldats : « On ne passe pas ! »

La vieille France et la jeune Amérique mêlent actuellement leur sang et leurs larmes, mais un jour viendra où la mort et le deuil feront place à la joie de vivre et à l'allégresse. Alors nos deux grandes nations, à jamais unies, travailleront de concert à faire revire les vertus et les talents de leurs glorieux ancêtres.

La nouvelle de l'armistice
(11 Novembre 1918).

La nouvelle de la signature de l'armistice, connue le lundi 11 novembre, vers les 10 heures du matin, par les dépêches affichées dans les locaux ordinaires, s'est immédiatement répandue en ville. Spontanément, tout le monde a quitté le travail. La population, ivre de joie, s'est endimanchée, a orné de cocardes tricolores les corsages et les boutonnières et a gagné les boulevards et les places, qui, au cours de l'après-midi et de la soirée, regorgeaient de monde. La ville a été pavoisée comme par enchantement et c'est à croire que tous les drapeaux français et alliés existants avaient été mobilisés, tant on en voyait aux fenêtres depuis le rez-de-chaussée jusqu'aux mansardes. Les trains, les voitures, les camions avaient arboré les couleurs de l'Entente. Un pauvre petit âne qui traînait péniblement une misérable charrette chargée de briquettes portait un drapeau minuscule de chaque côté de sa tête velue... Un soleil splendide favorisait la fête, toute spontanée. Sur les visages épanouis se lisait la joie, mais aussi l'étonnement, la surprise.

Qui aurait pu prévoir, le 14 juillet dernier, par exemple, que le dénouement était si proche ?

L'enthousiasme se manifestait de diverses façons. Un groupe de soldats américains — nos hôtes de Courbessac — ont fait leur apparition en ville au début de l'après-midi. Arrimés au petit bonheur sur leur camion automobile, ils agitent de petits drapeaux tricolores et crient à tue-tête : Vive la France ! La foule riposte par des cris de : Vive l'Amérique ! On leur jette des fleurs dont ils se parent en chantant. Ceux de leurs camarades qui n'ont pu trouver place sur le camion parcourent les boulevards mêlés à la foule. D'aucuns les accostent et leur serrent la main ; ils répondent à ce geste bien français par de larges sourires. On s'interpelle sans même se connaître et en montrant nos alliés d'au-delà les mers on prononce ces paroles : « Quelle chandelle nous leur devons ! » Ailleurs, de nombreux jeunes gens, — la classe 1920, dit-on — porteurs de drapeaux, parcourent la ville en tous sens en conspuant Guillaume et en chantant la *Marseillaise* et le *Chant du départ*... Quand le crépuscule arrive, les lumières s'allument aux devantures des magasins et çà et là des illuminations, disposées à la hâte, resplendissent au milieu des feux de Bengale et font pâlir la flamme des becs de gaz. Les promeneurs, nombreux, s'arrêtent un instant devant la salle d'exposition de la maison B... — boulevard Victor-Hugo —

où un groupe gracieux représentant la France
coiffée du bonnet phrygien et harmonieuse-
ment drapée de blanc, à laquelle une Alsacienne présente une branche de laurier et
une Lorraine une corbeille de fleurs, attire
tous les regards. Les pieds des trois personnages, de grandeur naturelle, reposent sur
un tapis tricolore où se lisent ces mots :
« Vive la France ! » L'ensemble, disposé avec
beaucoup de goût, produit, sous l'éclat des
lampions électriques, un effet très artistique.
On regarde aussi avec complaisance la vitrine
de la maison R... — boulevard Amiral-Courbet — où figure un groupe patriotique — une
famille alsacienne — également bien réussi.

A midi et à six heures, les cloches de la
ville, qui avaient été mises en branle le
4 août 1914 pour annoncer la mobilisation,
sonnent à toute volée en l'honneur de la
journée qui marque virtuellement la fin de
la guerre. Le canon, écho de ceux qui, depuis
plus de quatre ans, portaient la mort dans
les rangs ennemis, et aussi, hélas ! dans les
nôtres, tonne aujourd'hui mais cette fois pour
annoncer la venue de la Paix.

Quand nous comparons dans notre esprit
les humiliations de l'année terrible à la
gloire qui resplendit aujourd'hui sur notre
Pays, nous songeons aux bons ouvriers qui
ont amené cet heureux dénouement. Notre gratitude va à nos morts héroïques dont le souvenir jette un voile de deuil sur les splen-

deurs déployées partout, à nos vaillants soldats et à leurs chefs, à nos fidèles alliés, enfin et surtout à l'homme qui, glorieux témoin d'un passé malheureux, incarne depuis plusieurs mois l'âme de la Patrie, à l'excellent Français qu'est Georges Clémenceau.

Et pourtant, au milieu de la joie générale, certains fronts paraissent empreints de tristesse... Etonné d'abord, quelques instants de réflexion nous en ont fait aisément trouver le motif. Cet armistice, que l'on fête bruyamment, ne l'a-t-on pas signé trop tôt ? On nous disait, ces jours-ci, que le maréchal Foch, disposant de moyens puissants habilement mis en œuvre, se disposait à écraser les Allemands dans une dernière bataille qui eût été leur Sedan. Cette défaite aurait permis aux armées alliées d'aller imposer leur paix aux Allemands en Allemagne même, ce qui eût été préférable... La pensée que des milliers d'hommes auraient encore succombé avant le triomphe final a-t-elle, seule, dicté la conduite des dirigeants alliés, ou bien ceux-ci ont-ils cédé à des influences occultes dès longtemps préparées ? Nous ne pouvons néanmoins qu'accepter le fait accompli et souhaiter que nos négociateurs soient assez habiles et assez fermes pour imposer à nos ennemis des conditions rendant impossible une nouvelle guerre.

Quoi qu'il en soit, à aucun moment de son histoire la France n'avait vécu une journée aussi belle : gardons-en précieusement le souvenir dans nos cœurs et consacrons-nous désormais tout entiers, sans arrière-pensées, au relèvement de la Patrie meurtrie.

Hommage aux morts
de la grande guerre.

Le jour de la Toussaint, les sociétés patriotique ne firent pas aux cimetières leur visite accoutumée : le Préfet avait, en effet, interdit les réunions nombreuses à cause de l'épidémie de grippe qui sévissait alors avec intensité dans notre ville. La nouvelle de la signature de l'armistice, survenant peu après, fut accueillie comme une délivrance et la joie ruparut sur les visages. Ce jour-là et le lendemain furent consacrés à fêter cet événement, mais spontanément, sans organisation aucune. A la réflexion cependant on se dit que la joie elle-même a besoin d'être réglementée dans ses manifestations, qu'il y aurait sûrement des fêtes à Nimes plus tard, mais qu'avant tout il fallait honorer la mémoire de ceux dont le trépas a permis de triompher de l'ennemi, à nos Morts. Le dimanche 24 novembre fut fixé pour l'accomplissement de ce pieux devoir. Ce jour-là, à midi et demi, les autorités civiles et militaires, les fonctionnaires et les sociétés locales se réunirent à l'Esplanade. Le Préfet — M. Th... — et le Maire — M. C... — prirent successivement la parole sur le kiosque de la musique. Le premier, après avoir proclamé notre triomphe et exalté l'œuvre accomplie par notre

glorieuse armée, termine son discours par
ces mots : « Debout, les morts ! Nous allons
nous incliner devant vous ! » Le second
adresse aux familles des morts l'expression
de l'ardente sympathie des survivants. A ce
moment, le canon tonne, les cloches sonnent à toute volée et une musique civile —
l'*Eglantine* — joue la *Marseillaise*. Le cortège,
que précèdent les voitures portant les blessés convalescents et les mutilés de l'école
de rééducation, se met en marche et se dirige
par la rue Notre-Dame vers le cimetière
catholique pour se rendre ensuite au monument des Enfants du Gard et aux cimetières
protestant et israëlite. De belles couronnes et
de superbes gerbes de fleurs sont déposées
sur les tombes de nos soldats pendant que
les drapeaux et les bannières s'inclinent en
passant et que les assistants se découvrent.
Malgré la pluie fine qui tombe, nombreux
sont les manifestants et aussi les curieux qui
font la haie sur le passage du cortège. Un
détachement de soldats américains en armes
figure en bonne place dans le défilé. La
dislocation s'opère à l'Esplanade où avait été
élevé par les soins de la municipalité un
Arc-de-Triomphe orné de buis et au frontispice
duquel se lisent ces vers de Victor-Hugo :

> Ceux qui pieusement sont morts pour la Patrie
> Ont droit qu'à leur cercueil la foule vienne et prie... !

10

Dans quelque temps, quand la paix sera définitivement signée, les troupes victorieuses passeront, elles aussi, sous l'Arc-de-Triomphe qui les attend dans la capitale. Ce jour-là, au nom de la France et des puissances alliées, le peuple de Paris rendra un solennel hommages aux soldats survivants de la grande guerre.

Joyeux Noël (Décembre 1918).

C'est le cinquième Noël depuis la déclaration de guerre et pour la première fois il est joyeux. L'affreux cauchemar de la mort prête à s'abattre à tout instant sur de nouvelles victimes n'oppresse plus les cœurs et l'on se reprend à espérer. Les hostilités ayant cessé, on oublie que la paix n'est pas encore signée et on se livre à la joie. En somme, ce sentiment est légitime : pourquoi ne pas s'y laisser aller ?

Nos amis américains en garnison à Nimes se sont empressés de donner l'exemple. Mardi soir 24 décembre, à 8 heures et demie, aux Arènes, ils ont offert aux Nîmois, accourus nombreux à leur appel, un arbre de Noël superbement agrémenté de petites saynètes comiques et de chants. Un colonel a prononcé en anglais une brève allocution, aussitôt traduite par un interprète, par laquelle, après avoir remercié les habitants pour la façon cordiale dont ils ont reçu les soldats des Etats-Unis, il a annoncé que la ville de Nimes avait été choisie par le haut commandement comme centre de séjour des permissionnaires. Il s'en réjouit parce que cette cohabitation ne peut que resserrer encore les liens d'amitié qui unissent les citoyens des deux Républiques. A la fin de la soirée, le « *Minuit chrétien* » et la « *Marseillaise* » ont été chantés. A cette heure tardive, par cette claire nuit d'hiver et en ce lieu rempli des souvenirs d'un passé lointain, l'exécution de ces deux morceaux produisait un effet saisissant. La foule s'est ensuite retirée pour se répandre dans les églises où les cantiques de circonstance ont été chantés et la messe de minuit célébrée. Le réveillon traditionnel, dont on avait presque perdu le souvenir, a clôturé cette nuit de Noël. Le lendemain, dans tous les lieux de culte, les prédicateurs ont fait monter vers le ciel leurs actions de grâce en l'honneur de la cessation des hostilités et diversement commenté la parole biblique : « Paix sur la terre ! » Un soleil splendide et une température quasi printanière invitaient la population à se répandre au-dehors ; aussi, au cours de l'après-midi, le Jardin de la Fontaine et les boulevards regorgeaient-ils de monde.

Les jours suivants, la célébration de cette Noël de la victoire s'est poursuivie à Nimes au milieu des chants, des rires et de la joie. D'autres arbres ont été dressés en divers lieux de culte ou de réunion parmi lesquels celui de l'Union chrétienne de Jeunes filles avec de gracieux tableaux vivants et des chants de circonstance, a obtenu un vif succès.

Et pendant ce temps les troupes alliées, après avoir franchi le Rhin, occupent les principales places fortes de l'Allemagne ; au Mans, la mémoire de La Fayette, ce soldat du Droit qui a inauguré l'amitié franco-américaine, et celle de Wilbur Wright, précurseur de nos aviateurs, sont honorés par les représentants de l'Amérique et de la France ; à Vincennes, le dix-septième anniversaire de la fondation du premier « Foyer du Soldat ». par le regretté Edmond Goudchaux, est solennellement célébré; à Paris, les rois et les chefs d'Etat viennent successivement rendre à la France glorieuse, mais meurtrie encore, un pieux hommage en attendant que les diplomates du monde entier, réunis autour du tapis vert de la paix, établissent un ordre de choses nouveau fondé sur le Droit et la Justice et garanti par la Société des Nations !... Ah ! comme les temps sont changés et combien la joie répandue sur les visages en ce beau jour de Noël est légitime ! Sachons en jouir sans orgueil.

Le Thanks giving Day à Nimes
(28 Novembre 1918).

Cette fête religieuse évoque tous les ans, dans la pensée de nos « associés » d'Amérique, le souvenir même des origines de leur

nationalité. A Paris, elle a revêtu un caractère de grande solennité. Un *Te Deum* d'actions de grâce a été chanté à l'Eglise de la
Madeleine sous les auspices des « Chevaliers
de Colomb » et en présence des plus hauts
dignitaires de l'Eglise catholique. A l'Américan-
Club — palais d'Orsay un déjeuner a réuni
les notabilités américaines et françaises. Dans
notre ville, il n'y a pas eu de cérémonie
officielle, mais tous les soldats américains
cantonnés à Courbessac ont été invités à
déjeuner ou à dîner dans des familles nîmoi-
ses. Cette délicate attention vis-à-vis de ceux
qui nous ont apporté, en même temps que
l'aide matérielle, le réconfort moral, ne pouvait que leur plaire ; aussi nos hôtes ont-ils
marqué leur vive satisfaction d'être reçus
comme de vieux amis. Ils ont retrouvé dans
nos intérieurs une sympathie qui leur a
rappelé leurs foyers dont ils sont séparés
par la vaste mer. Ces modestes agapes sont
bien faites pour rendre plus étroits encore
les liens qui unissent les citoyens des deux
grandes Républiques.

Nimes le Dimanche 9 Mars 1919.

Les effets de la démobilisation commencent
à se faire sentir ; on aperçoit enfin en ville
des hommes relativement jeunes dont la bou-
tonnière, le plus souvent ornée de rubans mul-
ticolores, décèle l'origine. Il y a de l'animation à la Fontaine, de même que sur les

Boulevards, l'après-midi. A l'Esplanade, à 3 heures, une musique américaine appartenant à la 123e formation d'artillerie, a joué et chanté plusieurs morceaux qu'une foule considérable a justement applaudis. Qui eût dit, en 1914, lors du dernier concert donné par l'une de nos musiques militaires, que le kiosque qu'elle laissait serait occupé, quatre ans et demi après, par une musique américaine ? Que d'événements douloureux, que de drames se sont déroulés depuis lors et combien de nos concitoyens, hélas ! manquent à l'appel !

Après l'exécution du dernier morceau, les musiciens se sont levés sur un signe de leur chef et ont joué successivement la *Marseillaise* et l'hymne des Etats-Unis. Quelques rares assistants se sont découverts et certains ont applaudi... Un photographe a enfin croqué le groupe en fin de séance.

Un fait, pourtant bien simple, a frappé les personnes qui se trouvaient là. Au cours du concert, pendant les repos, deux ou trois musiciens se détachaient et allaient remplir des carafes à la borne-fontaine voisine et donnaient à boire à leurs camarades... Les musiciens de notre pays n'auraient peut-être pas consenti à se désaltérer publiquement avec de l'eau claire ! Cet exemple, donné par nos associés, est bon à suivre.

Nîmes ayant été choisie par eux comme centre de permissions, les soldats d'outre-mer sont nombreux ici. Leurs quartiers généraux sont la Galerie Jules Salles et le premier étage du Café de l'Univers où ils ont organisé des cercles et des séances récréatives. Bien que la plupart d'entr'eux ne connaissent pas le français, il s'est quand même établi des relations entre notre population et ses visiteurs, relations qui ne peuvent que cimenter l'union de la France et des Etats-Unis. La guerre a modifié bien des choses ; souhaitons que la présence des Américains à Nîmes nous incite à les imiter dans tout ce qu'ils font de bien.

Découragement (4 Avril 1919).

La France est dans le marasme, elle s'ennuie !... A la nouvelle de la signature de l'armistice, une joie délirante a presque fait oublier aux Français les horreurs d'une guerre de quatre années. La Conférence de la Paix s'est réunie à grand fracas et il semblait que ses travaux, qui paraissaient devoir être rapidement menés, devaient asseoir une paix éternelle sur une organisation nouvelle née dans le cerveau de pacifistes notoires et ayant nom « Société des Nations ». Entre temps, l'Allemagne, enfin jugulée, devait restituer aux nations lésées par elle, et notamment à la France, en nature et en argent, l'équivalent de ce que ses armées avaient volé ou détruit. Les peuples, enfin, las de la guerre, allaient se mettre au travail avec une nouvelle ardeur afin de rattraper le temps perdu... Or, sept mois se sont écoulés depuis la conclusion de l'armistice et rien ne paraît avoir encore été fait. L'Allemagne a changé le nom de son gouvernement sans abandonner ses méthodes et le « bolchevisme », doctrine d'anarchie et de mort, propagée en Russie grâce à ses menées souterraines, se répand un peu partout dans l'Europe centrale et accidentale, menaçant même de pénétrer sournoisement en France sous la poussée germanique. Les petites nations en formation, qui pourraient opposer à ce dangereux mouvement un rempart efficace, n'ont pas encore été délimitées et certaines même luttent entre elles pendant que les diplomates, au lieu d'agir avec promptitude et énergie, ordonnent enquêtes sur enquêtes. Il nous semble que l'on oublie trop parmi nous que la France, qui a failli devenir vassale de l'Allemagne et qui n'a empêché ce malheur que grâce à la vaillance de ses soldats sur le front et à l'union de ses citoyens à l'arrière, a surtout besoin de travailler si elle veut se relever. Or, l'union sacrée n'est plus scrupuleusement observée, les anciens partis s'agitent et ici et là les démobilisés, poussés par je ne sais quels désirs de lucre, s'associent pour obliger l'Etat à leur ouvrir toute grande la bourse de la France. Nous n'oublions pas les éminents services que la plupart d'entre eux ont rendus au Pays, mais ce n'est pas une raison pour se jeter avidement sur le budget en un moment surtout où nous avons besoin de grouper toutes nos ressources pour conjurer la crise amenée par quatre années d'une guerre effroyable. D'autre part, notre Nation serait la plus infortunée des Nations, et nous, ses habitants, les plus malheureux des hommes, si le « bolchevisme », article d'exportation allemand, envahissait la France. Le spectacle que présente la Russie, livrée depuis de longs mois à la plus sanglante anarchie parce qu'elle n'a pas su, après s'être libérée du tsarisme, s'affranchir du joug des terroristes, devrait nous servir de leçon. Notre devoir présent est de détourner nos regards de ces spectacles démoralisants, de secouer notre torpeur et de consacrer toutes nos forces, toutes nos énergies, toute notre activité au service de la Patrie afin de la maintenir dans la bonne voie, de la relever **et** d'assurer son avenir.

Les Fêtes de Pâques (20-21 Avril 1919).

La fête de Pâques marque la fin de l'hiver et annonce le printemps ; aussi se déplace-t-on beaucoup à cette occasion. La tradition consistant à rendre visite à ses parents et à ses amis à Pâques avait pour ainsi dire disparu pendant la guerre, mais elle paraît vouloir reprendre cette année. L'armistice, signé en novembre, a virtuellement mis fin aux hostilités ; la Conférence de la Paix poursuit ses travaux lentement, mais, espérons-le, sûrement ; la démobilisation, bien que quelque peu enrayée ces jours-ci, n'en ramène pas moins dans leurs foyers des milliers et des milliers d'hommes ; le commerce et l'industrie s'apprêtent à reprendre leur essor dès que la crise des transports le leur permettra ; les mariages succèdent aux mariages ; l'activité, en un mot, paraît vouloir renaître. Il y a bien quelques nuages noirs à l'horizon : ainsi les Allemands parlent déjà de revanche ; le « bolchevisme », couvre la Russie de sang et de ruines et les Allemands essaient de le répandre dans les nations de l'Entente pour les désagréger ; des difficultés surgissent au sein même de la Conférence de la Paix entre les délégués de certaines nations ; les meneurs des anciens partis politiques paraissent vouloir oublier l'union sacrée ; les consultations électorales se préparent déjà ; les démobilisés se groupent pour adresser aux pouvoirs publics des demandes manquant certainement de mesure..., mais pour la masse, la guerre est finie et il faut se réjouir. On ne s'en fait pas faute à Nimes... Un soleil splendide éclaire notre cité le dimanche de Pâques et la foule se répand au dehors. Les divers lieux de culte se remplissent le matin et les prédicateurs ne manquent pas, après après avoir rendu aux morts de la grande guerre un hommage ému, d'établir le parallèle obligé entre la résurrection de Jésus-Christ, que l'on célèbre, et le retour à la vie normale, après une interruption de près de cinq années !

L'après-midi, les Boulevards et la Fontaine

présentent une grande animation. Les terrasses des cafés se garnissent d'une foule qui manifeste bruyamment sa joie de vivre. Les soldats américains qui se succédaient, nombreux, dans notre ville depuis plusieurs mois, la quittent définitivement aujourd'hui et leurs allées et venues, de même que les concerts qu'ils donnaient quotidiennement depuis deux mois, nous manquent déjà. La plupart des familles ont des invités et le repas du soir, venant après une journée agitée, est comme une halte qui permet de se voir, de se reconnaître et de causer dans l'intimité. Les héros de la fête sont évidemment les soldats qui, démobilisés ou permisionnaires, goûtent la joie ineffable de se retrouver avec leurs parents et leurs amis.

Le lendemain, il fait encore beau, bien que le vent, ce fléau de nos plaines, souffle avec assez de force. Les personnes valides abandonnent la ville dès les premières heures de la matinée se rendant, les unes au Pont-du-Gard ou sur les bords du Gardon, en amont, les autres — les plus nombreuses — aux « mazets », ces maisonnettes bâties par centaines dans la « garrigue » et qui sont le lieu de prédilection des Nîmois. Les avenues de la ville sont envahies de bonne heure par une foule hétéroclite endimanchée, chargée de victuailles, qui se dirige, joyeuse et empressée, vers la campagne. Les « mazets » présentent un aspect inaccoutumé : on y fait la cuisine, on y mange, on y boit, on y chante,

on y danse, on y crie, on s'y livre à toutes
sortes de jeux... C'est la vie dans ses manifestations les plus débordantes. Plusieurs même
ne peuvent s'en arracher et y passent la nuit.
Les malheureux qui ne savent où aller s'en
vont prosaïquement passer leur après-midi à
la Fontaine qui est le « mazet » de ceux qui
n'en possèdent pas.

Le lendemain, la réaction se produit et
chacun reprend ses occupations en se remé-
morant les épisodes les plus saillants qui
ont marqué ces deux jours de fête, sorte de
port béni entre les horreurs encore entrevues
de la guerre et la marche vers un avenir
que l'on espère devoir être meilleur.

La paix de Versailles (Samedi 28 Juin 1919).

Le 24 juin 1919, à 7 heures et demie du
soir, vingt-et-un coups de canon sont tirés
au Mont-Duplan... La première pensée des
Nîmois fut que la paix était signée, mais la
lecture des journaux les détrompa : il s'agissait simplement du vote par lequel l'Assemblée de Weimar autorisait les plénipotentiaires allemands à « signer la paix sans
conditions. » La veille, vers 10 heures et demie
du soir, heure à laquelle le télégraphe annonça
cette nouvelle, l'Orchestre symphonique du
Grand Café exécuta la *Marseillaise* et les Hymnes des Alliés que les consommateurs écou-
tèrent debout. Les établissements publics et
quelques maisons particulières pavoisèrent im-

médiatement et le soir illuminèrent. Ces manifestations prématurées nous ont paru inopportunes: nous craignions donc tant que cela que les Allemands ne signent pas !... Nous n'avions donc pas confiance en les armées, prêtes à marcher, que Foch commande !... Nos ennemis ont certainement connu la joie française, aussi ne se sont-ils pas pressés de désigner leurs délégués, et le Conseil des Quatre a dû leur poser un ultimatum. Après bien des tergiversations, les Allemands se sont exécutés et la Paix a enfin été solennellement signée au Château de Versailles, dans la galerie des Glaces, le samedi 28 juin, à 2 heures trente de l'après-midi. C'est dans cette même salle que le 18 janvier 1871, Guillaume Ier, roi de Prusse, avait été proclamé empereur d'Allemagne. Le 10 mai suivant, à Francfort-sur-le-Mein, nos plénipotentiaires durent signer la paix désastreuse qui nous enlevait l'Alsace et la Lorraine...

Une salve de cent-un coups de canon, tirée le 28 à 5 heures et demie du soir, annonce aux Nîmois que cette fois la paix est bien signée. Les pavoisements sont développés et les illuminations préparées. A 9 heures, retraite militaire aux flambeaux. La foule est compacte à l'Esplanade et sur les boulevards adjacents, mais aucun cri n'est poussé. Les physionomies paraissent satisfaites mais on ne constate pas l'enthousiasme spontané manifesté à l'occasion de la signature de l'armistice. On avait longtemps attendu la conclusion de la paix, aussi l'a-t-on accueillie sans surprise, sans cette joie débordante dont nos concitoyens se montrèrent si prodigues le 11 novembre. Et cependant cette paix, qu'à certains moments critiques on n'eût pas osé espérer, met glorieusement fin à la plus grande guerre que l'histoire ait enregistrée. Elle est une revanche éclatante de nos défaites d'il y a quarante-huit ans et elle replace la France à la tête des Nations. A ce titre, nous devons nous montrer satisfaits de cet heureux résultat et reconnaissants envers ceux qui l'ont amené par le sacrifice de leur vie.

Notre devoir après la signature de la Paix.

« Il faut qu'après nous avoir fait gagner la guerre, l'harmonie des cœurs et la convergence des volontés nous fasse gagner et garder la paix... » Ces paroles, prononcées par M. Poincaré le 27 juin, au cours d'un dîner offert à l'Elysée au président Wilson à la veille de son départ, et aux délégués à la Conférence de la Paix, résument nos devoirs que M. Clémenceau, dans son discours du 30 juin à la Chambre, a clairement définis. «...La paix générale, en effet, a-t-il dit, ne serait que le fallacieux mirage d'un jour si nous n'étions pas capables de vivre d'abord avec nous-mêmes, c'est-à-dire de donner comme fondement de la paix extérieure la paix intérieure à notre propre pays. Pour cela, sans doute, il faut l'apaisement des anciens conflits, mais l'apaisement de part et d'autre, car si l'esprit de guerre persistait en quelque point que ce fut, ce serait la paix civile trahie au moment même où nous voulons l'assurer... » Une fois bien décidés à vivre en paix avec nos concitoyens, nous ne devons pas nous croiser les bras et attendre d'un miracle la régénération de notre pays si cruellement éprouvé par la guerre, et le retour à la vie normale, que les quatre années d'hostilités ont profondément modifiée. Il faut que tout le monde se mette au travail en se pénétrant de cette pensée de Marc-Aurèle : « Travaille sans cesse, non pas avec la persuasion que c'est un malheur pour toi de travailler, ni avec le désir qu'on te plaigne ou qu'on t'admire, mais soutenu par cette seule volonté de toujours agir ou de suspendre ton activité de la manière que le veut la raison dans l'intérêt de la cité dont tu fais partie. » Les pouvoirs publics, de leur côté, enlèveront toutes les entraves gênant le commerce, l'agriculture et l'industrie ; enfin les citoyens restreindront leurs dépenses et se grouperont en associations ou coopératives, grandes et petites, dont l'action bienfaisante améliorera les conditions de l'existence quotidienne.

En faisant ainsi appel à toutes nos énergies et à la bonne volonté de tous, nous parviendrons à triompher de la formidable crise amenée par la guerre et nous contribuerons

à maintenir la France au rang glorieux que
lui ont mérité le courage de ses soldats au
front et l'union de ses citoyens à l'arrière.

Le 14 Juillet 1919 à Nîmes.

Pendant les quatre années de guerre, la fête
du 14 juillet se bornait, au moins à Nîmes,
à une remise de décorations et à un défilé
de troupes. L'an dernier, la fête se célébra
au milieu d'une intense émotion : la ruée
ennemie n'était pas encore arrêtée et l'on se
demandait avec angoisse ce qu'il adviendrait
le lendemain de notre France. Mais notre
anxiété fit place à l'espérance quand nous
apprîmes les premiers succès de Foch qui
devaient, de proche en proche, nous conduire
à la victoire finale. Le 11 novembre suivant,
l'armistice mettait virtuellement fin aux hostilités et le 28 juin la paix avec l'Allemagne était signée. Que d'événements heureux
en ces quelques mois !

Cette année, le 14 juillet est bien la fête
de la Victoire et de la Paix. Les cœurs de
tous les bons Français débordent de joie et
d'espérance, et n'étaient les menées de certains agitateurs cherchant à soulever contre
l'ordre de choses établi les masses ouvrières,
on se remettrait, la fête passée, au travail
avec ardeur et sans appréhensions. En tout
cas, la fête s'est célébrée avec le concours
de la population entière sans que pourtant
l'enthousiasme fut excessif. La veille, retraite

aux flambeaux, illuminations, réjouissances. Le
lendemain, salves d'artillerie, sonneries de cloches, pavoisement général, revue. Les troupes
étaient échelonnées à l'avenue Feuchères et
aux alentours de la gare ; les fonctionnaires
et les délégations des diverses sociétés à l'Esplanade où eut lieu, après la revue passée
par le général F... et par ses soins la remise des décorations. On défila ensuite par
le côté gauche des boulevards. Arrivés à la
hauteur du monument des Enfants du Gard,
le Préfet, les autorités et les fonctionnaires
prirent place dans l'enceinte réservée pour
assister au défilé des sociétés civiles et des
troupes. La cérémonie se déroula sans inci-
dents : les porteurs de couronnes et de palmes les déposèrent au pied du monument et
quand les dernières voitures régimentaires
l'eurent dépassé, les civils se dispersèrent tandis que les militaires poursuivirent leur marche cadencée jusqu'à l'Esplanade.

A la même heure, à Paris, les délégations
de nos glorieux régiments et des armées alliées,
précédées des maréchaux Joffre et Foch, après
avoir rendu un solennel hommage aux morts,
passaient sous l'Arc-de-Triomphe au milieu
d'une pluie de fleurs, recueillant partout les
ovations d'une foule innombrable et enthousiaste. C'était bien la fête de la Victoire !

Que sera-t-elle à l'avenir ? Nul ne le sait,
mais il est permis d'espérer que le bon sens
français, ayant eu enfin raison des sophismes
des révolutionnaires, le 14 juillet demeurera

la fête de l'union de tous les Français. A la Chambre, le lendemain, MM. Deschanel et Clémenceau ont, en un langage émouvant, rappelé la gloire de la France et recommandé l'union entre tous ses enfants. Le premier s'est écrié : « Toute la France, les vivants et les morts, toute la France et toute l'humanité, fille de la Justice, ont communié dans la même gloire et dans la même religion... Unie, la France est invincible. Puisse-t-elle, pour les grandes tâches qui l'attendent, avoir toujours les yeux fixés sur ces jours bénis... » Et M. Clémenceau, dans une allocution, a encore insisté sur cette idée d'union. « Un temps finit, a-t-il dit, un autre temps commence pour une œuvre nouvelle avec un nouveau cortège de devoirs. La tâche n'est ni moins grande ni moins belle. C'est la France toujours qui, pour la continuer dans le monde, a besoin de tous ses enfants... » Dans sa lettre de félicitations au maréchal Pétain, qui commandait les troupes le 14 juillet, le Président du Conseil résume en quelques phrases lapidaires sa pensée qui est bien la pensée de tous les Français patriotes : « Voici, dès demain, le retour aux labeurs de la vie nationale. Tant d'héroïque dévouement ne doit pas être perdu. De la victoire de la guerre il reste à faire la victoire de la paix. La France compte sur ses soldats citoyens. »

Nous croyons fermement qu'à l'inverse de l'Allemagne de 1871, qui n'a su organiser que la guerre, la France organisera la paix. « Elle enseignera à tous ses enfants d'abord, à toutes les nations ensuite, la doctrine de la fraternité, condition de la production et du bien-être, de la paix sociale et de la paix universelle, la sainte loi de l'Evangile, l'esprit divin des temps nouveaux (1) ». Aimons-nous les uns les autres, aimons nos alliés, le reste nous sera donné par surcroît.

La période de l'inconscience.

Tout le monde s'attendait à ce qu'après la paix le travail reprendrait et que la cherté de la vie diminuerait. Or, il n'en a rien été, au contraire. Le vote de la journée de huit heures a désorganisé tous les services, paralysé la fabrication et interdit toute exportation importante. L'augmentation continue des salaires et des traitements, le paiement non justifié de multiples allocations grèvent fortement le budget et grossissent la circulation fiduciaire, depuis longtemps anormale. Il en est résulté une hausse formidable des denrées et matières nécessaires à la vie dont souffrent surtout les petits rentiers, les fonctionnaires, les retraités et quelques « anciens riches ». D'autre part, les salariés, dont le mécontentement croit en raison directe des sacrifices à eux consentis, s'en prennent à l'Etat et aux patrons et se mettent inconsidé-

----

(1) E. Driault : *La Victoire, ses leçons et ses promesses* (Brochure, pages 6 à 7).

rément en grève un peu partout. Les démobilisés, enfin, qui ne veulent pas avoir sauvé
la Patrie et l'Humanité pour le roi de Prusse,
font entendre des réclamations qui les font
quelque peu descendre du piédestal sur lequel
l'opinion mondiale les avait élevés. Les tra-
vailleurs semblent avoir perdu toute énergie
et la paresse s'est emparée d'eux. Ils font
d'affilée leurs huit heures de travail, sans
entrain, parce qu'ils considèrent leur tâche
comme une corvée indigne d'hommes libres!
La plupart des Français se font de l'égalité
une idée fausse et paraissent croire que chacun doit, seul et sans le secours d'autrui,
pourvoir à tous ses besoins et accomplir
quotidiennement une tâche pareille à celle
des autres, ce qui supprimerait les gens à
gages. On dirait vraiment qu'un vent de folie
souffle sur notre pays emportant avec lui
tout ce qui a fait sa grandeur durant ces
cinq années de guerre. Et pendant ce temps
notre change baisse (1) et le crédit de la
France, si florissant autrefois, diminue de
jour en jour. Si nous jetons les yeux autour
de nous, nous voyons le peuple, surtout le
peuple, se livrer à des dépenses désordon-
nées pour la toilette, la nourriture, les menus
plaisirs...

Quand tout cela finira-t-il ? Nous n'hési-
tons pas à répondre : « Quand les Français,
ouvrant enfin les yeux, verront tout près d'eux

---

(1) 100 français valent à peine 40 fr. à Genève.

l'abîme vers lequel ils courent. » Nous souhaitons que cet instant soit proche.

La première Toussaint
d'après-guerre.

Aucune particularité n'a marqué la journée du 1er novembre, les diverses cérémonies étant reportées au lendemain. Pas un rayon de soleil n'a illuminé ces deux journées ; un ciel gris et bas assombrissait les rues et les maisons; des « mouches blanches » voltigeaient en l'air et les gens passaient, l'air frileux, pardessus et manteaux soigneusement serrés autour du corps.

Le dimanche, à 10 heures, au Théâtre, sous les auspices de l'Office national des Pupilles de la Nation et la présidence du Préfet, a eu lieu, en présence des autorités et d'un public nombreux, la lecture des Déclarations prononcées hier, à Paris, à la séance solennelle de la Sorbonne. Successivement ont été lues par diverses personnalités les déclarations de MM. Poincaré, Deschanel, Lafferre, Léon Bourgeois, Viviani, maréchal Foch, cardinal Amette, Paul Fuzier, Israël Lévi, Doutté, Maurice Barrès et Hébrard de Villeneuve. L'orchestre a exécuté plusieurs morceaux et une jeune fille a chanté l'*Hymne aux Morts*, de Victor Hugo. Un cortège s'est ensuite formé et l'on s'est rendu à la Place d'Assas où un arbre a été planté en l'honneur des

Pupilles de la Nation. Souhaitons qu'il prospère aussi bien que son voisin, celui que l'on a consacré en grande pompe, il y a quelques années, à la Mutualité scolaire.

L'après-midi, visite en cortège aux trois cimetières, pendant que deux avions survolaient son parcours.

Ces devoirs pieux remplis, nous aimons à croire que nos concitoyens, unis dans l'amour de la Patrie commune, se décideront enfin à se mettre sérieusement au travail pour aider à la relever.

La situation en Mars-Avril 1920.

En mars 1918, unis avec nos alliés dans un effort désespéré, nous luttions pour la victoire ; en mars 1920, en présence de la faillite de l'union sacrée à l'intérieur, de la tiédeur de certains de nos alliés et associés et d'un adversaire de mauvaise foi à l'extérieur, nous luttons pour la paix. Il semblait que l'armistice et le traité dussent amener l'apaisement, mais ces légitimes espoirs ont été déçus : l'Europe demeure troublée et notre propre pays agité.

La guerre a emporté bien des vies humaines, enlevé une grande capacité de travail à des milliers de blessés et de malades, anéanti d'immenses richesses. Il en est résulté un incroyable appauvrissement de notre pays, qui a évidemment plus souffert que les autres parce qu'il a supporté le principal choc de l'ennemi. A ces causes initiales se superposent les causes qui en résultent, c'est-à-dire les surpaiements, l'exagération des profits, l'inflation fiduciaire, la superfluité de certaines importations (1),, le gaspillage, etc. Il en est résulté une hausse excessive et ininterrompue des denrées et de tous les objets, hausse qui s'est surtout produite à partir du début de l'hiver de 1919-1920, et une crise intense des logements à la ville. Pour lutter contre ce fâcheux état de choses, les traitements et les salaires, déjà fortement majorés, ont ont été encore augmentés et les impôts accrus dans des proportions inouïes. D'autre part, un vent de folie semble, nous le répétons, souffler sur notre pays dont les habitants, atteints d'une sorte de névrose que nous qualifierons de sociale, font tout ce qu'il faut pour augmenter le gâchis. Certaines personnes, enrichies par des spéculations illicites, ont réalisé des bénéfices scandaleux et édifié des fortunes considérables aux dépens de moins favorisés qu'elles. La façon de vivre de ces « nouveaux riches » a déteint sur une partie de la population qui, grisée par l'abondance du papier-monnaie, a perdu complètement la notion de l'économie et de l'épargne. La

---

(1) En 1919 la France a importé pour 100 millions de francs de fruits de table et 260 millions de francs de sirops, bonbons et confitures. (Discours de M. Marsal, ministre des Finances, à la Chambre, le 29 mars 1920).

guerre, qui a trop duré, semble avoir désappris le travail à un trop grand nombre de Français et les Chambres ont choisi le moment où le pays avait le plus besoin de produire pour établir la journée de huit heures dont l'application n'est pas sans dangers pour ceux mêmes qui, semble-t-il, doivent en profiter. D'autre part, un certain nombre de nos concitoyens, oubliant qu'ils ont des devoirs, ne songent qu'à revendiquer leurs droits, droits que personne, du reste, ne songe à leur contester. Par suite, la violence tend quelquefois à se substituer aux suggestions de la conscience : l'homme est plus que jamais, dans certains cas, un loup pour l'homme.

Les femmes elles-mêmes, mises à contribution pendant la guerre, répugnent à céder aux hommes les places qu'elles détiennent. Un grand nombre d'entre elles, pourvues d'emplois définitifs qui assurent leur indépendance, refuseront certainement de reprendre au foyer la place qu'elles seules peuvent y tenir et il en résultera une diminution dans le nombre des naissances. Le cas échéant, c'est la disparition de notre pauvre pays dans un avenir plus ou moins éloigné. Nous sommes bien d'avis que nos lois doivent être modifiées et complétées dans le sens d'une plus grande indépendance accordée aux femmes, mais ces dernières ont cependant des devoirs qu'elles ne doivent ni oublier ni négliger.

La guerre a également amené une crise

grave de la moralité. Les naissances ont
diminué de un million cent mille dans les
77 départements non envahis et de trois à
quatre cent mille dans ceux qui l'ont été ;
les maladies vénériennes ont considérablement
augmenté et les naissances illégitimes ont vu
grossir leur nombre. L'indiscipline se répand partout et une certaine littérature —
presse, romans, pièces de théâtre — flatte
bassement les pires instincts des hommes.

La plupart des observations qui précèdent
ont été faites par nous à Nîmes et dans sa
banlieue. La lecture des journaux politiques
et des diverses revues nous a permis, tout
en les complétant, de constater que l'état
que nous signalons existe sur toute l'étendue du territoire. Mais il ne servirait de
rien de le constater si l'on n'essayait de
découvrir les moyens de le combattre efficacement. Ainsi, il faut à tout prix réveil-
ler les consciences endormies et ranimer les
volontés défaillantes. Notre pays étant sorti
de la guerre meurtri et appauvri, il est urgent
de relever ses ruines et d'augmenter ses ressources. Le travail nous donne seul les moyens
d'arriver à ces fins. Mais produire ne suffit pas, il y faut joindre l'économie qui
permet de ne rien perdre de l'effort accompli et de lui donner, au contraire, son plein
développement. Depuis quelque temps, le peuple français manifeste à la fois de l'énerve-
ment et de la lassitude. Indifférent à l'état
précaire des finances publiques, il ne songe

qu'à se faire augmenter ses salaires, et pour cela tous les moyens, même les plus révolutionnaires, lui sont bons. Les gens éclairés ont le devoir de leur faire comprendre combien leurs prétentions sont égoïstes et incompatibles avec le véritable patriotisme. Ici, les éducateurs, les écrivains, les femmes, les ministres des différents cultes, en un mot tous ceux qui ont le souci de voir notre Pays tenir le rang qu'il doit occuper, c'est-à-dire le premier, peuvent rendre les plus grands services. Il ne faut pas que le sang français ait coulé en vain sur les champs de bataille au cours des cinq dernières années. Le Pays a soif de paix, de tranquilité, de sécurité : c'est à tous les bons Français à s'unir pour obtenir un résultat aussi désirable.

Dernières constatations.

Aux constatations faites dans le chapitre précédent, nous croyons utile d'ajouter, à quelques mois de distance, les suivantes, qui en sont comme le complément.

Les prix des matières de première nécessité et de tous objets en général sont allés en progression croissante depuis le début des hostilités. On espérait, au lendemain de l'armistice, les voir diminuer progressivement, mais il n'en a pas été ainsi. Bien plus, la signature de la paix a été comme le point de départ d'une nouvelle hausse dont en ne peut encore prévoir la limite, et qui, en ces derniers mois surtout, inquiète tous ceux qui réfléchissent et qui ont souci de l'avenir du Pays.

L'histoire nous montre bien que les guerres étrangères et les troubles intérieurs ont toujours amené des perturbations profondes dans l'existence des peuples, mais elle n'a jamais enregistré de conflit à la fois aussi général et aussi long que celui dont nous venons d'être les témoins. La guerre de 1914 s'est, en effet, transformée en une révolution mondiale sans exemple dans l'histoire et dont l'action n'est point encore terminée. Comment s'étonner alors que l'équilibre entre les ressources et les besoins ait été partout rompu et que les conditions de l'existence se soient trouvées par là même bouleversées ! Les causes de cette désorganisation, dont les désastreux effets se manifestent surtout au cours de la période qui suit immédiatement la guerre, peuvent, pour notre pays et dans leurs grandes lignes, se résumer ainsi. D'abord les causes purement matérielles : trop de papier-monnaie en circulation, salaires trop élevés, manque de matières premières pour alimenter l'industrie et désorganisation des moyens de transport, intermédiaires trop nombreux entre les producteurs et les consommateurs, gaspillages inhérents à un état de guerre qui a longtemps duré, pénurie de main-d'œuvre... Ensuite les causes que nous qualifierons de morales: nonchalance de certains, indifférence coupable d'un trop grand nombre de nos concitoyens

à l'égard des dépenses faites par le Gouvernement, détestable état d'esprit d'une catégorie de personnes toujours disposées à exiger des patrons, des Compagnies et de l'Etat
des suppléments de salaires ou de traitements
imparfaitement justifiés, exagération des bénéfices commerciaux, fâcheuses habitudes de
désordre, amour de la Patrie relégué par
quelques-uns tout-à-fait à l'arrière-plan, enfin,
comme conséquence dernière de ce fâcheux
ensemble, la disparition de toute moralité dans
quelques milieux où l'on n'est préoccupé que
des jouissances matérielles de la vie et chez
maints auteurs de romans et de pièces de
théâtre dont les œuvres, par trop risquées,
ne peuvent que corrompre les bonnes mœurs
et discréditer à l'étranger notre littérature. Nous
faisons pourtant cette réserve que cette énumération ne s'applique qu'à des exceptions,
mais nous pensons qu'il est bon de les dénon-
cer pour mettre en garde contre ces erreurs
l'ensemble de la population, et en particulier
la jeunesse.

Nous avons groupé dans deux tableaux
quelques chiffres qui montrent à quel point
la vie est devenue difficile dans notre ville.
Ces tableaux que l'on trouvera plus loin nous
ont suggéré les observations suivantes :

1o L'une des principales causes du taux
élevé des prix à Nimes, c'est que les habitants des alentours se livrent exclusivement
à la culture de la vigne et à celle de l'oli-
vier. Les cultures maraîchères proprement

dites font presque absolument défaut (1) et les produits vendus dans nos halles venant d'assez loin, passent par bon nombre de mains, ce qui en augmente considérablement le prix. D'autre part, l'élevage n'existe pour ainsi dire pas dans la région, ce qui fait qu'avec un marché aux bestiaux largement approvisionné par ailleurs — le marché de Nimes jouit d'une grande réputation — on paie fort cher la viande de boucherie.

La culture de la vigne est particulièrement prospère et productive. Le vin rouge ordinaire s'est vendu, à un moment donné, jusqu'à 130 francs l'hectolitre. Aussi les viticulteurs, bien que payant fort cher leurs ouvriers et les produits qui leur sont indispensables, ont-ils réalisé et réalisent-ils des bénéfices considérables. Il n'est pour ainsi dire pas un village sis dans la plaine de Nîmes qui ne récupère à chaque récolte un ou plusieurs millions de francs. Le gros bourg de X..., simple chef-lieu de canton, compterait au dire des habitants, 30 ou 40 millionnaires ! C'est dire que les villes situées dans la région doivent leur prospérité au vin.

Il n'est pas moins vrai que malgré notre situation géographique nous payons à Nimes,

____

(1) Certains plants de vignes, les *rupestris*, par exemple, se vendant couramment 700 fr. le 1.000, nos rares maraîchers substituent à leurs anciennes cultures celles des pépinières de vignes. Il n'est donc pas surprenant qu'une salade (laitue ou chicorée) se vende à Nimes 0 fr. 45 et 0 fr. 50.

au détail, le vin de table rouge 1 fr. 50 le litre et l'huile d'olive de 9 à 11 francs le litre.

Un autre exemple typique de l'augmentation anormale des prix des diverses denrées, c'est l'ail (1) qui se vend aujourd'hui 24 fois autant qu'àvant la guerre.

Les pages qui précèdent montrent combien la vie économique a été bouleversée par la guerre atroce que nous n'avons pourtant pas cherchée. Bien plus, d'autres épreuves nous attendent et elles nous atteindront certainement si nous ne prenons pas tout de suite des mesures énergiques pour les arrêter. Que faire ? Sans avoir la ridicule prétention de résoudre au pied levé un problème que les hommes les plus éminents n'abordent pas sans appréhension, nous pensons que les bons Français que sont nos concitoyens pourraient insister sur les points suivants, dont quelques-uns ont déjà été indiqués plus haut.

a). — RESTRICTIONS

Se prêter de bonne grâce aux mesures restrictives que le Gouvernement se voit contraint de prendre encore et nous en imposer à nous-mêmes, volontairement, d'autres dont il nous sera facile de dresser la liste.

---

(1) Ce modeste condiment, employé autrefois et encore même aujourd'hui comme remède par les empiriques, sert à la fabrication du fameux *aïoli,* de l'*eau bouillie* et d'une infinité de sauces fort appréciées dans notre Midi.

b). — ÉCONOMIES

Nous inspirant de l'excellent conseil de Franklin : « Si tu veux toujours avoir de l'argent dans ta poche, dépense un sou de moins par jour que ton bénéfice net », n'engager que les dépenses strictement nécessaires.

c). — SURPRODUCTION

Nous remettre au travail avec courage afin d'être à même d'exporter le plus possible d'objets fabriqués chez nous, ce qui contribuerait puissamment à améliorer notre change. Ne pas tarder non plus à rétablir nos relations commerciales d'avant-guerre avec les nations dont la situation, sous ce rapport, est moins satisfaisante que la nôtre.

d). — POLITIQUE FINANCIÈRE ET MONÉTAIRE NETTE ET PRÉCISE

Diminuer par tous les moyens en notre pouvoir la circulation fiduciaire, qui est excessive, et revenir le plus tôt possible à la saine monnaie. Supprimer dans tous nos budgets, depuis celui de l'Etat jusqu'à ceux des plus petites communes de France, sans en excepter ceux des divers établissements privés et des simples particuliers, tout crédit inutile. Etablir des impôts atteignant chaque contribuable suivant ses facultés et ses moyens sans avoir pour cela recours à des mesures inquisitoriales et vexatoires qui répugnent à

notre mentalité. Faire disparaître les abus
encore existants et se montrer impitoyable
pour ceux qui ont profité ou qui profitent
des malheurs du pays pour s'enrichir par des
moyens déshonnêtes.

e). — LITTÉRATURE ET ARTS

Inciter les écrivains et les artistes à produire des œuvres pouvant être mises entre
toutes les mains ou exposées à tous les yeux.

f). — UNION SACRÉE

Enfin et surtout, efforçons-nous de conserver
intacte cette union sacrée qui nous a permis
de gagner la guerre. Faisons appel à notre
bon sens et à notre patriotisme afin d'asseoir
à jamais la Paix.

CONCLUSION

Mais il est un problème douloureux et angoissant qui domine à l'heure actuelle tous les autres, c'est celui des « Réparations » auquel vient s'ajouter celui des « Dettes interalliées ».

Nos ennemis, vaincus, se sont engagés à réparer les dégâts causés par eux dans les départements envahis, mais, aveuglés par leur mauvaise foi, ils n'ont pas encore fait honneur à la signature qu'ils ont cependant librement apposée au bas du traité de Versailles... D'autre part, au cours des hostilités, la France, sur qui portait le plus grand effort de l'ennemi, qui était pourtant l'ennemi de tous, a, pour se procurer les moyens de lui résister, contracté auprès de certains de ses alliés ou associés des emprunts dont on lui demande aujourd'hui le remboursement.

Et pendant ce temps notre Pays, réduit à remplir l'office de banquier de l'Allemagne, a dépensé et dépense sans compter des milliards et des milliards pour relever les ruines que ses soldats ont laissées derrière eux. Les citoyens français fléchissent sous le poids des lourds impôts qu'ils ont cependant acceptés sans murmurer pour acquitter vis-à-vis de leurs frères malheureux une dette qu'ils considèrent comme sacrée.

Comment sortir de cette impasse ? Oh ! ce serait bien simple si nos débiteurs et nos créanciers, revenant à une notion plus juste des choses et obéissant aux suggestions de leur conscience se décidaient, les premiers à payer enfin leurs dettes, et les seconds à faire à la France remise des siennes. Ce double geste honorerait à la fois nos ennemis d'hier et nos alliés. Il contribuerait, en France et hors de France, à dissiper bien des malentendus, à éteindre bien des colères, à faire tomber bien des préventions. Et nous, enfin libérés du cauchemar qui nous oppresse, nous marcherions joyeusement, le cœur rempli d'un ardent désir d'apaisement, vers nos glorieuses destinées. C'est par ce souhait, conforme à l'équité et parfaitement réalisable, que nous terminons notre modeste étude.

Nimes, le 15 juin 1922.

Henri ROUX.

NOTES ET DOCUMENTS

Les cinq premiers emprunts de Guerre à Nimes et dans le Gard (Notes) :

1er Emprunt

25 novembre au 15 décembre 1915.
Rentes françaises 5 %. Taux : 5,73 %.

Prix d'émission :

Non libéré............ 88 fr. par 5 fr. de rente
Libéré .... 87,25　　　—

	Nombre de souscripteurs	Montant des souscriptions
Banques	25.330	70.100.000 fr.
Caisses d'épargne (fonds personnels)	2	4.500.000 »
Souscriptions recueillies par diverses Compagnies minières	»	23.000.000 »
Totaux...............	25.332	97.600.000 »

Renseignements complémentaires

Montant :

1o Des Bons de la Défense nationale souscrits au moment de l'emprunt	6.850.000 fr.	
2o Des Obligations	3.110.000 »	
3o Sommes en or recueillies......	13.000.000 »	
Total....................	22.960.000 »	

2me Emprunt

5 au 29 octobre 1916.
Rentes françaises 5 %. Taux : 5,70 %.

Prix d'émission :

Non libéré............ 88 fr. 75 par 5 fr. de rente
Libéré.................. 87 fr. 50   —
Sommes recueillies .... 90.906.540 fr.

Renseignements complémentaires

Montant des Bons de la Défense
nationale souscrits depuis le
dernier emprunt jusqu'au 31
décembre 1916 .... 13.150.000 fr.
Obligations .... 890.000 »
Or recueilli .... 5.000.000 »
                              ———————
                              19.040.000 »

3me Emprunt

26 novembre au 16 décembre 1917.
Rentes françaises 4 %. Taux : 5,83 %.

Prix d'émission :

Non libéré............ 69 fr. 20 par 4 fr. de rente
Libéré.................. 68 fr. 60   —
   Sommes recueillies à Nimes :
a) Bons de la Défense nationale 15.340.000 fr.
b) Obligations .... 808.000 »
c) Numéraire .... 4.876.000 »
                              ———————
                              21.024.000 (1)

---

(1) Ce chiffre ne représente pas toutes les souscriptions.

4me *Emprunt*

20 octobre au 24 novembre 1918.
Rentes françaises 4 %. Taux : 5,65 %.

Prix d'émission :

Non libéré............ 71 fr. 70 par 4 fr. de rente
Libéré .... 70 fr. 80   —

Sommes recueillies à Nimes :

a) Bons et Obligations de la Dé-
   fense nationale .... 29.499.966 fr.
b) Coupons russes ....   324.581 »
c) Numéraire .... 11.210.835 »
                                         ──────────
                                         41.035.382 »

5me *Emprunt*

19 février au 20 mars 1920.
Rentes 5 % amortissables.
Prix d'émission : 100 francs.
Remboursement à 150 francs.

Sommes recueillies à Nimes :

a) Capitaux employés................. 83.735.644 fr.
b) Rentes souscrites...................   4.186.780 »

La première somme se décompose ainsi :

1o Bons, obligations, rentes 3 %,
   coupons 56.334.967 15
2o Numéraire 27.400.676 85
                                         ──────────
           Total............... 83.735.644 fr.

Il résulte de ces chiffres que dans notre ville et dans le département, rentiers, propriétaires, ouvriers, employés et fonctionnaires ont souscrit avec entrain aux emprunts de guerre. Ceux, parmi nos concitoyens, qui, à l'heure actuelle, ne possèdent pas de rentes sur l'Etat, si minimes soient-elles, sont rares. Les emprunts de guerre sont répartis ici en un grand nombre de mains et c'est bien une « démocratie financière » qui les détient : nous ne pouvons que nous en féliciter.

D'autre part, les souscriptions en faveur des hôpitaux, de l'Ecole de rééducation des Mutilés de Nimes et du Comité départemental d'assistance aux militaires tuberculeux, pour ne parler que de ces œuvres-là, ont produit au moins un million.

Ces magnifiques résultats sont dus à deux causes principales : d'abord à l'abondance de l'argent provenant des prix élevés atteints par le vin — 100 francs l'hectolitre et même davantage, — ensuite à la générosité naturelle de nos populations qui ont donné sans compter pour toutes les œuvres de guerre. Notre département mérite donc bien de figurer parmi ceux qui ont consenti le plus de sacrifices pour soulager les malheureux et faire triompher la cause du Droit et de la Justice.

NOTE RELATIVE AU CHANGE (1)

A GENÈVE FIN DÉCEMBRE

	1917	1918	1919	1920
100 fr. français valent.	76-57	88-30	43-30	37-125
100 marks —	86-00	59-55	9-66	8-575
100 couronnes —	52-50	30-25	3-50	1-70
100 lires —	52-45	74-40	37-95	22-35
100 pesetas —	106-00	96-50	100-20	84-25
100 roubles —	70-00	66-00	10-00	

(1) *En décembre 1922, à Genève :*

100 francs français valaient......................	39 fr.	10
100 marks..............................	0	07
100 couronnes autrichiennes......................	0	007
100 lires..............................	27	05
100 pesetas	83	02
1 livre sterling......................	24	51
1 dollar..............................	5	27

Tableau général des prix des denrées ou marchandises en 1914, 1915, 1916, I917, 1918 et 1920

DENRÉES ou marchandises	UNITÉS	ANNÈE 1914 janvier à juillet	Fin Décembre 1915	Fin Décembre 1916	Fin Décembre 1917	Fin Décembre 1918	Eévrier 1920
		fr.	fr.	fr.	fr.	fr.	fr.
Pain........	kg	0 375	0 45	0 50	0 60	0 60	0 60
Lait.........	lite	0 40	0 50	0 60	0 70	1 20	1 50
Œufs	dz	1 10	2 30	2 40	4 20	7 20	8 40(1)
Pommes de terre	kg	0 20	0 25	0 35	0 35	1 »	0 50
Sucre.......	»	0 80	1 30	1 35	1 40	1 50	3 10
Bois à brûler	100k	4 »	7 »	9 »	11 »	12 »	12 50(2)
Charbon de terre......	»	4 90	6 »	9 50	10 50	10 60	17 50(3)
Viande de bœuf.....	kg	2 »	3 50	4 »	4 50	5 »	15 » (4)
Viande de porc......	»	3 50	5 »	5 50	6 50	8 »	16 »
Vin rouge ..	lite	0 50	0 60	0 85	0 90	1 25	1 50
Vin blanc...	»	0 60	0 75	1 »	1 25	1 50	2 10
Beurre	kg	2 80	4 »	6 50	7 20	9 »	16 »

(1) Au cours de l'hiver 1919-20, on a payé les œufs de 9 à 10 fr. 20 la douzaine.

(2) Par 100 kg de bois, 1 fr. 50 de plus pour le transport à domicile. Un fagot de chêne (boulangers` : 0 fr. 50.

(3) 20 fr. les 100 kg pour les usages industriels et 16 fr. 50 pour les usages domestiques.

(4) Le bœuf congelé a fait son apparition sur nos marché; : le beefsteak se vend 8 fr. le kilo.

Quelques prix en juillet 1914 et en février 1920

Denrées ou Marchandises	Unités	Juillet 1914	Février 1920
		fr.	fr,
Viande de cheval........	kilo	1 »	9 »
Bœuf congelé...........	»		9 20
Mouton................	»	2 80	12 »
Lapin domestique.......	»	1 70	10 »
Fromage du Cantal (fourme)	»	1 80	7 »
Fromage de Roquefort..	»	2 80	13 »
Fromage de Gruyère....	»	2 60	8 80
Saucisson pur porc.....	»	5 »	20 »
Huile d'olive pure.......	litre	2 »	10 »
Champignons des Cévennes secs..............	kilo	4 »	16 »
Café torréfié............	»	4 »	10 40
Miel des Cévennes.......	»	2 50	14 »
Châtaignes sèches......	»	0 35	2 40
Aïl....................	tête	2 pr 0 05	0 60 l'une
Une chicorée ou une laitue...................	plante	0 10	0 40
Un chou-fleur...........	»	0 20	1 50
Alcool à brûler..........	litre	0 60	4 50
Essence de pétrole......	»	0 50	2 »
Pétrole ordinaire........	»	0 30	1 »
Gaz d'éclairage	m 3	0 24	0 80
Savon	kilo	0 70	4 »

*Statistique démographique de la ville de Nimes
de 1913 à 1918*

Population : 80.437 habitants

	1913 Témoin	1914	1915	1916	1917	1918	Totaux col. 3 à 7
1	2	3	4	5	6	7	8
Naissances légit^{es}	909	932	636	470	538	637	3213
— illégit^{es}	148	111	122	110	132	186	661
Mariages	518	331	234	259	384	401	1609
Divorces	25	32	4	7	7	15	65
Décès	1467	1762	1820	1617	1906	2526	9631

Ecole de rééducation des Mutilés.

Il s'est fondé à Nîmes, sur l'initiative de quelques bons Français, en janvier 1916, une Ecole de rééducation des Mutilés (1). On jugera de son importance et des services qu'elle rend par les tableaux suivants arrêtés au 1er décembre 1920 :

(1) Président du Conseil d'Administration : M. C. ; membre du Conseil et Secrétaire Général : M. G. L.

Le premier directeurr, M. R a été ensuite remplacé par M. A.

Siège de l'Ecole, 23, rue Colbert.

*a). Tableau indiquant le nombre d'élèves admis,
rééduqués et placés depuis le 1er janvier 1916*

SECTIONS	Admis	Rééduqués	Placés
Cours généraux......	282	150	132
Cordonnerie........	110	55	55
Menuiserie..........	6	3	3
Typographie........	8	4	4
Confection de vêtements............	21	12	9
Ateliers divers (en ville).............	97	40	40
	524	264	243

b). — Parmi les rééduqués on compte :

7 percepteurs.

2 instituteurs.

2 dessinateurs.

16 préposés d'octroi ou des Contrib. Indirectes

8 facteurs au P.-L.-M.

55 expéditionnaires.

60 employés (Comm. ind., agr.)

55 cordonniers.

3 menuisiers.

4 typographes.

12 tailleurs d'habits.

6 ferblantiers.

8 mécaniciens ou électriciens.

6 conducteurs de tracteurs.

1 modeleur.

3 vanniers.

4 horlogers.
2 rempailleurs de chaises.
2 coiffeurs.
6 bourreliers.
2 tourneurs.

NOTA. — L'Ecole a été fermée en août 1921... De mai 1916 à juillet 1921 nous avons fait aux élèves, à la demande de M. L'H..., Inspecteur d'Académie, et de Messieurs les Membres du Conseil d'Administration de l'Ecole, une causerie par semaine.

La Lutte contre la tuberculose à Nimes

La tuberculose, maladie sociale, étant « le péril le plus grave qui menace la race française », un Arrêté du 11 juillet 1903 institua près le Ministre de l'Intérieur une Commission chargée de prendre les mesures propres à en prévenir l'extension. Cette Commission, dénommée *Commission permanente de préservation contre la Tuberculose* et présidée par M. Léon Bourgeois, provoqua la création d'un *Comité central*, sis à Paris, qui fut tout de suite reconnu d'utilité publique, et de *Comités départementaux d'Assistance aux militaires tuberculeux*.

Le *Comité de Nimes* (1), créé le 22 avril 1916, n'a jamais cessé de venir en aide aux réformés tuberculeux par des secours de toute nature, des conseils et des soins, la surveillance de leur hygiène, la protection de leur entourage, etc., etc.

Les *Comités départementaux*, à la fois œuvres de guerre parce qu'ils s'occupaient des militaires tuberculeux réformés, et œuvres de transition puisqu'ils étaient chargés de pré-

---

(1) Président : M. G. L.

parer la voie à l'œuvre générale de la lutte contre la Tuberculose, devaient être dissous « à la fin du sixième mois qui suivrait la fin des hostilités ». Le Comité du Gard disparut donc le 27 octobre 1919, mais, en vertu de décisions prises au cours d'une Assemblée générale tenue le 17 mai 1920 à la Préfecture, il se transforma en *Comité de défense contre la Tuberculose* pour les arrondissements de Nimes, Uzès et le Vigan. Le nouveau Comité exerce son action par l'intermédiaire de *dispensaires.* Ces organes de lutte contre la Tuberculose, créés par la loi du 18 avril 1916 sur le modèle de celui du Docteur Calmette, à Lille, rendent d'inappréciables services en combattant la maladie dès le début, en la prévenant même, en faisant l'éducation antituberculeuse des masses. Le *Dispensaire d'hygiène sociale de Nimes,* sis rue Pradier, nᵒ 11, est en plein fonctionnement. Trois docteurs donnent là des consultations, deux pharmaciens font des analyses et deux *infirmières-visiteuses,* très au courant des derniers procédés de lutte contre la tuberculose, assistent les médecins et les malades les jours de consultations, donnent elles-mêmes certains soins à ces derniers et les visitent à domicile aussi souvent que cela leur paraît nécessaire.

Le *Comité de défense contre la tuberculose* ne néglige rien non plus pour prévenir la maladie : ainsi, il envoie à la montagne, en août, un grand nombre d'enfants auxquels une cure

d'air est nécessaire et il a récemment créé
à Nimes une filiale de l'*Œuvre Grancher* (1).

A ces divers titres, il a bien mérité de
la population.

Ses ressources proviennent de subventions du
Conseil municipal de Nimes, du Conseil Général du Gard, du Comité central et du Ministère de l'Hygiène, des cotisations de ses membres et des libéralités de généreux donateurs.
Grâce à ces concours financiers et au zèle
inlassable de ses membres, l'œuvre excellente
que le Comité a entreprise ne peut que pros-
pérer et s'étendre.

Les Pupilles de la Nation

La loi du 27 juillet 1917 a décidé que « la
France adopte les orphelins dont le père, la
mère ou le soutien de famille a péri au
cours de la guerre de 1914, victime militaire
ou civile de l'ennemi. »

Les organismes destinés à assurer la protection des Pupilles sont : 1º L'*Office national*
dont le siège est à Paris ; 2º au chef-lieu de

---

(1) L'œuvre de préservation de l'enfance contre la tuberculose,
fondée par le docteur Grancher, consiste à enlever l'enfant sain
à sa famille tuberculeuse, pour le placer à la campagne chez
de braves gens jouissant d'une bonne santé et dont la moralité
ne laisse rien à désirer.

chaque département un *Office départemental* ;
3o dans chaque chef-lieu de canton une *Section
cantonale* dont les membres, chargés des enquêtes auprès des Pupilles et de leurs familles,
transmettent les renseignements recueillis à
l'*Office* qui décide de la suite à donner. Un
Secrétaire général, nommé par Arrêté du Préfet
et résidant au chef-lieu du département, assure
le fonctionnement des divers services.

Les ressources de chaque *Office* comprennent :
1o les subventions pouvant lui être accordées
par le département, les communes, les personnes et les associations privées ; 2o le produit des dons et legs faits directement à
l'*Office départemental* ; 3o les subsides votés par
le Parlement.

Les *Pupilles* peuvent recevoir des subven-
ventions : 1o d'entretien ; 2o d'études ; 3o d'ap-
prentissage ; 4o de maladie ; 5o de séjour à la
montagne ou à la mer ; 6o extraordinaires ;
7o de vêture, etc., etc. Deux fois par an ils
sont invités à se présenter devant un médecin qui, après un examen approfondi, consi-
gne sur une fiche individuelle remise au
secrétaire général et qui est communiquée aux
familles, les soins qu'il est nécessaire de leur
donner.

L'œuvre fonctionne à Nimes depuis l'année
1918 ; le siège du Secrétariat général est pré-
sentement au no 20 de la rue des Chassain-
tes (1).

---

(1) Président de l'Office: M. R. ; Secrétaire-général ; M. P.

Il y a dans le Gard environ 7.000 Pupilles
(garçons et filles) et 1.200 dans les trois can-
tons de Nimes. Le budget annuel s'élève à
deux millions.

Des dispositions nouvelles, appliquées cependant depuis quelque temps, notamment chez
nous, permettent aux offices départementaux
« d'allouer des subventions spéciales — ou
pécules — destinées à faciliter l'établissement
des Pupilles ». Ces pécules sont réservés aux
Pupilles qui, « au moment de leur établissement ou de leur majorité, rentrent dans
les conditions prévues par la loi pour obtenir une subvention ».

L'œuvre des *Pupilles de la Nation* a trouvé
dans notre ville des interprêtes consciencieux
qui ne ménagent ni leur temps, ni leur peine
pour en assurer la prospérité. On peut dire
qu'ils y ont réussi.

Un bon exemple.

Ces trois dernières œuvres ont été géné-
reusement aidées par une autre œuvre dont
l'action s'étendait également à tout le département, nous voulons parler du *Comité départemental de répartition du sucre*. Grâce à une
gestion habile dont les caractéristiques furent

l'économie et l'honnêteté, le Comité, non content d'avoir réussi à maintenir les prix du sucre au-dessous des prix pratiqués dans les départements voisins, décida que les bénéfices réalisés iraient intégralement à des œuvres de guerre choisies parmi les plus intéressantes. En conséquence, en janvier 1919, le *Comité départemental d'assistance aux militaires tuberculeux* reçut 40.000 francs, les *Pupilles de la Nation* une somme égale et l'*Ecole de rééducation des Mutilés* 8.820 francs. Le reliquat fut versé à la caisse du monument aux Morts. Ce résultat, dû en grande partie à l'attitude ferme et digne du Président, l'honorable M. Cl. L..., a produit une excellente impression dans notre ville.

FIN

TABLE DES MATIÈRES

PREMIÈRE PARTIE

LA SUITE DES FAITS

LES GRANDS FAITS ACTUELS :

LA REPONSE DES ALLIÉS

DEUXIÈME PARTIE

PETITS TABLEAUX

CONCLUSION

A. GOMÈS, Editeur — NIMES

FRANCIS JAMMES

Le Poète et l'Inspiration. In-16 carré, broché Illust.
d'eaux fortes par COUSSENS.
Edition originale sur Hollande............ 22 fr.
Edition originale sur Japon.............. 44 fr.

BATISTO BONNET

Vie d'Enfant. Texte provençal, traduit et présenté
par ALPHONSE DAUDET. Gros in-12, broché 8 fr.

PLUMETA.

La Tauromachie Moderne. In-8, broché, illustré 7 fr.

EUGÈNE GIMON.

Les Origines de Nimes. In-16 carré, broché,
carte..................................... 10 fr.

MARCEL COULON

Le Problème de Rimbaud. In-16, broché, portrait.
Autographe, Alfa....................... 10 fr.

SOUS PRESSE :

PIERRE GUÉRIN.

De la Garriguo à la Mar Bluïo, récits et contes
en langue d'oc, avec traduction de MARCEL COULON
in-16..................................... 8 fr.

Le Languedocien Nimois, (étude sur la langue
Nimoise), in-16, broché................. 5 fr.

www.ingramcontent.com/pod-product-compliance
Lightning Source LLC
LaVergne TN
LVHW010746060726
842527LV00002B/387